城市发展总体设计的研究探索
——以西安为例

寇晓东　著

西北工业大学出版社

【内容简介】 本书立足城市系统工程的研究理念,对其在现实城市发展特别是西安市发展当中的初步应用进行了有益探索。全书内容分为四部分,主题依次是"理性思考与研究译介""文化设计与人才开发""社会经济与商业发展"和"城区转型与城市治理",重点对 2009 年至 2015 年间西安市域、相关城区及城市开发板块的经济社会发展与城市建设管理等问题,进行了总体设计意义上的综合性研究。本书可供高校、研究与咨询机构、政府综合部门等相关领域的专业技术人员参考使用。

图书在版编目(CIP)数据

城市发展总体设计的研究探索:以西安为例/寇晓东著 . —西安:西北工业大学出版社,2015.11
ISBN 978 - 7 - 5612 - 4645 - 0

Ⅰ.①城… Ⅱ.①寇… Ⅲ.①城市发展战略—研究—西安市 Ⅳ.①F299.274.11

中国版本图书馆 CIP 数据核字(2015)第 274886 号

出版发行:西北工业大学出版社
通信地址:西安市友谊西路 127 号   邮编:710072
电   话:(029)88493844   88491757
网   址:www.nwpup.com
印 刷 者:兴平市博闻印务有限公司
开   本:727 mm×960 mm   1/16
印   张:19.125
字   数:343 千字
版   次:2016 年 1 月第 1 版   2016 年 1 月第 1 次印刷
定   价:48.00 元

序

自 2004 年 6 月与合作者(薛惠锋、秦丕栋等)出版《城市系统工程探索》(国防工业出版社,2007 年版),到 2009 年 10 月以个人博士学位论文为基础出版《基于 WSR 方法论的城市发展研究——城市系统工程新探》(西北工业大学出版社,2009 年版),再到现在的《城市发展总体设计的研究探索——以西安为例》,笔者围绕城市系统工程的研究三部曲告一段落。这 3 个时点上的 3 本书,也标志着笔者个人开展城市发展研究的入门、独立和自主 3 个阶段。

关于前两个阶段的来龙去脉,笔者在第二本书的前言中已详细交代,读者朋友可以参阅。眼前这本"自主"之作,是我所理解的城市系统工程研究在现实城市发展特别是西安市发展中的初步而具体的应用展开。如果给本书增添一个副题,应该是"城市系统工程应用初步"。为让大家更好地理解本书内容,这篇序言重点说明以下问题:①城市系统工程、城市发展总体设计的概念及其关系;②西安近 13 年来的发展主线;③笔者立足城市发展总体设计理念,针对西安若干局部开展相应研究的背景和脉络。

一、城市发展总体设计是城市系统工程的具体应用

城市系统工程,是结合了城市思想与系统思想,并在它们的指导下来研究处理城市整体优化演化过程中具体问题的一种方法论。在笔者博士学位论文所形成的研究框架中,城市系统工程以"物理—事理—人理系统方法论"(WSR 方法论)为指导,依次研究城市系统自组织演化、城市逻辑他组织演化和城市制度善化三方面问题。当时的研究多为学术探讨,还停留在理论或理性思考层面,和现实的城市发展之间缺少互动。

2009 年前后,笔者有了更多机会与西安的一些基层政府进行合作研究,过程中发现基层政府存在着大量研究需求,而这里的研究和学校里的研究实为两个概念。简言之,基层政府需要通过一些综合性研究(或专题调研),为现实问题的解决提供方向定位、战略策略、模式路径、措施方案等实质性内容。在笔者看来,这也是一种系统性研究,而且是面向政府决策与管理的一种综合性研究,具有总体设计的性质和功能。在这个意义上,笔者希望把面向政府实际决策和部门管理的城市发展研究界定为"城市发展总体设计"。

众所周知,系统工程研究的一项基本作用,就是提供决策支持。城市系统工程

研究如果要服务于城市政府决策,就需要带着自身的理论关切,直面城市发展的现实问题,并在与具体业务部门充分沟通、紧密合作的过程中,拿出令各方都能满意的"总体设计"。这样做的结果是,作为方法论和一套理性思考的城市系统工程研究框架,获得了更多现实支撑,而市政府的决策与管理,则因为城市系统工程研究的介入,获得了更多理性成分。因而,本书提出的城市发展总体设计,可以看作城市系统工程的具体应用,当然这种应用还很初步以及浅陋。

二、西安近 13 年来的城市发展回顾

西安,是笔者学习、工作和生活的城市,也是笔者自 2002 年攻读博士学位以来一以贯之的研究对象。所谓城市系统工程和城市发展总体设计研究,对我而言,大都围绕着西安的城市发展展开。因此,非常有必要交代一下西安近 13 年来的城市发展思想。

现实地看,城市发展思想很大程度上是市政府关于城市观念的集中反映和体现,它对一座城市当下及未来发展的影响重要且深远。具体到西安:2002 年,西安市委、市政府提出"建经济强市,创西部最佳"的奋斗目标;2004 年,西安市委、市政府提出"国际化、市场化、人文化、生态化"的发展理念;2007 年,西安市委、市政府提出"人文西安、活力西安、和谐西安"的奋斗目标;2012 年,西安市委、市政府把"秦岭北麓生态保护、八水润西安、汉长安城遗址保护、渭北工业区建设、公路交通枢纽建设"确定为事关西安长远发展的五项重点工作;2015 年,首次对外公布的《西安建设丝绸之路经济带(新起点)战略规划》,提出西安要"建设丝绸之路经济带新起点,打造内陆型改革开放新高地"。

13 年中,伴随国家区域发展战略的不断演进,西安市委、市政府也持续更新着对西安城市发展总体定位的思考和判断。这背后,不可避免地折射出不同时期主政西安主要官员的个人思路和风格印记。从"建强创佳"到"打造内陆型改革开放新高地",这是西安的一个轮回——最初的梦想至今依然有效。

与此相对应的是,在 2002 年,西安与成都可以相提并论,但到了 2015 年,西安市的政府工作报告已经把成都作为对标的城市。对关心热爱西安的每一个人来说,这种落差不能不让人唏嘘感叹。但西安仍然是一座伟大的城市,魅力无穷,前景无限,值得关爱它的每一个人继续为之努力工作,值得研究它的每一个学人继续为之努力探索。毕竟,13 年的发展已经让西安呈现出全新的形象,国家赋予西安的"全面创新改革试验"重任,也为西安的新一轮发展注入空前活力。

三、本书研究内容的基本线索

本书内容分为四个部分,时间跨度约 12 年,但主体研究内容集中在 2009—

2015 年的近 6 年当中。

这 6 年里,得益于一些学长和师友的信任及支持,笔者先后与西安市人民政府研究室综合研究处、西安市原人事局政策法规处、大明宫研究院、西安市社科院莲湖区发展研究中心、西安大兴新区经济发展研究中心、西安市碑林区人民政府研究室等政府部门进行了一系列合作研究,所涉主题大体包括城市发展的战略定位,历史文化遗址区域的保护利用,市域人才资源开发,老旧城区综合改造,城市新区建设与管理,城市主题街区营造,城区五年发展综合规划与专项规划,中心城区转型发展分析与设计等。在此基础上,笔者近期还与合作者一起开展了甘肃省白银市"创新型城市建设总体规划(2015—2020)"的研究编制工作。

通过这些多为应用性的综合研究,笔者的研究视野得到开阔,实际业务知识明显增加,对现实的城市建设发展及其决策管理也更加明了,简单来说,就是对实际的城市发展多了几分"手感"。更为重要的是,在这个过程中,笔者始终保持着对城市研究的系统自觉,通过和业务部门的大量互动,在一定程度上实现了理论知识和实践知识的较好结合,其结果是多数研究成果被政府部门采纳应用或加以借鉴。此外,基于对西安"板块带动"发展模式的深入反思和理论提升,笔者以"板块驱动型城市产业发展的耦合机理及政策调控研究:以大西安为例"为题,申报并获批了2013 年度教育部人文社会科学研究一般项目。

在对上述研究成果进行筛选、取舍的基础上,形成了本书的四部分主体内容,依次为"理性思考与研究译介""文化设计与人才开发""社会经济与商业发展""城区转型与城市治理"。这种编排顺序,也大体对应了笔者自研究西安发展之初,到后续更多介入西安城市发展局部的研究历程。四部分的各篇文章,其内容通过题目便一目了然,不再赘述。需要说明的是,这些研究多数是非学术性的,也有一些是合作的产物,但从文本角度,笔者都最终负责。所以,笔者斗胆使用了"著"的出版方式,同时也借此机会,向所有的合作者表示感谢。

书末的附录,是笔者和中国科学院系统科学研究所顾基发研究员共同完成的《WSR 方法论 20 年回顾》。这个方法论是城市系统工程研究的立足点,很有特色,所以向读者朋友推介。

本书研究撰写过程中,参阅了不少相关的文献资料,在此谨向它们的作者深致谢忱!恳请每一位读者朋友对本书的内容提出批评意见和指正建议,也期待和您的交流互动!

寇晓东

2015 年 11 月

目　　录

第一部分:理性思考与研究译介

认识西安 理解发展[*]

城市现象是一个很难下定义的事实：城市既是一个景观，一片经济空间，一种人口密度；也是一个生活中心和劳动中心；更具体点说，也可能是一种气氛，一种特征或者一个灵魂。

——［法］潘什梅尔

科学发展观是坚持以人为本，全面、协调、可持续的发展观。

以人为本，就是要把人民的利益作为一切工作的出发点和落脚点，不断满足人们的多方面需求和促进人的全面发展；全面，就是要在不断完善社会主义市场经济体制，保持经济持续快速协调健康发展的同时，加快政治文明、精神文明的建设，形成物质文明、政治文明、精神文明相互促进、共同发展的格局；协调，就是要统筹城乡协调发展、区域协调发展、经济社会协调发展、国内发展和对外开放；可持续，就是要统筹人与自然和谐发展，处理好经济建设、人口增长与资源利用、生态环境保护的关系，推动整个社会走上生产发展、生活富裕、生态良好的文明发展道路。

——新华网·两会小词典·科学发展观

对于城市，不同时期、不同地区、不同角落的人会有不同的理解。同样地，对于发展的理解也会是各式各样的。那么，城市发展该作何理解？这就是我们从系统科学角度、用系统工程方法研究城市发展时首先遇到的同时也是最为重要的问题。一个显见的事实是，把握城市发展的含义，要以对"城市"的认知和对"发展"的理解作为前提。

尽管法国城市地理学家潘什梅尔对城市做出了经典的定义，但这种经典仍遮挡不住它在城市认识上的困惑与矛盾：从一种视觉的感受——"景观"，到一种精神的体味——"灵魂"，如此大的跨度不能不让人生出困惑，作为人的外在的景观的城市，如何层进成为人的内在的灵魂的城市？如此多的界定也不能不让人遇到矛盾，面对所有这些角度的不同界定，该如何去综合它们而使城市成为一个系统整体？

另外，尽管我国政府明确提出了关于发展的新的意识形态"科学发展观"，成为

---

* 本文是笔者开展城市发展研究的发声之作。其中的上篇，以"把脉西安发展"为题首发于西安市委办公厅内部刊物《调查研究》2003年第23期。全文内容作为"导言"收录在《城市系统工程探索》（西安：西北工业大学出版社，2004）中，收入本书时略作删节改动。

3

中国特色社会主义事业征途中的新的里程碑,但如果把其中以人为本的理念放在生态整体主义思想的视野下来观照,则这种理念实有"人类中心主义"之嫌,它和"人与自然和谐发展"的精神是有内在矛盾的。

看来,城市发展的确是一个棘手的问题:一个难于突破又必须突破的重大问题!

作为城市发展研究领域的初涉者,我们无意否定杰出学者的经典论述,更无意从党和国家的大政方针中寻找瑕疵。我们想做和要做的工作,是从系统工程学科的角度,对城市问题、发展问题以及城市发展问题进行自己的思考、研究和探索。众所周知,系统工程学科在研究解决问题时的突出特点就是它的全局性、综合性和贯穿问题解决过程中的协调与优化思想。面对当今城市发展中的种种问题,学科的直觉告诉我们,用系统工程的思想、理论和方法技术研究城市发展是适宜的,可能在经过方向正确的艰辛探索之后有所突破。

同时,我们深知,罗马非一日之内建成。学术上一点点成绩的取得,是需要付出大量的时间和精力的。为此,我们确定了自己的研究路线:大胆假设,小心求证。在研究过程中,我们注意吸收和吸取针对研究领域的已有知识和多方经验,进而掌握一般性原理,同时更为注重在特殊(西安发展)之中寻找并发现具体的规律,然后总结提升,达到一般与特殊相结合、具体与抽象相补充的研究目的。

上·认识西安

2002年3月,西安市正式提出"建强创佳"的奋斗目标,标志着西安的发展进入了一个崭新的历史阶段。2002年8月,西安市委、市政府召开专题会议,就"建强创佳"的宏伟目标进行修订和量化,成为在全市范围内迅速掀起"建经济强市,创西部最佳"热潮的起点。2002年10月,来自海内外的众多专家学者和规划设计单位齐聚西安,在"中国西安城市发展战略规划国际研讨会"上为西安的未来定位和当下发展出谋划策。2003年6月,西安市委书记率团赴上海、温州招商引资,取得成功。2003年8月,西安市市长带队参加陕西省组织的赴珠江三角洲招商活动,效果显著。短短一年半的时间里,这一系列举措紧锣密鼓般地推出,凸显了西安市政、商、学等各界人士同心同德,齐心协力谋发展、促发展的决心和干劲。

作为西安市的居民,我们也亲身感受到了西安加速发展过程中的具体变化,比如西安高新区二次创业引发出的更多活力,友谊路全段改造反映出的更高效率,等等。此前,我们曾在西安的长安、蓝田等区县开展社会调研,通过其间的参观、考察和访谈,发现在基层中同样蕴藏着对待发展的空前热情,当然,也还存在着值得进一步思考和研究的问题。

在研究"西安发展"这一命题时，非常有必要对命题本身进行反思，进行提问，否则，要么不能准确理解命题的含义给后续研究造成障碍，要么缺乏对命题的全盘把握影响到研究的质量。要完成"西安发展"的研究，需要对命题本身提出两个问题，即"西安何谓"和"发展何谓"。本部分讨论第一个问题——"西安何谓"，通俗地说，就是"西安是什么"。西安是什么？这是一个看似极其简单但回答起来却倍感困难的问题。在此，我们仅从时间和空间的视角，对"西安是什么"这一问题做出一定的回答。

一、古都－省会－名城

（一）过去的西安

自周文王在沣河建沣邑始，先后有西周、秦、西汉、唐等13个王朝建都西安，绵延1 200余年。盛唐时期，西安（其时称长安）一度成为世界的政治、经济和文化中心，地位显赫至极。唐以后，西安虽然失去了国都的地位，但仍然是中国西部的重镇。民国时期，西安首次设市，并在1947年被南京政府行政院设为直辖市。

回顾西安的过去，似可得到如下结论：古西安，是中国历史的中心之一，是世界文化的中心之一。近代以来，由于不可抗拒的力量，中国（包括西安在内）在世界上的地位下降了，但即便如此，仍有像"西安事变"这样的历史政治事件再度把西安置于世人的瞩目之下。

在对西安的过去进行简单的考察之后，我们认为，西安所特有的厚重的历史积淀和博深的文化底蕴，应该成为考虑今天西安发展的一个重要起点。它的历史文化特质，是建设西安城市特色不能回避的重要方面。正如中国建筑学会副理事长张祖刚先生所言：只要脚踩着文化，脑子里有自然，城市特色就出来了[1]。

让我们用一位学者的感言来结束这部分的讨论："周礼秦制、汉韵唐风，构成了西安的灵魂；历史的辉煌，铸就了这座城市永恒的魅力。"

（二）现在的西安

新中国成立以后，西安先是陕甘宁边区、西北行政区的区辖市，后又成为中央直辖市，再改为省辖市。改革开放以来，在1984年，西安被批准成为计划单列市；1992年，西安被批准成为内陆开放城市；1994年，西安被批准成为全国综合配套改革试点城市和副省级城市。

回顾新中国成立至今西安与中央、地方行政隶属关系的几度变更，不难发现西安在陕西、西部乃至全国有着重要的（战略）地位。现在，作为陕西的省会城市，西安正以"建强创佳"的高昂姿态，担当起西部开发中陕西省实施"一线两带"发展战略的排头兵的重任。此时此刻,反观改革开放以来不同时期西安发展自身的"心态"也许有益。

20世纪80年代,是我国东部沿海地区以及特区城市快速发展的时期,而西安由于地处西部,一方面缺少有利政策的支持,一方面受落后保守思想的影响,发展缓慢。进入20世纪90年代,以邓小平南巡谈话为契机,整个东部地区的发展迎来以上海浦东开发为标志的新高潮。在这样的形势下,西安也不甘落后,开始进行主动的探索,西安高新区的建立即是这种探索的成果之一。但由于思想解放的力度不够,此一时期西安发展自身的"心态"仍未达到"你不反对,我就干"的层次,造成发展源动力的缺乏。1999年,国家提出"西部大开发"战略,才算为西安的发展打了一针强心剂,西安从此也真正"醒悟"过来,开始全身心地投入到自身的发展当中。

今天的西安,究竟地位如何,发展的优势又何在?

提起西安,人们都会想到兵马俑、华清池,以及明城墙、钟鼓楼,等等。提起西安,人们也会想到众多的科研院所和云集的高等学校。

从理论上讲,西安作为新亚欧大陆桥中国段上规模最大、综合实力最强的城市,应该成为中国区域经济发展"三纵三横"网络中的二级经济增长极。但实际的情况却不容乐观:《西部地区省会城市2003年上半年主要经济指标完成情况统计表》显示,西安此一时期国内生产总值为438.6亿元,同比增长12.3%,分别落后于成都的810亿元和12.4%;《全国十五个副省级城市2003年上半年主要经济指标对比表》也显示,西安此一时期的国内生产总值及同比增长幅度,均位列倒数第二。

理论与现实的巨大落差,凸显了西安发展既定目标与现有实力间的内在张力。作为西安发展的研究人员,我们对这一现状感到汗颜,甚至惶恐。要使西安的"实然"达致西安的"应然",首先需要的是认清西安发展的现状。西安的发展,实际上是一个发展中国家欠发达地区重要城市的发展,而对西安发展的研究,则是对一个发展中国家欠发达地区重要城市发展的研究。这样一种定位,虽然低调,但褪去了不少"热度",也显得冷静些。因为,实际的情况就是,西安虽然是中国发展的重心之一,但较成为中国发展的中心之一尚有距离。

今天的西安,是陕西的宠儿,却不是中国的弄潮儿,更不是世界的明星。

(三)未来的西安

2002年10月21日至23日,"中国西安城市发展战略规划国际研讨会"在西安国际会议中心举行,来自国内外的27位(该数字只统计了与会的主要专家)著名专家以及来自国内的27家规划设计单位(包括4所大学)参加了会议。此次研讨会，旨在"针对西安在国家经济体系建设发展战略模式中的地位，分析中国网络型经济体系建设与西安经济发展的关系，确立西安在陇海兰新发展轴上的重要作用，建立以西安为中心的关中经济区发展战略模式"。

会议期间，西安市规划界代表以《西安城市空间发展规划构想》为题，初步提出了未来西安城市的定位：西安是世界闻名的历史文化名城，国际著名的旅游城市，应该发挥科技、旅游、商贸的优势，力争建设成中国西部最重要的中心城市，发挥地区辐射能力，促成关中城市群的形成、发展。

时隔一年半，再来看上述的未来西安城市定位，仍能感到它的生命力。这个定位，实际上是对西安在国际、国家和（国内）区域三个不同层次上地位的描述，通俗地说，就是西安要成为关中地区发展的核心，中国发展的中心之一，世界发展的亮点之一。这三个层次的定位，和前述"今天的西安，是陕西的宠儿，却不是中国的弄潮儿，更不是世界的明星"所采用的是同一个思维框架。这表明，我们的思考水平仍未超出他人的思考水平，或者说，大家的思考水平都有待提高乃至突破。

要指出的是，西安的发展涉及战略、规划、建设、管理等层面，发展规划只是其中的一个环节。但由于对发展的规划集中体现了发展定位问题，所以在此将之作为讨论的重点。

西安的未来究竟会怎样？这需要各方面的研究者同心同德、加紧努力，尽快描绘出一幅未来西安发展的清晰图画，更需要各行业、各部门的实际工作者，不断在实践中开拓、创新，用行动给出未来西安发展最为明确的答案。发展的实践总是领先于发展的理论，这是一条真理。在此，不妨乐观地、粗略地，当然也是有所局限地为西安勾画出它的未来：西安已然成为关中都市带的核心城市，西安已经成为中国发展的发动机之一，西安凭着它的科技、教育、文化底蕴再度成为世界的焦点。

西安是什么，从根本上说，是提出了西安城市发展如何定位的问题。无论国家，无论个人，他的过去、现在将决定他的未来。这个规律，对一个城市而言也不例外。此部分讨论，以时间为线，扼要地对西安的历史地位、现有实力、未来目标等进行综述，意在从区域、国家、世界三个层次展现西安的过往、现实和可能的发展轨迹。作为古都，作为省会，西安承载了太多的辉煌和太多的希望。然而，在未来，西安究竟能不能重回世界历史舞台的中心？沿着时间的线索，已经不能回答这个问题了。这需要我们转换视角、转换维度，从经济全球化的角度再看西安的发展。

二、经济全球化与西安的城市化进程

研究西安的发展，基础性的内容是其经济的发展，这个道理是不言自明的。另外，进入 21 世纪，无论国家、地区、城市，在考虑自身经济发展时，都不得不首先考虑它的外部环境,即它所处的空间范围,这由现代社会发展的客观规律所决定,同时也是系统观念和系统规律的具体反映。

当前,主导全球多数国家经济运行的基本制度是市场经济,而同时作为资本主义社会基本经济制度的市场经济,其发展直接导致了今天全球范围内的资本主义经济体系,这也正是通常所谓全球化的基础含义。换句话说,作为目前世界发展模式的“全球化”,其根基就在于经济全球化。也就是说,西安发展的外部环境基本的就是经济全球化。正因为如此,从空间角度回答“西安是什么”时,首先要把握的就是经济全球化这一要点。至于问题的回答如何与西安的城市化进程发生联系,将在下文具体解释。

(一)资本主义世界经济体系与中国的现代化进程

经济全球化,并不是最近才开始发生的事件,尽管人们是在最近才开始广泛使用“全球化”这个词汇。全球化的直接后果,是世界上绝大多数国家或主动或被动地融入已形成的世界经济体系。这个“世界经济体系”,就是世界体系论者研究的对象。

世界体系理论主要兴起于 20 世纪 70 年代的美国,其主要标志是沃勒斯坦教授于 1974 年出版的《现代世界体系(第一卷):16 世纪资本主义农业和欧洲世界经济的起源》[2]。我国学者王正毅(为沃勒斯坦教授的学生)曾对世界体系理论做过深入的分析和研究,所以接着的讨论主要引述他的评论。世界体系理论认为,今天的世界体系起源于 16 世纪欧洲资本主义世界经济(European capitalist world-economy)的形成,包含政治、经济、文化三个层面:从经济层面看,资本主义生产方式通过劳动分工,首先在欧洲形成中心—半边缘—边缘的结构,再通过地理扩张,欧洲资本主义世界经济最终变成全球性的世界体系;从政治层面看,国家的形成导致国家体系的出现,处于国家体系之中的国家为了进行资本积累而展开竞争,从而出现强国和弱国,强国之间相互竞争形成霸权国家,弱国对强国的不满便形成资本主义世界体系内的“反帝国运动”和“反体系运动”;从文明层面看,16 世纪欧洲的资本主义世界体系本来也是一种特殊的文明,但它在随后几个世纪向全球的扩展以及对世界其他国家和地区的征服,使其逐渐被普遍化,并越来越被认为是一种“具有普遍性的文明”,这使发展中国家陷入了完全接受它不情愿、不接受它又很难发展的两难境地。

根据以上的分析,可以更好地理解近代以来中国的现代化进程。

19 世纪以前,中国仍处在农业社会的阶段,中国与世界的关系主要集中在中国和以中国为中心的东亚世界之间的关系上[2]。进入 19 世纪,以《南京条约》和《马关条约》为标志,中国一方面开始被动地进入世界经济体系,一方面丧失了其在东亚的中心地位。但同时,以洋务运动为标志的中国现代民族工业开始起步,中国的现代化进程也由此发端。1949 年中华人民共和国的成立及其倒向苏东阵营,是中国"反体系运动"的直接体现。虽然这一时期中国加速了自身的工业化建设从而推动了现代化进程,但人民的生活水平却没有同步提高。始于 1978 年的改革开放,标志着中国开始主动地融入世界,中国的现代化进程也自此全面步入正轨。

(二)中国的改革开放与西部大开发

从近代史的观点看,以党的十一届三中全会为标志的改革开放,仍是自洋务运动以来中国现代化进程的延续。在此,不对现代化的含义做过多讨论,只简要指出:现代化发端于工业化并以之为基础,工业化带来城市化,城市化将最终导致人类生活的现代化。

20 多年的改革开放,赋予中国空前的生机与活力:综合国力大大增强,经济社会快速发展,人民生活水平不断提高。同时,也引发了三大差距(地区差距、城乡差距、贫富差距)及其加剧,表征之一就是中国的城市化进程落后于工业化进程。

有学者指出,20 世纪 80 年代和 90 年代上半期能出现 10%以上的经济增长,主要是因为此一时期中国的发展是大多数人的发展,而 90 年代中期以后中国的发展则成了少数人的发展。[3]

我们则认为,20 世纪 80 年代和 90 年代上半期能出现较高的经济增长,还因为此一时期中国的发展是多数地区的发展,90 年代中期以后中国的发展不仅成了少数人的发展,也成了少数地区的发展(就发展速度而言)。在三大差距问题中,地区差距问题对中国现代化进程更具全局性、战略性和基础性的影响,因而受到了更为广泛的关注和更多的重视。在这样的背景下,党中央、国务院于 1999 年做出了西部大开发的战略决策。

西部大开发的战略意图,是要逐步缩小西部与东部地区的发展差距,同时带动中部地区的发展,以实现全国东中西部的同步(协调)发展。

在贯彻实施西部大开发战略的过程中,陕西省、西安市根据各自的省情、市情,相继制定了"一线两带""建强创佳"的发展目标。"一线两带"中的两带,指关中高新技术产业开发带和关中星火产业开发带,由此,"两带"建设很明显地要和主要包括西安、咸阳、宝鸡等中心城市在内的关中都市带的建设相互影响。而"建强创佳"的提出,一方面是对陕西要建成西部经济强省的呼应,一方面也反映出西安对自己在西部地区的定位,即西部最佳。呼应也好,创佳也罢,归根结底是西安的发展。从城市化的角度来看,也可以说归根结底是西安的城市化发展,其结果就是西安都市区。

结合西安在"一线"上的轴心地位,来比较关中都市带和西安都市区,可以看出后者具有更为基础的作用,所以问题的焦点仍是西安。

(三)关中都市带与西安都市区

都市带或称大都市连绵带,指由在地域上集中分布的若干大城市和特大城市集聚而成的庞大的多核心、多层次城市群体,是大都市区的空间联合体。[4]都市区或称大都市区,是以某一大城市或特大城市为中心,包括周围市镇的城市化地区。[4]关中都市带即为"关中城市群",它是以渭河、陇海铁路线为主轴,包括西安、宝鸡、咸阳、渭南、杨凌、铜川、韩城、兴平在内的区域城市群,而西安都市区大体相当于"大西安都市圈",包括西安及其直接吸引区——咸阳、三原、长安和临潼,以及辐射区——渭南、铜川和杨凌。

从西安都市区到关中都市带,实际上是西安城市化发展由近及远的辐射所不断形成的(当然,关中都市带的形成,也需要宝鸡、咸阳同步进行的城市化发展)。这样,西安的城市化进程,就通过西安都市区和关中都市带这两个命题,成为"西安是什么"从空间角度进行回答的基本线索。至此,也就解释了从空间角度回答"西安是什么"时,西安的城市化进程与问题的回答之间的联系。

从空间的角度看,西安身处经济全球化的环境之中,目前在世界经济体系中的地位只是发展中国家(中国)欠发达地区(西部)的核心城市之一。由世界经济体系,派生出世界城市体系。中国作为世界经济体系中的边缘国家,目前拥有北京、香港、上海、台北等处于世界城市体系第三层次上的一批城市,与这四个国内的城市相比,西安至少还相差两个层次(中间还有像大连、天津、苏州、广州、深圳等一批城市的现有实力明显强于西安),从而西安在目前世界城市体系中的地位也就不难断言了。

严重的是,西安是"世界闻名的历史文化名城,国际著名的旅游城市"的发展定位,必然要求实现其在未来世界城市体系中的相应地位,否则,已有的定位只能是一句空话。以现在的世界城市体系为参照,西安在未来必须至少取得相当于其中第三个层次的地位,才有较大可能落实其发展定位。而这种地位的获得,只能依靠西安自身工业化,尤其是城市化的加速发展。

发展,是研究当今中国社会的核心命题之一,"发展是硬道理"。对西安发展的研究,重点还在于明确发展的含义、发展的动力机制、发展的模式以及路径选择等,而正确认识"西安"这一发展的本体,却是全部研究的前提。

本部分以时间和空间为基本视角,对西安的历史现实地位及外部空间环境、现有发展态势及未来道路取向等进行了梳理,以期发现西安可能的未来。我们的结论是:西安的发展,作为一种现象,在当今的中国绝无仅有。历史的辉煌、现实的压力和未来的不确定,是西安命运的写照。在经济全球化的背景下,如何进行城市化发展,从而积极参与中国的现代化进程,勇敢回应世界城市体系的挑战,是西安面临的最大问题。当今中国发展面临的三大任务(对应经济、政治和文化三大社会领域)是西部开发、政治转型和文化复兴。在这样的历史进程当中,作为拥有3 100多年的文化积淀、1 200多年的政治智慧和全国第三的科教资源的西安,难道会无所作为吗?

下·理解发展

本部分在一般的意义上对"发展"进行若干讨论,原因在于,在目前中国的体制背景下,西安发展中存在的问题非西安独有——这些问题在其他城市中共性地存在着。或者说,西安发展面临的问题,是多数城市发展所面临问题的缩影。了解到这一点,就可以进入对"发展"的讨论了。

改革开放以来,"发展"逐渐成为全中国上至高官下至百姓使用频率最高的词汇之一。如果对这一现象进行发生学意义上的追问,或可发现:洋务运动以降,中国现代化进程的核心命题就是发展,只不过在不同的时期,它有着不同的称谓和含义罢了,如"师夷长技以制夷""中学为体,西学为用""变法维新""民主共和""救亡图存""共产主义""改革开放""民族复兴"等等,不一而足。

翻开词典,它会告诉我们,发展是事物由小到大、由简单到复杂、由低级到高级的变化。问哲学家,他会说,发展是事物因相互作用而沿某一方向的运动。和人讨论,可以得到这些解释[5]——发展是人均国民生产总值的提高,发展是分配的改进和贫穷的消除,发展是按西方的道路实现现代化,发展是对传统社会的复归,发展是人的潜能的扩展,等等。还有更为经典的一种解释,那就是邓小平同志所说的"发展是硬道理"!

毫无疑问,如何理解发展是任何从事发展研究的人员首先要搞清楚的问题,因为历史的经验告诉我们:对发展的不同理解,将直接导致发展目标的不同和发展道路的差异。本部分关注的焦点是改革开放以来中国的发展实践,原因在于理论总是要服务于实践并最终接受实践检验的。回顾改革开放以来中国的发展进程,我们一方面为经济建设取得的巨大成就而欢欣鼓舞,一方面也对政治、社会领域突出存在的问题倍感压力。中国已处在改革和发展的关键历史时期,对现实的深层认知和把握将有助于我们继续在正确的道路上前进。

三、政治、社会的全面变革是经济改革深入的必然

2003年10月30日,"中国改革论坛"在北京举行,与会专家针对中国社会各

领域集中提出了一系列重要观点。我们认为，这些观点可以成为"政治、社会的全面变革是经济改革深入的必然"的论断的有力证明。为了说明问题，同时和读者分享这些观点，下面对其摘要罗列[6]：

高尚全（中国经济体制改革研究会会长）：在经历了25年的改革之后，中国改革已经进入全面向市场经济转轨的中后期，执政党的执政方式、对政府权力与责任的有效监督、以个人产权保护为基础的公民基本权利的保障，正在成为启动政治改革的基本任务。

吴敬琏（国务院发展研究中心研究员）：我们的改革目标，是建立一个好的市场经济，一个法治的市场经济。改革的中心环节是政府对自己的改革，这是非常困难的。

梁治平（上海法律与经济研究所所长）：对于改革来说，法律是最难啃的一块骨头，在许多问题上我们都欲言又止，止步不前。

李曙光（中国政法大学研究生院副院长）：中国正站在从政策之治到法治的历史转折点上。

陈锡文（中央财经办公室副主任）：当前农村的改革处在一个非常关键的时期，需要有发动农村改革的勇气和魄力，才能真正改变这种局面，否则很难看得到转机和曙光。

郭树清（时任央行副行长）：生产要素的市场化与我们10年前的设想相比，还存在相当的距离，而在社会保障体系的建立方面，尽管10年前就有一个方案，现在实施的也并不理想。

张维迎（时任北京大学光华管理学院常务副院长）：制度变迁是一个自发演进的过程，而非人为设计的结果。

思考专家们对中国改革的解读，可以发现，他们已经把目光和注意力集中在了政治改革、政府改革、法律和法治、农村改革、社保体系建立等重大制度变革的问题层面。换句话说，25年的以在经济领域为主的改革已使人们不得不开始认真和慎重地来考虑政治、社会领域必需的变革！

人类社会的发展，是以人为中心的全面的发展，这已是世界各国人民的共识，否则，可持续发展的观念不会在全球范围内得到广泛认同，党的十六届三中全会提出的以人为本、全面协调可持续的发展观也不会得到全国上下的热烈响应。站在这个起点上来审视中国的改革，可以认为，经济领域的改革要继续下去，必然要求政治、社会领域进行同步的变革，否则，两者之间就会产生矛盾（现实中很多具体问题已经显现出这一矛盾的存在）；另一方面，经济改革阶段性的成功，也为政治、社会变革奠定了物质和思想基础。

现实当中，全面改革的推动之所以遇到阻力，正是由于经济改革的既得利益者不愿放弃其在政治、社会领域中的已有利益，如政府职能转变中机构改革实施的步履维艰，高等学校改革的承受对象多为教师群体而非管理人员群体等，都说明了这一问题。然而，改革的列车已经上路，未来的选择，要么前行，要么"出轨"。显然，可行的道路只有前者。这就要求我们在继续经济改革的同时，必须同步进行政治、社会的全面变革。

四、发展的关键在于实践科学的发展观

改革的实践离不开改革理论的指导，改革的理论又受到发展观念的选择。从而，树立怎样的发展观成为具有决定意义的环节。

时任国务院副总理的曾培炎在"中国科学家人文论坛"作主题报告时指出，党的十六届三中全会明确了以人为本、全面协调可持续的发展观，这是一个科学、系统、全面的发展观，是适合中国国情和顺应时代潮流的发展观。他同时指出，科学的发展观尽管提出了，但是我们对它的认识还有一段过程，不仅要从认识上提高，更重要的是在具体的经济和社会发展中贯彻这个发展观[7]。

时任国务院发展研究中心主任的王梦奎也撰文指出，中国社会经济发展新阶段的要求、体制环境的变化、20多年发展提供的经验和教训以及世界潮流等是在现在鲜明地提出树立新发展观的根本原因，在研究和实践新的发展观时，要特别注意把积极探索的进取精神和循序渐进的务实态度结合起来。[8]

我们也认为，"以人为本、全面协调可持续"作为发展的原则和目标已经确立，关键的就是将之在改革和发展的实践中加以贯彻落实。下文以"在发展的过程中实现从官本位向民本位的转变"的个人思考作为答案，部分回答"如何实践科学发展观"这一问题。

五、从官本位到民本位

2003年7月至8月间，我们在西安的部分区县开展了社会调研活动，其间的所见所闻既令人振奋，也让人深思。之所以有振奋，是因为笔者切身感受到了这些地区的官员、百姓全心全意谋发展、图发展的决心和干劲。而之所以有深思，则是因为我们在这些地区，尤其是在这些地区的官员身上发现了真实的问题：几乎所有人都只采用国内生产总值（GDP）和财政收入两项指标来衡量本地区的发展水平！

这种现状，加上平常的学习和阅读，让我们产生了一种强烈的感觉，就是现在几乎各级政府都已经把实现经济增长作为自己的首要任务！如果这个判断大体不错，则需要指出：一方面这种情况在当下的出现虽有其必然性，但另一方面如果这

种情况再持续下去,将会出现消极的后果!

为什么说现在各级政府把实现经济增长作为自己的首要任务有其必然性?一个简单但有力的解释是,能否实现经济的增长,在根本上关乎党执政的合法性问题,从而经济的增长成为党考虑如何保持其执政地位的一个基本出发点,受此影响,经济增长顺理成章地变为了目前考核地方各级党政官员政绩的重要指标。之所以认为前述情况再持续下去将会引发消极的后果,是因为已经有事实可以作为证明:2003 年的 SARS 危机,已经透射出我国城乡公共医疗卫生体系的脆弱,而这还只是"冰山一角"!

此故,我们要不遗余力地在此论证迷信"经济增长"的不正确。这样做既是为了用己之思尽己之力,也是为了揭露迷信背后"官本位"思想的流弊。

(一)放弃短视,破除对"经济增长"的迷信

发展,是否首先意味着经济的增长? 如果承认这个观点,即"发展首先意味着经济的增长",那么其直接指向的哲学命题就是"人首先要吃饱肚子"。似乎不能否认,这是一个合乎事实的道理。但顺从了这个命题,则非常可能隐含地和间接地承认了"吃饭对人来说最重要"。对此,我们不能苟同。

首先,我们不否认人要吃饭,但吃饭对人来说恐怕不能算是最重要的(至少不能算是唯一最重要的),因为有饭吃只满足了胃,但用什么来满足大脑(精神)呢?毕竟,人区别于一般的动物,不是因为人有胃,而是因为人有着发达的大脑以及其他特质。其次,如果认为对人来说吃饭是第一选择,那么,新中国的成立恐怕极不可能:无数革命先烈作为第一选择的并非吃饭,而是理想——共产主义理想! 最后,即使有群体接受"吃饭对人来说最重要"这样的选择(项),也仍然会有别的群体不接受这样的选择(项)。倘若"吃饭对人来说最重要"在一个社会中成了基本的常识,则只存在两种可能:要么是社会的统治者强加给受众这个"常识",久而久之,人们也就认为它是常识;要么全体社会成员都存在认识上的偏差,共同误认为"吃饭对人来说最重要"。

难道吃饭对人来说真的最重要吗? 这里,再次重申:我们不认同这个观点。因为,"人要吃饭"只描述了问题的一面,还存在问题的其他方面:"人要安全""人要尊严""人要自由""人要价值实现"……可以说,人的需求构成了一个"系统","要吃饭"只是这个需求系统中的一个元素而已,倘若其他的元素不见了,整个系统也就破缺了,人也就不成其为人了。若要人成其为人,则必须正视这样一个事实:人的需求是一个完整的系统,人的需求达到满足的过程也应该是一个完整的过程。如果有理由把这个过程称作人的发展,则可以得出结论:人的发展应该是完整的发展、全面的发展。

在这样的背景下来看"发展"，则不能再说：发展首先意味着经济的增长。充其量，我们只能说：经济增长是发展的一个方面。甚至当我们说"经济增长是发展的物质基础"时，就很有可能滑到"物质第一性"这样的命题中，从而再次进入狭隘的、错误的发展观当中。所以，我们在此提出，同时也只愿承认：经济增长是发展的一个方面。

有一个问题需要交代清楚，即上述结论中的"发展"是社会整体的发展，作为简约，我们让它在微观上反映成个人的发展。这样的处理，相信是能站得住脚的。此外，个人的发展（因假设其是多个需求得到满足的过程，从而可以认为其）是全面（对应多个需求）的发展，反映在宏观上（如果有对应路径的话）也符合社会整体发展是多个领域（比如经济、政治、文化）得到发展这一基本共识。

再来看隐藏在迷信背后的"官本位"思想。"官本位"思想，直接表现为渗透到社会生活各个层面中间的"长官意志"，用极端的话来描述，就是"政治决定经济"，再极端一些，就是"人民为政府而存在"。其结果，只能造成"官"成为社会生活的中枢。然而，这只是"官本位"问题的表层解读。当这种思想受到官员的认同并因此在其大脑中扎根时，他生存乃至"信仰"的基础就全维系在这"官"的身份上，"官"的身份对他最重要！为了维护这个身份，上级怎么考核，他就怎么做。当他不能全部完成考核的内容时，他就会有所舍弃，挑"最重要"的事来完成——对"经济增长"的迷信显然由此而来，"官本位"思想的严重危害也可见一斑！

对执政地位的渴望，辅之"官本位"思想的影响，成为强调"经济增长"这一片面发展模式的源头。换句话说，认识上的偏差、骨子里的落后，是产生迷信的根源。所有这些都是短视的。短视的结果便是不能长久。

（二）树立并贯彻全面协调可持续的科学发展观

前文的论证，旨在提出：发展有多个维度和多个方面，无论就社会整体而言，还是就单独个体而论，发展都是一个整体，都是一个系统。这个发展观的确立是社会成为社会、个人成为个人的基本前提。

第二次世界大战以后，"发展"逐渐成为世界性的命题：社会主义国家在发展，资本主义国家也在发展。随着苏东阵营的解体，中国作为现存为数不多的社会主义国家之一和全球最大的发展中国家，其发展自然受到了世人格外的瞩目。

不可否认，改革开放以来，中国的现代化建设取得了巨大的成就，但伴之而生的则是三大差距（地区差距、城乡差距、贫富差距）的出现及其加剧。幸运的是，新的中央领导集体履职伊始，就旗帜鲜明地提出了经济社会全面协调发展的执政理念，为整个国家的健康发展提供了强有力的领导保证。而这，恰恰从一个侧面反映出"三个代表"重要思想对指导中国发展的巨大影响力。

"三个代表"重要思想的提出,是党的第三代领导集体对马克思主义理论的新发展和新贡献,对党带领全国各族人民建设社会主义伟大事业具有根本的指导意义。新的中央领导集体对"三个代表"重要思想高度重视:一方面确立它作为全党和全国各族人民前进的根本指针,一方面花大力气在全党和全国范围内展开对它的学习领会和贯彻实施。在此,仅从区域发展的角度,来谈"三个代表"重要思想对之具有的指导意义。

2003年6月15日,中共中央下发了《关于要求在全党兴起学习贯彻"三个代表"新高潮的通知》(以下简称《通知》)。对待这个通知,不同的人会有不同的解读。作为区域发展的研究人员,我们认为,这个通知本身就是一份指导区域发展研究的纲领性文件。

《通知》中谈道,要依靠人才及其创造性的活动,结合劳动、知识、技术、管理和资本等要素来推动社会主义物质文明、政治文明和精神文明的协调发展,以实现全面建设小康社会的目标,即"经济更加发展、民主更加健全、科教更加进步、文化更加繁荣、社会更加和谐、人民生活更加殷实"。这实际上是完整地给出了区域发展系统的构成要素(人才及其创造性活动、劳动、知识、技术、管理、资本)、动力机制("三个文明"协调发展)以及系统目标(全面小康社会)。

《通知》中还谈道,各地区各部门的负责同志,一方面要查找思想观念和精神状态上存在的差距,一方面要深入调查研究、集中民意、集思广益,从而真正做到"发展要有新思路,改革要有新突破,开放要有新局面,各项工作要有新举措"。这更是指出了作为发挥区域发展领导决策职能的政府部门及人员,必须"内外兼修""双管齐下",才可能把工作落到实处,真正推动本地区本部门的发展。

2003年7月1日,胡锦涛同志在"三个代表"重要思想理论研讨会上的讲话中明确提出,"'三个代表'重要思想的本质是立党为公、执政为民"。这一"公"、一"民",则又为区域发展研究提供了最为根本和最为直接的标准与要求。也就是说,研究的出发点和归宿,必须体现出社会发展的公平与公正,必须是为了全体人民的最根本利益!

对照前文提出的部分官员在地方发展中对"经济增长"的迷信,"立党为公、执政为民"应该成为他们消解迷信从而在观念上树立在行动中贯彻全面协调发展观的一剂良方。

六、以人为核心的公平的发展

承认发展是一个系统,也就承认了发展的目的性。发展的目的又是什么?用一个简单的词汇来概括,就是"可持续发展"。原因很简单:可持续发展是当今唯一得到世界各国公认的发展路径、模式和目标。

国际上通行的对可持续发展的解释是，既满足当代人需要而又不损害子孙后代满足其需要的发展。我国学者叶文虎、栾胜基等进一步指出，可持续发展应该是"不断提高人们生活质量和环境承载能力的、满足当代人需求又不损害子孙满足其需求能力的、满足一个地区或一个国家的人民需求又不损害别的地区或国家人民满足其需求的能力的发展"。显然，这种解释更加准确和全面一些，因为它不仅论及了（全球范围内的）代际公平，更论及了同一时空下地区间、国家间的公平，同时还指出了可持续发展的基本内涵，即经济与生态的协调（人们生活质量的提高直接表现为其经济能力的增长，环境承载力的提高直接表现为生态系统的发展）。

在这些解释的基础上，结合我国的国情，我们进一步提出：可持续发展是包括"四个公平"的发展，即同一时空下不同国家间、一国内不同区域间、一国同一区域内不同人群（阶层）间公平的发展，以及这三个层面作为一体与其衍生体在不同时段间公平的发展（也就是代际公平的发展）。这个解释的核心在于强调代际间、人群间的公平发展，也就是说，它强调了以人为核心的发展。这也是我们阅读联合国第一份《人类发展报告》之后思考的结果。1990 年，联合国在其公布的第一份《人类发展报告》中鲜明地指出，人必须处于所有发展的中心位置。在这样的前提下，得出"可持续发展是包括'四个公平'的发展"的结论，就是很自然的事情了。

在现实社会中，单独个体要在客观上实现对其来说是公平的发展，要求社会必须赋予其发展的自由。简单地说就是，个人要发展，必须有自由。按照哈耶克的理论，所谓获致自由，包括以下五项权利的获得[9]：第一，在共同体中受保护的成员的法律地位；第二，免遭任意拘捕的豁免权；第三，按照自己的意欲做任何工作的权利；第四，按照自己的选择进行迁徙的权利；第五，财产权利。从而，保障社会中单独个体上述五项权利的实现就成为社会宏观发展的微观基础和起点。

如何理解发展对发展的实践具有重要意义。本部分在简要回顾并讨论中国发展进程的基础上，着重从实践的角度提出了以下观点：第一，在经历了 25 年的经济改革之后，政治、社会的全面变革已经成为中国发展的必然；第二，树立并实践全面协调和可持续的科学发展观是中国发展的关键；第三，在实践科学发展观的过程中，必须破除对经济增长的迷信，代之以执政为民的信念，从而实现从官本位发展模式向民本位发展模式的转变；第四，必须坚持公平发展的原则，真正走可持续发展之路，而坚持公平发展原则的前提则是赋予社会中单独个体以发展的自由。

一言以蔽之：发展的中心是人，是社会中具体的个人，只有社会完整地赋予个人发展的自由，全社会整体公平的发展才有了微观层面坚实的基础。这样一种思路和"立党为公，执政为民"的思想内涵是完全一致的。

结　　语

没有两座城市是完全一样的。就认识西安进行的若干讨论及其结论对认识城市这个命题来说有其局限性,但重要的是分析问题的方法,它可以具有一般性。这里通过总结对西安所进行的分析,得出研究城市问题的一个基本方法或者说是第一个步骤,即用"时空观"的理念来全面考察、认知一座城市。

具体而言,在研究城市发展时,先要从历史纵深和全球视野来考察和审视待研究的城市。全面考察一座城市的历史,可以梳理出它所处的自然地理环境的变化、社会经济演进的变迁,得出它在各种支撑发展的资源上的现存优势和不足,再通过与其他城市的比较,就可以科学地为自己的发展定位,进而合理地谋划自己的未来。从全球的视野来审视一座城市的发展,既可以厘清它所处的时代背景,更重要的是能够客观地评价它在全球经济体系和城市体系中所处的地位,准确判断出自身发展所面临的机遇与挑战,进而使自己的发展定位更具可行性。

实际上,时间与空间是不可分割的。在我们科学准确地为城市发展进行定位而考察城市的历史时,少不了与其他城市进行横向的比较;在就全球范围评析城市发展所面临的机遇与挑战时,就是在为它的未来开辟方向铺平道路。在我们的全部研究当中,"时空观"这一理念体现得最为明显,由此可见其作为城市研究一个基础性方法的可能性。

在发展问题上,我们的研究结论具有一般性,即在实践科学发展观的过程中,应该实现从官本位向民本位的转变,同时要坚持可持续发展中的四个公平。发展的全部意义在于赋予社会中个人发展的自由,这也正是马克思所提出的"每个人的自由发展是一切人的自由发展的条件"的真义所在。

把对城市的认识和对发展的理解综合起来,就可以得到对城市发展较为完整的认知:城市是它所处时间与空间的统一体,城市发展的实质就是生活在城市中个体的发展。因为每一座城市都有其特殊的发展基础和条件,所以尽管每一座城市都要为其中的个体提供相同的发展条件即实现个人自由的五个自由权项,但不同城市中个体实现自由发展的途径各不相同。

最后还需要向读者交代一点。开篇提出,以人为本的发展理念在生态整体主义思想的观照下值得质疑。正确的认知是,应在包括人在内的生态作为一个系统整体的前提下实现人和自然之间的和谐。实际上,我们需要的不只是人和自然之间的和谐,在当前以及未来,我们同样需要人和人之间的和谐。这两个和谐,应该成为研究城市发展的归宿。

参考文献

[1] 吴永江. 要在建设规划中展现历史文脉[J]. XI'AN 说古道今,2003.

[2] 王正毅. 世界体系论与中国[M]. 北京:商务印书馆,2000.

[3] 仲大军,程晓农. 精英之路还要走多远(上)[J]. 改革内参,2003.

[4] 顾朝林,等. 经济全球化与中国城市发展[M]. 北京:商务印书馆,1999.

[5] 鲁鹏. 制度与发展关系研究[M].北京:人民出版社,2002.

[6] 文钊. 中国改革进入深水区[N].经济观察报,2003 - 11 - 3.

[7] 曾培炎. 树立科学的发展观,促进经济、社会和人的全面发展[EB/OL].
[2003 - 11 - 25]. http://tech. sina. com. cn/ other/2003 - 11 - 25/
1610260278. shtml/2003 - 11 - 25/

[8] 王梦奎. 研究和实践新的发展观[J].求是,2004.

[8] 哈耶克.自由秩序原理[M].邓正来,译.北京:三联书店,1997.

城市系统工程的理论框架[*]

　　城市是现代人类社会的组织形式,是当代人们进行生产生活实践的主要场所。进入 21 世纪,城市在各国经济社会发展中的地位和作用不断增强,同时,不论发达国家还是发展中国家的城市问题也在增多。针对这样的实际状况,旨在促进城市健康发展的城市和城市问题研究层出不穷。从现有文献看,在国内类似城市系统工程的提法如城市科学、城学等出现的时间约在 20 年前,而城市系统工程这一名词的正式提出大体在 4 年之前[1],且仅作为一个命题提了出来。在国外,从掌握的资料未看到以城市系统工程(Urban Systems Engineering,简称 USE)为名的学科专业,仅发现以 USE 为主题的一类课程,包括城市系统规划与管理、水资源工程、环境工程系统、建筑系统、运输系统、城市系统决策方法与工具等[2]。

　　随着科学发展观的提出,"以人为本"和"五个统筹"的发展理念渐入人心。剖析"五个统筹"的具体内容可以引申出两个重要结论,即一方面实现"五个统筹"的大部分工作要在城市中完成,另一方面这些工作的目的大体上分为两个层次,分别是城市与自然环境的和谐以及城市内部各部分间的和谐。根据这两个结论,首先给出城市发展的概念。所谓城市发展,是指城市与自然环境间以及城市组成要素间关系的优化演化。在此基础上,借鉴我国学者金菊良等人从方法论角度提出的水资源系统工程的概念[3],给出城市系统工程的定义:城市系统工程是一门研究处理城市整体的新兴交叉综合性学科,其实质是结合城市思想与系统思想并在其指导下研究处理城市整体优化演化过程中问题的方法论。

一、城市思想与系统思想

(一)城市思想

　　新中国成立以来,由于受到计划经济体制的影响,我国的城市建设主要是根据国家工业化发展战略需要由各级政府主导的。目前,虽然已经基本建立了社会主义市场经济体制,但城市的建设与发展在相当程度上仍由政府主导。据此认为,新

　　* 本文完成于 2004 年 4 月,是笔者在从事城市发展研究一年后的一个阶段性总结,后以"城市系统工程的理论框架探讨"为题,收录于中国系统工程学会第 13 届学术年会文集(Hong Kong;London;Tokyo;Global Publisher,2004),此次略作改动收入本书。附件部分提供了笔者对城市系统工程理论框架后续研究进展的说明,以供交流。

中国成立以来,我国城市化进程中的城市思想基本上是政府城市观念的集中反映,其发展大致经历了6个阶段(见表1)。

总体上,50多年来我国城市思想的发展可以划分成两个阶段:计划经济时期的抑制城市发展和市场经济时期的促进城市发展。

国外的城市发展,尤其是发达国家的城市发展经历了较长的历史时期,积累了丰富的正反两方面建设经验,形成了多元化的城市观念和城市思想。20世纪90年代以来,较有代表性的城市思想是"新城市主义"(the new urbanism)以及"聪明的增长"(smart growth)等。

表1　新中国成立以来我国城市思想的发展

发展时期	城市思想的主要内容
新中国成立之初	"生产城市"和"工业城市"
20世纪60年代初期	"工农结合,城乡结合,有利生产,方便生活"
"文革"期间	"反城市"
20世纪80年代	"城市在社会主义现代化建设中起主导作用"
20世纪90年代	"严格控制大城市规模,合理发展中等城市和小城市"
21世纪初	"逐步提高城镇化水平,坚持大中小城市和小城镇协调发展,走中国特色的城镇化道路"

资料来源:陈为邦. 城市思想与城市化[J]. 城市发展研究,2003,10(3):1-8.

(二)系统思想

自贝塔朗菲的《一般系统论》问世以来,系统的概念和系统思想被广为接受。通俗地说,系统思想就是用系统的或体系化的理论、观点和方法来考察、分析和研究对象系统的一种方法论。我国学者魏宏森和曾国屏在《系统论——系统科学哲学》中,以"四源、五观、八原理、五规律"的形式对系统思想进行了高度概括[4],具有指导意义。

(三)城市整体

每一门学科都有自己特定的研究对象,城市系统工程也不例外。把城市系统工程的研究对象界定为"城市整体"而非"城市系统"是适宜的。原因在于,城市系统这个概念更多的是对城市物质和精神存在的一种共时及历时刻画,它不能直接反映城市整体在人类理性中的反映即城市理念的逻辑推演特点,而从这个意义上可以把城市整体称为城市逻辑。此外,从哲学的角度还可以认为城市发展是一个完整的体系,由发展实践、发展研究以及居于两者之间的发展的制度安排三个层次构成,这就又形成了研究城市整体的一个新维度即城市制度。

综合以上的分析,城市系统工程的研究对象应该是城市整体,而且至少可以从三个维度即城市系统、城市逻辑和城市制度展开城市整体的研究。这是城市系统工程区别于其他应用系统工程的一个显著特点。得到城市整体这个概念不是偶然的,它是城市思想和系统思想相结合后的必然产物。

二、城市系统工程理论框架的核心

(一)一个理念:时空观

研究城市问题的一个基本方法,就是用时空观的理念全面考察和认知一座城市,即从历史纵深和全球视野来考察和审视研究对象。相应的步骤如下:全面考察对象城市的历史,梳理出它所处的自然地理环境的变化、社会经济演进的变迁,得出它在各种支撑发展的资源上的现存优势和不足,通过与其他城市的比较,科学地为它的发展定位;再从全球的视野来审视对象城市的发展,厘清它所处的时代背景,客观地评价它在全球经济体系和城市体系中所处的地位,准确判断出它的发展所面临的机遇与挑战,使发展定位更具可行性。

时间与空间不可分割。在科学准确地为对象城市的发展进行定位而考察城市的历史时,少不了与其他城市进行横向的比较;在就全球范围评析对象城市的发展所面临的机遇与挑战时,就是在为它的未来开辟方向和铺平道路。需要说明的是,空间观点一直是研究城市与城市问题的一个重要传统。空间观点具有跨学科特性,这一特性也是系统工程学科的突出特点。地理学、经济学、社会学、心理学以及环境科学、区域科学、信息科学等众多学科都把特定的空间作为自己的研究对象,城市系统工程在研究城市整体时需要从中吸取有益的养分。

(二)两个主题:城市与发展

研究城市系统工程的目的是推动城市发展。笔者认为,研究的开展是有前提的,即必须弄清城市和发展的正确内涵。

先看城市。正如法国城市地理学家潘什梅尔所指出的:城市现象是一个很难下定义的事实,它既是一个景观,一片经济空间,一种人口密度;也是一个生活中心和劳动中心;更具体点说,也可能是一种气氛,一种特征或者一个灵魂。[5]简单的"城市"二字包含了极其丰富的内涵,随着人类社会的不断进步,城市会被赋予更多的内涵。

再看发展。发展的关键在于落实科学发展观,为此,必须着力解决两方面的问题:在发展的过程中实现从官本位到民本位的转变,以及在可持续发展的前提下坚持四个公平,即同一时空下不同国家间、一国内不同区域间、一国同一区域内不同人群(阶层)间公平的发展,以及这三个层面作为一体与其衍生体在不同时段间公平的发展(也就是代际公平的发展)。

把握城市发展的一个重要的立足点是不能为发展而发展。为此,还需要站在生态整体观的高度反思现有的发展价值观。[6]

(三)三个维度:城市系统、城市逻辑与城市制度

1.城市系统的维度

城市系统的概念实质上是对城市物质和精神存在的共时及历时性质的一种刻画。也就是说,从城市系统的维度需要研究对象系统的静态结构和动态演化特性。这里仅对城市系统的静态结构做一简要讨论。

按照对城市整体的理解,把城市系统分为五个子系统,包括生态子系统、经济子系统、政治子系统、文化子系统和社会子系统。对应形成五个研究领域,即城市生态、城市经济、城市政治、城市文化以及城市社会。每个研究领域要解决的问题,或者说每个子系统的目的依次是城市生态安全、城市经济增长、城市政治进步、城市文化提升和城市社会和谐。

上述五个研究领域,有些已形成专门的学科,比如城市经济学、城市社会学等。以城市经济学为例,城市经济学已出现近40年时间,形成了三个主要的研究主题,包括区位分析、特定城市市场和城市政府行为。其中,区位分析的主要内容有城市住宅区位理论、城市企业区位理论、城市均衡的结构、动态城市模型和城市体系的一般均衡模型设计等;特定城市市场研究的主要内容有住房服务的供给与需求、城市交通、城市公共设施选址和劳动力市场等;城市政府行为研究的主要内容有地方公共经济学、城市公共服务融资、城市舒适与公共政策、城市化以及城市规模与位置的政策问题等。[7]

2.城市逻辑的维度

简单地说,城市逻辑就是从人的理性的角度来考虑一座城市从无到有是如何实现的。从城市逻辑的维度研究城市整体,可以形成四个紧密相连的研究领域,即城市设计、城市规划、城市建设与城市管理。其中,城市规划和城市管理已发展成较为成熟的学科专业。以城市规划为例,现代城市规划首先在西方发达国家起步,我国现代的城市规划主要是从新中国成立以后开始的,比国外的实践要晚半个多世纪。城市规划发展到今天,主要包括以下内容[8]:城市空间形态与布局结构、城市中心区规划、城市居住区规划、城市景观与绿地系统规划、城市生态与环境规划、城市历史环境保护规划、城市综合交通规划、城市基础设施工程规划、大城市与小城镇规划、旧城更新改建规划以及城市规划的实施管理。在城市化进程加速的今天,要特别对"旧城更新改建规划"以及"城市规划的实施管理"引起重视,因为旧城更新改建的实施不可避免地会在不同利益群体中产生冲突,若处理不慎就会引发社会矛盾,而能否对城市规划的实施进行有效的管理,则直接体现了一座城市的治理能力和法治水平。

3.城市制度的维度

前文指出,如果把城市整体的发展作为一个完整的体系,则有理由认为该体系是由发展实践、发展研究以及居于两者之间的发展的制度安排这三个层次构成的(见图1)。

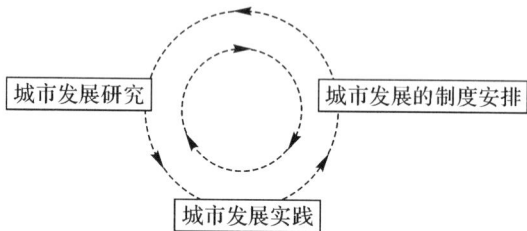

图 1　城市整体发展的完整体系

在城市整体的发展的完整体系中,城市发展的实践是基础和根本。它为研究提供了直接的对象和素材,也是自发形成的制度的源泉。城市发展研究是要认识和总结城市发展实践的规律,一方面指导实践,一方面为实践自觉地直接地进行有利的制度设计与安排。制度是实践内生的结果,也是经过研究后人为设计的结果。它可以促进或阻碍发展的实践,而无论是哪一种情形,都可成为研究的对象。

我国学者陈忠撰文指出,城市制度,就是发展主体在观念特别是行为实践中,对城市本质、结构、功能、意义、价值等的规则性确认[9]。他从七个方面论证了城市制度的重要性,并对城市制度进行了合理的分类。这些都为从城市制度的维度展开对城市整体的研究奠定了基础。

(四)四个问题:发展阶段、发展规律、发展战略与发展调控

城市系统工程的研究要服务于城市的发展,要能够解决城市发展中的具体问题。经过初步的分析,认为城市系统工程在宏观层面上应该着力研究解决的四个问题是发展阶段、发展规律、发展战略与发展调控。

就城市发展而言,大体可以划分为两个发展阶段,即城市化与城市现代化。就城市发展规律而言,至少可以包括城市化规律和城市现代化规律两方面的内容,每一方面的内容还可以进行细分。明确了所处的发展阶段和对应的发展规律,就可以制定相应的发展战略。贯彻发展战略的关键在于对其执行。从系统工程的角度看,战略执行过程中很重要的一个环节就是战略控制,即从宏观上对工作全局进行调控。[10]

以我国现实发展当中农民大量涌入城市的问题为例,要研究解决它,首先需要判断"农民进城"是我国城市化发展进入加速时期的一种必然现象,从而应该在准确把握城市化进程中人口流动一般规律的基础上积极应对这种现象,而不是违反其中的规律把农民挡在城市之外。这要求管理者制定出能够适应大量农民在城市中工作、生活和居住的城市发展战略,同时做好相关政策法规的配套。为了不给城市发展带来不必要的冲击,显然需要对农民进入城市的流动规模与速度进行宏观调控,这样既有效地保证了城市自身的可持续发展,也在最大程度上实现了更多农民的个人利益。

三、城市系统工程理论框架的方法体系

城市系统工程研究城市整体有三个不同的维度,相应就有三种方法体系。

对应城市系统维度的方法体系如图2所示。该体系是对金菊良等人研究水资源系统工程理论框架成果的推广,包括了研究城市整体的6大类方法,即建模、优化、预测、模拟、评价以及决策分析,体现了系统工程研究的一般框架。

对应城市逻辑维度的方法体系,如图3所示。该体系中,直观看没有包括具体的方法,但主要的四个环节即城市设计、城市规划、城市建设和城市管理都已形成专门的研究领域,每个领域里都有特定的研究方法。从内容上看,城市思想和系统思想是城市逻辑的先导,它们共同影响着城市设计的实践,同时,系统思想还影响着其他三个主要环节。特别的,城市管理除了通常意义所说的城市社会、经济管理之外,还应包括针对城市规划实施和城市建设活动的管理。

对应城市制度维度的方法体系,如图4所示。该体系中,主要对制度分析的方法进行了一般意义上的探讨。从内容上看,主要包括交易费用分析的方法、引入交易费用后的一般均衡分析方法、信息不对称以及道德风险的分析方法、经典博弈论的分析方法和演化博弈论的分析方法。[11]从城市制度的维度研究城市发展,需要考虑制度演化与制度共生以及内生制度与制度设计等重要内容。

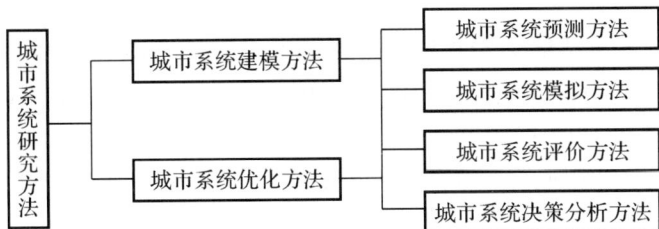

图2　城市系统维度的方法体系

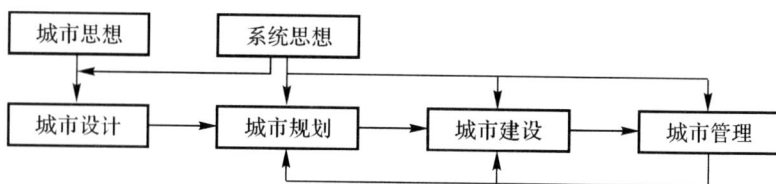

图 3　城市逻辑维度的方法体系

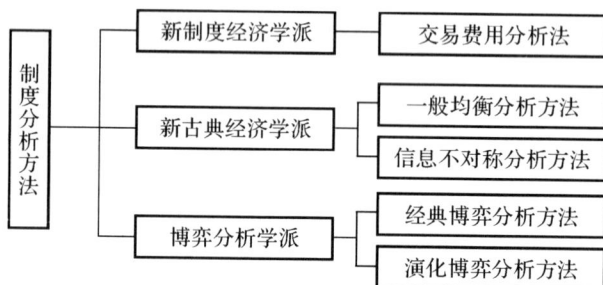

图 4　制度分析的方法体系

四、结论

　　城市系统工程是一个有待深入开发和挖掘的新兴应用系统工程学科,具有重要的理论意义和实际价值。在吸收借鉴已有研究思路和成果的基础上,笔者从方法论的角度提出了一个相对完善的城市系统工程的理论框架,包括其理论核心和具体的方法体系,重点在于城市系统、城市逻辑和城市制度三个研究城市整体的不同维度及其方法。下一步的工作既需要对已有的研究维度和对应的方法体系进行完善,也需要探索新的研究维度和相应的方法体系。

参考文献

[1]　张启人. 踵事增华 开拓进取[J]. 系统工程,2000,18(4):5-6.

[2]　George Mason University. 1999-2000 University Catalog:Urban Systems Engineering,http://www.gmu.edu/catalog/9900/ use.html.

[3]　金菊良,等. 水资源系统工程的理论框架探讨[J]. 系统工程理论与实践, 2004,24(2):130-137.

[4]　魏宏森,曾国屏. 系统论——系统科学哲学[M]. 北京:清华大学出版

社,1995.

[5]　许英. 城市社会学[M]. 济南:齐鲁书社,2002.

[6]　王诺. 欧美生态文学[M]. 北京:北京大学出版社,2003.

[7]　米尔斯. 区域和城市经济学手册:第二卷[M]. 郝寿义,等,译. 北京:经济科学出版社,2003.

[8]　邹德慈. 城市规划导论[M]. 北京:中国建筑工业出版社,2002.

[9]　陈忠. 城市制度:城市发展的核心构架[J]. 城市问题,2003(4):13-18.

[10]　汪应洛. 系统工程理论、方法与应用[M]. 2版. 北京:高等教育出版社,1998.

[11]　宾默尔. 博弈论与社会契约[M]. 王小卫,等,译. 上海:上海财经大学出版社,2003.

附:城市系统工程理论框架的研究进展

在2005年年初,当我把城市系统、城市逻辑与城市制度这三个维度和物理—事理—人理系统方法论(WSR方法论)的三个研究层次进行比照时,发现它们确有一定程度的契合,于是提出了新的城市系统工程理论框架,即基于WSR方法论的城市发展研究框架,在2009年出版《基于WSR方法论的城市发展研究——城市系统工程新探》时,又对该框架进行了完善(见图5)。

以下是对城市系统工程理论框架的基本解释。

立足WSR方法论,在界定"城市整体"作为研究对象后,导出城市(整体)发展对应的三个研究维度,即城市系统、城市逻辑与城市制度。在此基础上,分别将城市看作自组织的演化系统、他组织的逻辑系统及自组织与他组织的统一即制度系统,对城市整体进行分析,其实质即以自组织、他组织以及作为统合两者的制度统摄城市研究。

关于城市系统,主要从"物"的层面来考查、分析城市的自组织演化特性,并借助计算机仿真手段,进一步探究其潜在的演化规律,从而达到掌握城市发展一般规律的目的(这部分研究工作,可参阅"寇晓东,等. 人工城市建模及仿真:空间自组织、城市化与地价[J]. 中南大学学报:自然科学版,2007,38(增刊1):674-683.")。此外还可以基于统计的方法,对现实城市人口密度空间分布、土地利用结构等演化问题进行实证研究(与此种研究思路有关的研究工作,见本书第一部分第三篇论文《增长、创新、规模标度以及城市生活节奏》)。

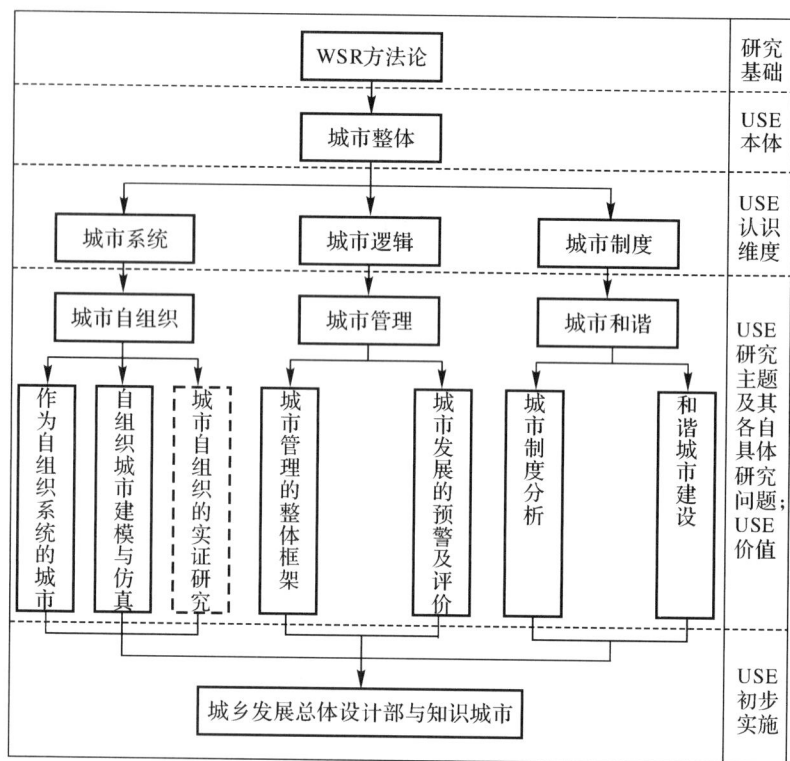

图 5　基于 WSR 方法论的城市发展研究框架

　　基于城市发展(城市系统演化)的一般和特殊规律,转入对城市发展(具体问题的)管理的研究,这就进入了"事"的层面。在此层面,需要利用整体思维、控制论的观点以及综合性方法,为城市管理勾勒出一个明晰的指导性框架,然后以此为基础,对其中的重要问题进行研究并提供解决方案(关于城市可持续发展的预警及评价研究,可参阅"寇晓东,等. 生态足迹应用研究:对若干中国城市的时序与对比分析[J]. 陕西科技大学学报:自然科学版,2007,25(6):136－141."以及"寇晓东,薛惠锋. 1992－2004 年西安市环境经济发展协调度分析[J]. 环境科学与技术,2007,30(4):52－55.")。而本书第一部分《全球化世界中的可持续发展:应对复杂性》这篇论文以及《西安建设低碳城市的若干建议》一文,事实上是笔者进行城市发展管理研究的重要基础和有机延伸。

　　城市发展、城市发展管理,都指向城市和谐这个命题,而城市和谐则有赖于城市制度的建设与完善。为此,需从城市经济、社会利益格局等问题切入"城市制度"研究,同时这也进入了"人"的层面。制度为人服务,也约束人,所以建设和谐城市,关键是要发现城市制度的不合理之处,然后尽快改变(这部分研究工作,可参阅"寇晓东. 反思和谐城市建设:城市不和谐的制度病因分析[J]. 经济观察,2007(4):39-42.")。

对"物""事""人"三个层面的具体分析与探讨,意味着城市系统工程理论研究框架的初步建成,而本书主体内容则是对其如何实施这一问题的初步回答。

增长、创新、规模标度及城市节奏[*]

导　言

　　人类刚刚迈过其历史上的一个重要里程碑:现在多数人生活在城市中(Crane and Kinzig,2005;United Nations,2004)。当前世界范围内的城市化趋势和经济发展以及社会组织、土地利用、人类行为模式的深层变化密切相关(Crane and Kinzig,2005;United Nations,2004)。这些变化的人口统计规模是空前的(United Nations,2004;Angel,Sheppard,Civco,Buckley,Chabaeva,Gitlin,Kraley,Parent and Perlin,2005),将对全球环境带来重要的(然而也是我们知之甚少的)影响。在2000年,发达国家70%以上的人口生活在城市中,相比之下,发展中国家的这一数字约为40%。城市仅占据全球土地面积的0.3%,但同时约为全部耕地面积的3%。到2030年,发展中国家的城市人口预期将超越翻番达到40亿左右,他们所占的土地面积预期也有3倍的增长(Angel,Sheppard,Civco,Buckley,Chabaeva,Gitlin,Kraley,Parent and Perlin,2005);同期,发达国家的城市人口也有20%的增长。伴随这一全球的城市扩张,面向一个稳定的人类总人口的可持续性转变(National Research Council,1999;Kates,Clark,Corell,Hall,Jaeger,Lowe,McCarthy,Schellnhuber,Bolin,Dickson,et al.,2001;Clark and Dickson,2003)是必需的,同时,生活水平的提升、人类发展需求和地球环境极限之间长期平衡的建立也是必需的(Parris and Kates,2003)。这样,一个重要的全球性挑战(Kates,Clark,Corell,Hall,Jaeger,Lowe,McCarthy,Schellnhuber,Bolin,Dickson,et al.,2001;Clark and Dickson,2003)就是,理解并预测社会组织变化以及由城市化带来的动力如何影响自然和社会间的互动(National Research Council,2001)。

　　人们在城市中的不断聚集,对于可持续发展的未来情境既有机遇也有挑战

　　* 本文是美国圣塔菲研究所城市研究小组的代表作,其英文原文来源:Luís M. A. Bettencourt, José Lobo, Dirk Helbing, Christian Kühnert, Geoffrey B. West. 2007. *Growth, Innovation, Scaling, and the Pace of Life in Cities*. Proceedings of the National Academy of Sciences, 104 (17): 7301-7306. 2009年8月,笔者在圣塔菲研究所访问交流期间,将该文译为中文,译稿后刊发于《城市与区域规划研究》2011年第2期《国际快线》栏目,本书在此对译文做了全文收录。

（Kates and Parris，2003）。一方面，城市在基础设施上实现规模经济（Kates and Parris，2003），并促进了诸如教育、卫生保健以及有效治理等社会服务的优化配置。然而，人类对城市生活的适应也带来了其他影响（Kates and Parris，2003；Durkheim，1964；Simmel，1964；Wirth，1938；Milgram，1970；Macionis and Parillo，1998）。这些影响可以是直接的，因土地利用的明显变化所致（Angel，Sheppard，Civco，Buckley，Chabaeva，Gitlin，Kraley，Parent and Perlin，2005），比如，城市热岛效应（Kalnay and Cai，2003；Zhou，Dickinson，Tian，Fang，Li，Kaufmann，Tucker and Myneni，2004）和不断增加的温室气体排放（Svirejeva－Hopkins，Schellnhuber and Pomaz，2004）；这些影响也有间接的，由消费（Myers and Kent，2003）和人类行为（Durkheim，1964；Simmel，1964；Wirth，1938；Milgram，1970；Macionis and Parillo，1998）的变化所引起，这些变化在 Simmel 和 Wirth 的城市社会学（Simmel，1964；Wirth，1938）以及在 Milgram 的心理学（Milgram，1970）的经典工作中已有强调。城市化的另一个重要结果，是劳动分工的细化（Durkheim，1964），以及伴随它的面向创新和财富创造的就业增长（Mumford，1961；Hall，1998；Florida，2004；Bettencourt，Lobo and Strumsky，2007）。对于这组影响，其共同特点是未来没有限制以及包含永远的适应，然而它们的环境影响却存在矛盾之处，一些情况下是对自然环境的压力加剧，另一些情况下却为可持续的解决方案创造了条件（Kates and Parris，2003）。

这些正在显露的复杂的人口及社会趋势表明，对成功导向可持续性的转变这一难题来说，定量理解城市中的人类社会组织及动力（Parris and Kates，2003；Kates and Parris，2003），是其中的重要一环。然而，尽管有很多历史证据（Mumford，1961；Hall，1998）表明城市是创新和经济增长的首要引擎，但目前还没有一个清晰的可以用于理解城市动力及组织（Makse，Havlin and Stanley，1995；Batty，1995）并预测城市未来轨迹和稳定性的定量预测理论。实现这个目标的主要困难在于人类活动和组织的巨大多样性，以及太多的地理因素。尽管如此，在经济机会增加（Romer，1986；Lucas，1988；Glaeser，1994；Sveikauskas，1975；Segal，1976）、创新速度（Florida，2004；Bettencourt，Lobo and Strumsky，2007）以及大城市和小城镇中的生活节奏（Simmel，1964；Wirth，1938；Milgram，1970；Macionis and Parillo，1998；Bornstein and Bornstein，1976）方面，还是有很强的定量规律的证据。

通过本文我们表明，将城市化和经济发展及知识创新这些社会活动相联系的社会组织及动力具有一般性，并且对跨城市体系的所有城市而言，都可以表示为重要的定量规律。我们提供的一系列宽泛经验证据表明，重要的人口统计、社会经济以及行为上的城市指标,就其总体而言,都是城市规模的标度函数(scaling functions),且这些函数对于不同国家和阶段来说也是定量一致的(注意:已有很多研究的关于城市人口位序-规模分布的"齐普夫规律"(Gabaix,1999),不过是本文提供的诸多标度关系中的一个例子)。目前最详细的证据是关于美国的,因为这里有大量可靠的数据,不仅指标多样而且历时较长。此外,我们还说明了,包括中国和欧洲国家在内的其他国家所显现出的具体标度关系和美国是一致的。

一、城市:标度与生物学的比喻

作为一种揭示动力与结构的工具,标度广泛应用于理解横跨科学技术整个范围的各种问题当中。这种方法最近应用到一系列生物现象上,并发现了有关生物组织、结构和动力的一幅统一的定量图景。生物体作为新陈代谢引擎(metabolic engines),特征包括了能量消耗速率、生长速率、身体尺寸以及行为时间(West,Brown and Enquist,1997;Enquist,Brown and West,1998;West,Brown and Enquist,1999),显然其在社会系统中有着明确的对应物(Macionis and Parillo,1998;Levine,1995)。

作为能量和资源的消耗者以及人工制品、信息和垃圾的生产者,城市经常会和生物体作比较,这既出现在城市社会学的经典研究中(Macionis and Parillo,1998;Levine,1995),也出现在最近有关城市生态系统和可持续发展的研究中。最近的类比,包括了把城市看作生命系统(Miller,1978)、有机体(Girardet,1992),以及城市"生态系统"(Botkin and Beveridge,1997)和城市"新陈代谢"(Svirejeva－Hopkins,Schellnhuber and Pomaz,2004;Botkin and Beveridge,1997;Graedel and Allenby,1995;Decker,Elliott,Smith,Blake and Rowland,2000)的观念。这些术语仅仅是定性的比喻,还是有定量和可预测的实质性内容?后者意味着社会组织是生物学的延伸,满足相似的原理和限制。伴随着人类社会化而演进的结构和动力,和生物学中的结构和动力存在本质区别吗?这些问题的答案,提供了一个一般意义上的定量城市理论的构建框架,其中将结合创新及规模经济的角色,以及对增长轨迹、社会经济发展水平、生态足迹等的预测。

为了构建这套理论,首先考虑一些和生物有机体特征有关的标度关系。尽管生命的多样性和复杂性令人叹为观止,但它却展现出一种特别的简单性和普遍性,其中,关键的结构和动力过程按比例地横跨了一系列宽泛的现象以及巨大的能量、质量数值范围(覆盖了超过 20 阶的量值)。引人注意的是,几乎所有生物有机体的生理特征都和身体的质量(M)存在幂律标度关系,其指数通常是 1/4 的倍数(一般地,1/4 这一指数在 d 维情况下表现为 $1/(1+d)$)。比如,新陈代谢速率 B,其(需要维持生物体的幂）标度为 $B\propto M^{3/4}$（West，Brown and Enquist，1997；Enquist，Brown and West，1998）。由于单位质量的新陈代谢速率，即 $B/M\propto M^{-1/4}$，随身体尺寸而减小，所以这种关系暗示了在能量消耗上的规模经济：越大的生物体，其在单位时间和单位质量上所消耗的能量越少。1/4－幂标度的显著性和普遍性，已经被理解成限制生物体中供应网络（比如循环系统）动力和几何学的普遍基本原理的一种显示。高级的复杂、自维持（self－sustaining）的结构，不论是细胞、有机体，还是城市，都要求对大量需要有效服务的组成单元进行紧密集成。为了完成这些集成，所有尺度上的生命都要由优化的、空间填充的（space－filling）、有层级的分支网络（hierarchical branching networks）来予以维系，而伴随有机体尺寸的增加，这些网络也独特地以一种近似自相似结构（self－similar structures）的方式来生长。由于这些网络，比如动植物的血管系统，决定了能量向功能终端单元（细胞）传递的速率，所以它们以生物体尺寸的标度函数方式设定了生理过程的节奏。这样，对所有生物体来说都一样的资源分配网络的自相似性质，就为一套生物结构和动力的定量预测理论提供了一个基础，尽管其外表和形式有很多外部差异。

特别地，这个理论还预测：特征性的生理时间，包括生命全长、循环时间以及成熟时间的标度是 $M^{1-\beta}\approx M^{1/4}$，而相关速率，包括心跳速率和演化速率的标度是 $M^{\beta-1}\approx M^{-1/4}$。这样，生物生命的节奏就随着生物体尺寸的增加而放缓。

从概念上讲，这种普遍标度规律的存在意味着，比如，对几乎所有的生物速率、时间和内部结构来说，一头大象差不多就是一只放大的大猩猩，而大猩猩又是一只放大的老鼠，它们都以一种恰当的非线性和可预测的方式被标度。这个概念说明，从动力和组织方面来看，所有的哺乳动物就其整体而言，都是一个理想化的哺乳动物的标度化的表现，其属性由它的尺寸的函数来决定。

从这个观点出发，很容易会问：对于反映社会组织关键结构和动力特征的变量来说，是否它们也会显现出普遍的幂律标度呢？在何种意义上（如果存在的话），大、中、小城市是相互间的标度化的版本，从而表明它们是同一个平均且理想化的城市的不同表现？按照这种考虑，城市标度规律（如果存在的话）就会为负责资源、信息及创新流动的重要社会过程提供基础性的量化洞见（insights）及预测。

二、结果

（一）城市指标的标度关系

为了研究城市的标度关系，我们广泛搜集不同国家城市体系的数据（其中很多数据之前没有公开发布过），这些数据涵盖了一系列城市特征，包括能源消耗、经济活动、人口统计、基础设施、创新、就业以及人类行为模式。尽管对于一些具体城市来说很多数据可以获得，但标度分析要求覆盖全部城市体系。我们得到的符合细节要求的数据，多数来自美国（这里可以得到更多的典型数据），在一些更具体情况下也来自欧洲国家和中国。

正如下面将要展示的，被汇集和检验过的数据可以分为三组：物质基础设施、人类个体需求以及社会活动模式。我们采用的城市定义是这样的，即尽可能多地不出现随意的政治或地理边界，以获得完整的经济社会单元，它通常指统一的劳动力市场，既包括城市核心，也包括全部的行政区划及其周边重要部分（这里的人口在行政边界内通勤与工作）。在美国，这些定义对应大都市统计区（MSAs）；在欧盟，对应大城区（LUZs）；在中国，对应城市行政单元（UAUs）。更具体的城市边界定义是需要的，同时这也是当前城市地理学的一个研究主题（Angel, Sheppard, Civco, Buckley, Chabaeva, Gitlin, Kraley, Parent and Perlin, 2005）。

使用人口 $N(t)$ 作为时间 t 上城市规模的度量，幂率标度可以表示为

$$Y(t) = Y_0 N(t)^{\beta} \tag{1}$$

这里，Y 可以表示物质资源（像能量和基础设施）以及社会活动度量（像财富、专利、污染）；Y_0 是一个标准化常数。指数 β 反映了在城市系统中发挥作用的普遍动力规则。表 1 给出了一些选择出来的指数的摘要结果，图 1 则给出了典型的标度曲线。这些结果表明，标度的确是城市组织的一种普遍性质。对于一系列横跨不同国家、经济制度、发展水平和最近阶段的指标，我们都发现了稳定及相当的指数。这个发现说明，对于这些量来说，表面上形式和地点都非常不同的城市，实际上就其整体来说，却是相互之间的标度化版本，表 1 中的标度规律描述了这种非常具体而普遍的方式。

虽然近似的幂律标度普遍存在，但这里的情况却和生物学中普遍存在的 1/4 — 幂律不尽一致。尽管如此，表 1 还是显示了一种可分类的普遍性，其中指数可分为三组，即 $\beta=1$（线性）、$\beta<1$（次线性）和 $\beta>1$（超线性）。这里每一组中的 β 都因数值类似而聚集：①$\beta \approx 1$，通常和人类个体需求相关（工作、住房、家庭用水量）；②$\beta \approx 0.8 < 1$，刻画了和基础设施相关的显示规模经济的物质量，和生物学中的相似量类似；③$\beta \approx 1.1-1.3 > 1$，表明了伴随人口规模的收益递增，由和社会流动相关的量来说明，包括信息、创新和财富，这和城市内在的社会性质相关。

数据中最引人注目的性质，可能就是许多城市指标的超线性标度（$\beta > 1$）。这些指标反映了独特且迥异于生物学规律的城市特征，而且是以下内容的定量表达：知识溢出驱动增长，这种溢出又顺次驱动城市集聚，城市越大则其生产率水平越高。工资、收入、国内生产总值、银行存款以及由新专利和创新部门就业代表的创新速率（Florida, 2004；Bettencourt, Lobo and Strumsky, 2007），在不同年份和国

家上都和城市规模呈超线性的标度关系,尽管这些指数在细节上还有差异,但仍是统计一致的。像住房这样的成本,也近似呈超线性标度关系,这可能是对平均财富增长的一种反映。

表1　城市指标的标度指数(相对于城市规模)

Y	β	95% CI	$Adj-R^2$	观察数	国家—年份
新专利	1.27	[1.25,1.29]	0.72	331	美国2001
发明	1.25	[1.22,1.27]	0.76	331	美国2001
民营研发就业	1.34	[1.29,1.39]	0.92	266	美国2002
"超级创意"就业	1.15	[1.11,1.18]	0.89	287	美国2003
研发机构	1.19	[1.14,1.22]	0.77	287	美国1997
研发就业	1.26	[1.18,1.43]	0.93	295	中国2002
工资总额	1.12	[1.09,1.13]	0.96	361	美国2002
银行存款总额	1.08	[1.03,1.11]	0.91	267	美国1996
GDP	1.15	[1.06,1.23]	0.96	295	中国2002
GDP	1.26	[1.09,1.46]	0.64	196	欧盟1999-2003
GDP	1.13	[1.03,1.23]	0.94	37	德国2003
电力总消耗	1.07	[1.03,1.11]	0.88	392	德国2002
新的艾滋病病例	1.23	[1.18,1.29]	0.76	93	美国2002—2003
严重犯罪	1.16	[1.11,1.18]	0.89	287	美国2003
住房总量	1.00	[0.99,1.01]	0.99	316	美国1990
就业总数	1.01	[0.99,1.02]	0.98	331	美国2001
家庭用电量	1.00	[0.94,1.06]	0.88	377	德国2002
家庭用电量	1.05	[0.89,1.22]	0.91	295	中国2002
家庭用水量	1.01	[0.89,1.11]	0.96	295	中国2002
汽油加油站	0.77	[0.74,0.81]	0.93	318	美国2001
汽油销售量	0.79	[0.73,0.80]	0.94	318	美国2001
电缆长度	0.87	[0.82,0.92]	0.75	380	德国2002
道路面积	0.83	[0.74,0.92]	0.87	29	德国2002

数据来源见 SI Text。CI,置信区间;$Adj-R^2$,调整 R^2;GDP,国内生产总值。

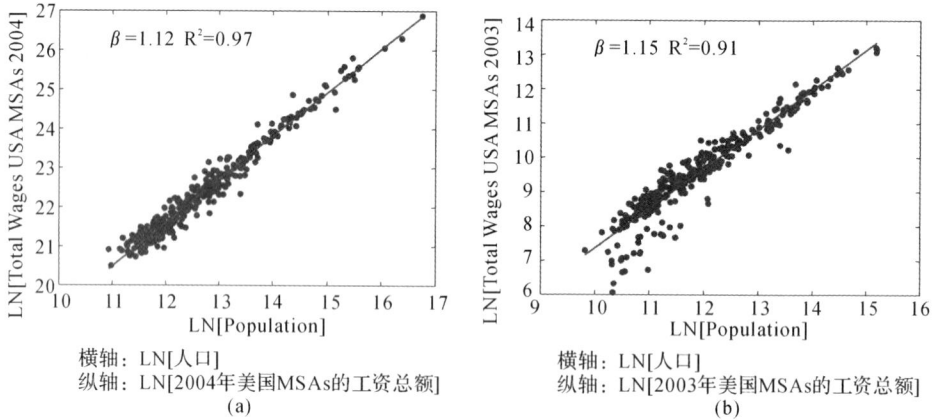

横轴：LN[人口]
纵轴：LN[2004年美国MSAs的工资总额]
(a)

横轴：LN[人口]
纵轴：LN[2003年美国MSAs的工资总额]
(b)

图 1　标度关系示例

(a)美国 2004 年每个 MSA 的工资总额(蓝色的点)相对大都市人口；

(b) 美国 2003 年每个 MSA 的"超级创意"就业(蓝色的点)相对大都市人口；最佳的标度关系用实线表示

　　一个最让人感兴趣的分析结果是，每一组中的指数值聚集在同一个数字周围的现象很多，而这些现象表面上非常不同，看起来也不相关，包括了工资、专利产出再到走路速度(见图 2(a))。这种行为强烈暗示：在这些现象的背后有一种普遍的社会动力在发挥作用，它将所有现象牢牢地联结成一个完整的动力网络，该网络意味着，比如，有经济价值的社会机会在数量和质量上的双重增加，将导致个体行为在整个人类表达的复杂性上的定量变化(Durkheim，1964；Simmel，1964；Wirth，1938；Milgram，1970；Macionis and Parillo，1998)，其中就包括了成本、犯罪率、疾病病例等负面后果(Mumford，1961；Glaeser and Sacerdote，1999)。

　　对在资源消费方面表现出标度的系统来说，其特征时间的标度被预测为 $N^{1-\beta}$，而其速率的标度则为 $N^{\beta-1}$。这样，如果 $\beta < 1$，就像生物学中的那样，生活节奏会随着有机体尺寸的增加而减慢，观测结果也如此。然而，对城市系统中由创新和财富创造驱动的过程来说($\beta > 1$)，情况正相反：城市生活的节奏被预测随着城市规模的增加而加快(见图 2)。有趣的是，正如 *Simmel*，*Wirth*，*Milgram* 和其他学者很久之前就指出的那样[11-14]，这个特点在城市生活中比比皆是。城市犯罪率(*Glaeser and Sacerdote*，1999)，传染病如 AIDS 的传播速率，甚至步行者的走路速度(*Bornstein and Bornstein*，1976)都提供了定量的确认。当把走路速度放在对数图中时，它显示出了幂律标度，其指数为 0.09 ± 0.02($R^2 = 0.80$；图 2(a))，这和我们的预测相一致。

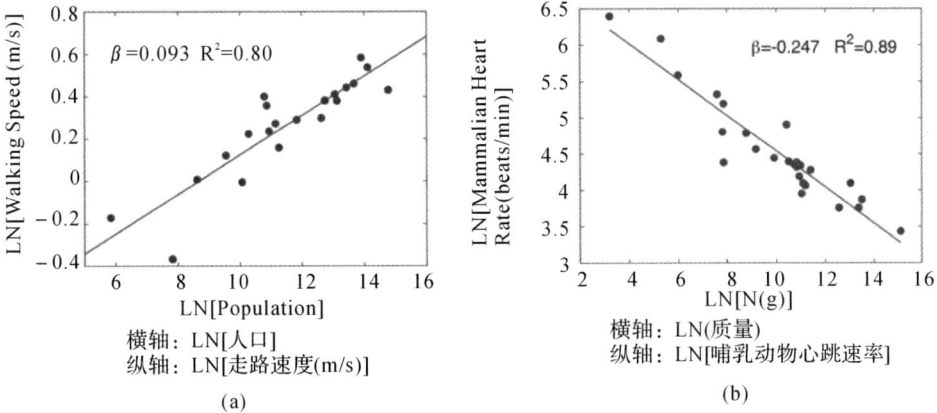

横轴:LN[人口]
纵轴:LN[走路速度(m/s)]

(a)

横轴:LN(质量)
纵轴:LN[哺乳动物心跳速率]

(b)

图 2 城市生活节奏随城市规模增加而增快,而生物体生活节奏随其尺寸增加而减慢
(a)世界各地城市中的走路速度的标度;(b)生物体的心跳速率与其尺寸(质量)的标度

所以,城市极其不同的标度行为揭示了两个独有特征,而这是由在本质上非常不同甚至是竞争性的基本动力所决定的(Kates and Parris,2003):一方是物质上的规模经济,以基础设施网络为特征;另一方是社会互动,负责创新和财富创造。这些特征间的张力可以由和能源相关变量的矛盾行为来解释:尽管家庭用电量的标度近似线性,电缆长度也实现了规模经济,但总消耗的标度确是超线性的。只有当传输网络是次优时,这种差异才能被理解,而这一点在阻抗损失的标度中观察到了,其 $\beta=1.11\pm0.06(R^2=0.79)$。那么,在效率和财富创造这两种动力中,究竟谁才是城市化的基本决定因素,它们又是怎样分别影响城市增长的呢?

(二)城市增长方程

增长受到两方面的限制:资源可得性及其消费速率。资源 Y 既用于维持也用于增长。平均来说,如果用于维持一个个体的单位时间资源量是 R,用于增加一个个体的量是 E,那么这种资源分配可以表示为:$Y = RN + E\,(dN/dt)$,这里 dN/dt 是人口增长速率。由该关系导出一般增长方程为

$$\frac{dN(t)}{dt} = \left(\frac{Y_0}{E}\right)N(t)^{\beta} - \left(\frac{R}{E}\right)N(t) \tag{2}$$

该增长方程的一般结构,刻画了形成增长的不可缺少的特点。尽管还有其他影响增长的因素,但它们都可以用合适的方式整合进参数 Y_0、R 和 E(详见 *SI Text*)。式(2)的解为

$$N(t) = \left(\frac{Y_0}{R}\right) + \left[N^{1-\beta}(0) - \frac{Y_0}{R}\right]\exp\left[-\frac{R}{E}(1-\beta)t\right]^{\frac{1}{1-\beta}} \tag{3}$$

该解展现出了引人注意的不同行为,其依赖于 $\beta < 1, \beta > 1$ 或 $\beta = 1$。当 $\beta = 1$ 时,该解简化为一个指数函数:$N(t) = N(0)\mathrm{e}^{Y_0 - R|t|E}$(见图 3(b));然而 $\beta < 1$ 时,该解变成 S-型生长曲线(sigmoidal growth curve),当时间足够大时增长将停止 $(\mathrm{d}N/\mathrm{d}t = 0)$,此时的人口达到了一个有限承载能力 $N_\infty = (Y_0/R)^{1/(1-\beta)}$(见图 3(a))。这个解是典型的生物系统,式(2)的预测也和实际数据非常吻合(West, Brown and Enquist,2001)。这样的话,由规模经济驱动的城市以及更一般的社会组织, 注 定 最 终 会 停 止 增 长 (Henderson,1974;Henderson,1988; Drennan,2002)。

当 $\beta > 1$,即增长由创新和财富创造驱动时,解的特征有很大变化。如果 $N(0) < (R/Y_0)^{1/(1-\beta)}$,由式(2)将会导出对 $N(t)$ 来说的无限增长(见图 3(c))。这种增长变得比指数增长还快,最终导致在一个有限的时间段内出现一个极大的人口,该关系表示为

$$t_c = \frac{E}{(\beta-1)R}\ln\left[1 - \frac{R}{Y_0}N^{1-\beta}(0)\right] = \left\{\frac{E}{(\beta-1)R}\right\}\frac{1}{N^{\beta-1}(0)} \tag{4}$$

这种增长行为的后果影响很大,因为在实际中,支撑式(2)的资源最终是有限的,因此绝不会出现上述奇异点(singularity)。这样的话,如果条件保持不变,无限的增长将是不可持续的。对后面的不受约束的状况,可持续性的缺失将引发一个相变,此时 $N(0) > (R/Y_0)^{1/(1-\beta)}$,将导致停滞和最终的垮塌(见图 3(d))。

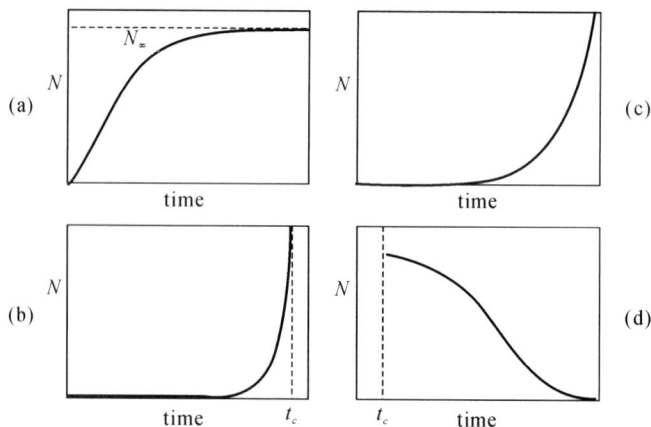

图 3　城市增长制度(城市规模 N 对比时间)

(a)由次线性标度驱动的增长,最终趋于承载力 N_∞;

(b)由线性标度驱动的增长呈指数增长;

(c)由超线性标度驱动的增长,在有限时间 t_c 内比指数增长还快;

(d)当资源为稀缺时,超线性的动力特征就是垮塌。

为了避免这种危机及跟随的垮塌,必须出现重要的定性变化,即有效重设式(3)的初始条件和参数。这样的话,为了维持增长,必须有"创新的"响应才能保证城市的主导动力仍然保持在"创新与财富创造"的阶段,其中 $\beta > 1$ 且 $N(0) > (R/Y_0)^{1/(1-\beta)}$。在这种情况下,新一轮的循环开始了,城市继续按照式(2)和图3(c)的方式增长,只不过参数和初始条件,即相邻循环间相变时间上的人口 $N_i(0)$ 是新的而已。这个过程可以持续重复多个循环,所以是将潜在的垮塌推向了未来(见图4(a))。

然而不幸的是,为了保证持续增长而采取的刺激创新与财富创造的解决方案,其后果具有潜在的害处。式(4)预测到,循环间的间隔时间 t_i,必然随人口增加而变小:$t_i \propto t_c \approx 1/N_i(0)^{\beta-1}$。

这样,为了支撑持续的增长,重要的创新或适应必须加速出现。不仅生活节奏会伴随城市规模增加而变快,支撑城市的重要适应或创新的引入速率也必须变快。这些预测得到的比指数增长更快的相继加速环,是和观察到的城市人口(见图4(b))、技术变迁波动(Kurzweil,2005)和世界人口(Cohen,1995;Kremer,1993)相一致的。

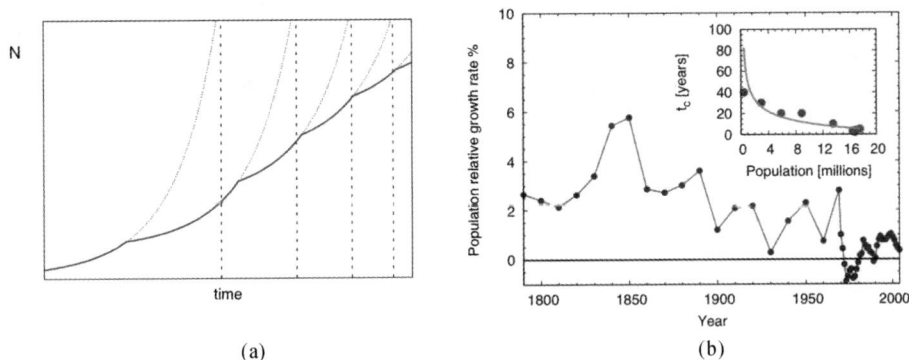

(a)

(b)

图4 超线性创新的相继循环重设了奇异点,并延迟了不稳定性和后面的垮塌

(a) 图示:垂直虚线表示了潜在奇异点的次序;当 $N \approx 10^6$,式(4)预测了未来几十年的 t_c。

(b) 纽约市的相对人口增长率揭示了加速(超指数)增长阶段,相继更短的超指数增长阶段出现了,和较短的减速阶段相分隔;(内置部分)t_c 代表和循环开始时的人口相对应的这些阶段;观察到的实际和式(4)相一致,此时 $\beta = 1.09$(绿色的线)。

值得注意的是,比值 E_i/R_i 有一个简单的解释,即作为一个个体来说平均达到从事生产的成熟度所需要的时间。记这个时间为 $E_i/R_i \approx \tau \times 20$ 年(其中 τ 是阶数整体),一个循环开始时的人口为 $N_i(0) \approx v \times 10^6$,则 $t_c \approx 50\tau v^{1-\beta}$ 年。对一个大城市来说，这个时间通常是几十年，它伴随人口增长而缓慢减少。实际的循环时间必须要比 t_c 短。

三、讨论

尽管人类行为存在着大量的复杂性、多样性以及特殊的地理差异，但我们的研究表明，同属一个城市体系的所有城市，和其人口规模之间遵循普遍的标度关系，所涉特征包括了创新速率、财富创造、消费模式、人类行为以及城市基础设施。这些指标的大部分，把和城市社会维度相关的时间过程当作人类活动范围内的广泛互动的空间来处理。显然，首先是在这些节奏方面，城市是自相似组织（self-similar organizations），同时表明，尽管城市形式有很多差异，但人类社会动力却具有普遍性。这些发现为"城市化作为一种生活方式"的社会理论[12]提供了定量的基础。

这里，我们首要的分析焦点与人口规模对一系列城市指标的影响有关。在这个意义上，我们还没有强调位置（Christaller，1933；Lösch，1954；Hall，1995）作为人类居住地形式和规模的决定因素的问题。然而，我们可以就与城市层级结构和城市主导性（Macionis and Parillo，1998；Hall，1995）的相关想法提供一些基础：人均创新速率、财富创造、犯罪等的增长意味着，这些量会从其更快得到创造的地方（源）（sources）流向其生产慢得多的地方（槽）（sinks），其中的路径整体上是沿着由人口规模所决定的城市等级体系。

还有一点是关于城市人口增长的极限。尽管人口增长最终受到其对自然环境影响的限制，但我们表明，由创新驱动的增长，原则上暗示了城市规模没有极限，这对城市经济学的经典观念（Henderson，1974；Drennan，2002）提出了定量的质疑。表 2 中总结的规模经济和财富创造之间的张力，代表了一种现象，即创新在时间尺度上的出现要比个体生命的跨度更短，同时其被预测会随着人口的增加变得更短、相互间联系也更紧密，这和生物学中自然选择的创新时间尺度远远超过个体生命跨度非常不同。我们的分析表明，独特的人类社会动力既超越了生物学，也重新定义了城市"新陈代谢"的比喻。未来没有限制的财富创造和知识创新，需要生活节奏随着组织规模而增加，也使得个体和机构要能适应一个持续加速的速率，才会避免停滞和潜在的危机。这些结论也适用于包括公司和商业在内的其他社会组织，实际上它们也解释了为什么持续增长需要一个创新动态循环的加速踏车（accelerating treadmill of dynamical cycles of innovation）。

表 2　对应城市性质的标度指数分类及其增长含义

标度指数	驱动力	组织	增长
$\beta<1$	优化,效率	生物学的	Sigmoidal:长期的人口极限
$\beta>1$	信息、财富和资源的创造	社会学的	繁荣/垮塌:有限时间的奇异点/无边界的增长;加速的增长速率/不连续性
$\beta=1$	个体维持	个体的	指数的

这些发现的实际含义,指出了度量并理解整个城市体系中所有城市的经济和人口增长驱动力的重要性。整体来说,标度关系预测了当一座城市得到或失去人口时被期望所拥有的许多特征。意识到多数城市指标和城市规模呈重要的标度关系,对在地方政策中设计实际的目标来说非常重要,这种关系意味着人均犯罪和创新速率的增加,以及对特定基础设施需求的减少。根据标度规律预测得到的新的城市序位指标,也对塑造具体城市的地方因素(包括政策)的成败提供了更准确的度量。

最后,我们指出在以下两个方面还需要进行更多的探讨:概括经验观察,尤其是对那些和环境影响以及其他城市体系相关联的量;阐述那些使观察到的标度指数上升的具体社会组织结构。我们相信,城市标度关系的进一步扩展和量化,将会提供一个独特的观察自发社会组织及动力的窗口,而这种组织及动力是人类的创造性、繁荣及对环境的资源需求的重要基础。这种知识提供了一条对社会力量加以利用从而创造未来的途径,在这个未来里,无限的创新和人类生活水平的改进是与地球生命支持系统的保持相适应的。

四、材料及方法

为了研究全部的城市系统,我们从世界范围内的不同来源(比如,美国统计局、欧盟城市统计审计部、中国国家统计局等)广泛搜集数据,包括城市基础设施、个人需求以及社会指标等。这些来源的细节、网页链接、致谢以及附加评论都在 *SI Text* 来提供。

数据处理使用了普通的最小二乘法,并用 Stata 软件包做了异方差性修正。对数据进行了附加测试以调适其累积分布,并用对数分块方法(logarithmic binning)来评估指数 β 的鲁棒性。

致　谢

作者感谢 David Lane，Sander van der Leeuw，Denise Pumain，Michael Batty 和 Doug White 的富有激发性的讨论，以及 Deborah Strumsky，Shannon Larsen，Richard Florida 和 Kevin Stolarick 在数据上的协助。本文研究受到欧盟项目 ISCOM（Information Society as a Complex System）（编号 IST－2001－35505，to G. B. W.）的资助，部分支持还来自于洛斯·阿拉莫斯国家实验室的 Laboratory Directed Research and Development 计划（编号 20030050DR，to G. B. W.；编号 20050411ER，to L. M. A. B.），国家科学基金（编号 phy－0202180，to G. B. W.），以及 Thaw Charitable Trust 机构（to G. B. W.）。

参考文献

略；详见 http://www.pnas.org/content/104/17/7301.full.pdf

全球化世界中的可持续发展:应对复杂性[*]

导　　言

整体而言,欧洲学界、政界有关可持续性的讨论与对话,已超过了布伦特兰报告和里约热内卢峰会协议的水平。在所有利益相关者当中,可持续发展作为新的全球发展范式已被广泛接受,并对各国及欧洲的政策制定具有重要意义。这在欧盟成员国及自身的一系列实践中得到了充分体现,包括制度变革、政策战略、优先项目及指标体系等。然而,不同的基准政策概念(包括自由派的、保守派的、社会主义者的、广义生态学/浪漫主义者的,以及它们的混合)造成了对什么是可持续项目的争论;对概念的理解也是各式各样,因为不同社会团体推动执行的方式也不同。许多社会参与者甚至宣称,各成员国及欧盟中的精英"嘴上说的是可持续性,实际做的却是新自由主义";也有一些社会参与者认为,这代表着生态学的现代化政策已经成了可持续发展的补充要素。

更为明显的是,可持续性仍然是一个"有争议的概念"。某种程度上,这是民主及多元社会中各种利益合理冲突的一种表达。但在另一种程度上,这是在试图回避可持续发展概念所固有的挑战。

可持续发展概念面对下述两项重大挑战:

(1)定界,即在负责任的决策当中,需要考虑全球范围内的子孙后代和边远邻居;

(2)综合,即需要考虑不同领域中决策及利益相关者的调和,避免或消除矛盾,同时以组织对话、参与及多标准决策过程的方式应用乃至创造出协同。

事实上,这些挑战并未被系统解决,尽管这方面的努力已经开始。本文主要描述应对这些挑战的可持续性讨论的相关状况以及可持续性科学(不是一门新学科,

---

　　＊　2006年4月6日至8日,笔者参加了在香港举行的第12届国际可持续发展研究年会。会议闭幕式上,来自德国的 Joachim H. Spangenberg 博士做了题为"Sustainable Development in a Globalizing World—Dealing with Complexity"的主旨报告。会后,笔者和蔡琳、张秋花两位硕士研究生共同翻译了 Spangenberg 博士提交年会的同名英文论文,译文首发于《经济观察》2006年第3期,本书对译文做了全文收录,并提供了笔者与 Spangenberg 博士的往来邮件。

但却是一个新的研究范式)方面的新近发展。

一、概念上的发展

根据世界环境与发展委员会(WCED)的定义,"可持续发展是指既满足当代人需要也不影响后代人需要的发展",我认为其中包含两个关键的概念:

(1)需要的概念,尤其是世界上穷人的基本需要,它最应该被优先考虑;

(2)极限的概念,它来自于技术与社会组织状况所能施加给环境满足当代及后代人需要的能力的影响。

这样一来,可持续性就并非仅仅是21世纪的环境主义(这是它在北半球经常遭到的误解)。根据由需要与极限这两个关键要素推理得来的完整定义,可持续性应该既包括健康的环境,也包括正义、参与以及生活的标准与质量。这就是所谓的"可持续的三根支柱",但柱子的形象没有充分强调它们之间的关联性。

(一)可持续性的四个维度

一个更好同时也是目前为止居于主导的观点认为,可持续性应包括四个维度,即经济的、环境的、人力/社会的以及社会/制度的(在经济学中,依次称为人造的、自然的、人力的以及社会的资本)。这些维度包括全部的经济活动、自然环境、人力的数量以及社会决策的结构。经常的情况是,人力/社会以及社会/制度这两个维度合二为一,成为"社会维度",但这导致对"社会的"的定义范围相当有限,即只包括中介(市民)和结构(社会倾向、决策及其执行)。这里的四个维度及其持久的相互作用构成了可持续发展的复杂概念。为了使这个定义具有操作性,既作为说教工具也作为启发策略,提出了"可持续性的三棱锥"。它给出了有关的维度及其相互联系,可以用来标识可持续性的规则和指标,从而解释它们之间的关系及作用。

这些维度中的每一个,对于一个全面的可持续发展概念及其操作(亦即可持续性策略的发展)来说都是不可分割的。比如,制度的维度由组织、机制和倾向组成,而所谓倾向将塑造有关可持续发展的决策过程。制度维度包括了社会架构、公共意见及群体偏向对个体行为的影响,综合不同层次决策的任务(亦即多层次治理结构的发展),及支持反生态的经济概念的社会不平等的核心角色。要很好地理解制度维度,就必须根据效能对单项制度进行分析。这样做的原因是,系统的效果是在更高一个层次上涌现出的属性,从而它可以是许多不同制度环境与方式共同作用的结果。因此,对制度系统可持续性绩效的测度,必须立足于外部的规范化标准(比如21世纪议程),而不是对系统整体进行评价。通过这种方式,就可以开发出有效的制度可持续性指标。

社会维度更多关注的是资格与工作、付薪与不付薪这样的议题。在欧洲,尽管收入与地位的主要源泉是付薪的工作,但社会的"黏合剂"却经常是义务的工作,这为工业民主的运作提供了必要的社会凝聚力。为了充分概括各种对社会而言有用的工作,提出了"混合工作"的概念,它包括付薪工作、人道及社区工作以及志愿工作。研究结果已经表明,在未来,工作是综合的可持续性策略的一个基础元素,但目前为止却可能是最受到忽视的一个。

所有的维度都是独特的,这不仅因为它们各自所指向的现实领域,也因为它们所固有的正常的倾向性以及组织原则。比如,从环境的观点看,自然系统的受控使用及保护是主要的关注焦点,但从经济的观点看,焦点是经济基础设施的发展以及自然与社会资源的有效管理。从而,经济观点的基础性原则是效率(也有人认为是利润),而社会观点更强调自我实现与生活质量,制度观点则是正义与参与。生态的观点也有不同原则,它的焦点在于多样性与弹性,即系统受到扭曲后的恢复能力。

这些不同的倾向非常关键,但在定义问题解决策略时,其重要性却经常被忽视。比如,如果一个问题基本上属于效率不足(例如在资源管理中),那么它应归因于市场失灵,而且可以由市场工具来"治愈"。然而如果问题基本上是正义的不足,由于对市场配置的自由信念,我们(会认为)面对的就是市场体系失灵,在这种情况下,会期望从市场中得到超出有效分配范围的事物。市场是已知的根据购买力来分配商品的最有效率的系统。但如果选择的是其他任何一项分配标准,市场就不见得是合适的工具。从市场体系中期望它在本质上不能提供的东西,在这里被定义为市场体系失灵。

(二)多学科/跨学科

任何有效的可持续性策略都要处理这四个维度,因此,策略的范围一定是多维的,且其科学基础也是多学科的。这种多学科性,不能只是独立学科研究结论的简单加和再附上一个"封面",它必须要在整个研究过程中反映出这些维度间的关联(当然,在项目的具体阶段中使用的方法是具体的)。这样一来,综合就不能不影响到这些学科各自的方法与基础假设,也就是说,要使得它们相互兼容。从而,"多学科的基础法则"应该适用于所有的学科:

在所涉及的议题上,不应该有学科把它的工作建立在这样的假设上,即和与它相互竞争的学科的已有知识相矛盾。

此外,尽管科学是收集事实并以特定方式解释事实的一种方法,但也存在着其他的解释,并且判断不同事实的相关性已经不是属于科学的事情了。相反,这经常是一个社会的决策,要求所有相关人员的知识,也就是说,包括了科学教育不足但对正在考虑问题的社会环境却十分熟悉的人。这时候就需要跨学科,即科学和常人的知识在一开始都进入研究的过程,也即在研究问题的定义时开始(这反映出,在知识社会中,知识不是科学的独占)。

(三)科学范式,或:什么是真理?

这样的跨学科研究和传统的政策科学的观点("真理告诉权力")不相适应,后者认为,科学能够获知真理,事实独立于它们的环境并总可以被决断。随着对事实不确定性洞见的不断增多,原有范式也在不断发展:先是成为"预防的科学范式"(科学事实自身既不是充分确定的,对政策而言也不具有确定性;整体上科学真理可以维持,但由于科学自身的瑕疵,提出了预防),然后又成为"分界模型"(由于不确定性为派别性的理解提供了空间,科学在政策过程中就会受到责难,那么在产生科学、利用科学之间要明确画线)。然而,这种方法限制了科学输入的政治相关性,有可能使研究失去为此目的而提供的公共资助。作为一个选项,更为民主的"参照范式"认为,科学信息是政策过程中众多的输入之一;每个利益相关者都有其观点、价值及对现实的理论构建,没有简单的"事实"。虽然选择具有随意性,但对问题的不正确参照却是对科学研究的误用。不幸的是,这种方法导向了"后现代"及"相对主义",贬低了其研究结论作为政策过程输入的价值。立足于同样的洞见,但得到不同结论的"扩展的参与模式"认为,"科学"(专业化的技术专家的活动)只是相关知识的一部分,它作为证据被引入决策或政策过程。决策在知识"生产者——使用者"网络中得以传播,而网络中参与者的角色是不断变化的。多元且相互协调的合理观点是可以接受的,而其中的每一个观点都有其价值标准、世界观以及参照。

非常明显,这种对科学作用及研究过程的理解,与"真理告诉权力"的范式是相当不同的。尽管在后一种情况下,事实应十分肯定且对它们的解释没有争议,而这样的研究对社会而言意义不大(在这个意义上,"象牙塔"就不仅是传统研究的前提,也是对社会有益的科学的一个堡垒:只要它和社会不相关,它就不会产生害处),但可持续性科学的境况则不同。可持续性科学关注解决问题,且必须和"规范"科学倾向于忽视的现实的各个方面打交道,像不确定性、价值承担以及多元且合理的观点。

这就是所谓"后规范科学"或"后规范时代的科学"的特征,这种科学方法连接了认识论和治理。这种特征对应了这样一种情况:"典型的事实是不确定的,价值上也有分歧,十分受关切并且决策很紧急"。同时,事实的不确定性并不是认识论上的,而是来自系统自身并且不可解决。

"后规范"这个词建构并且指向两种所谓"常态":第一,它指向这样一种科学图景,"在不成为问题且毫无疑问的框架之内来解决问题";第二,它指向一个标准的假设,即政策环境是常态的,所以由专家进行的问题解决为决策提供了充分的依据。

偶然的不确定性是复杂系统行为的典型特点,因此,系统理论对于描述及理解可持续性科学面临的系统作用是有益的方法。"主流经济学,其弊病在于还原论及伪定量化",在运用系统理论及方法这方面是失败的。然而,系统理论也不是万能的,后规范科学必须处理多尺度、多单位(经济、社会及生物物理的),也要处理对事实的不同描述。

(四)系统分析

控制论的系统论分析系统复杂性的水平,并提供对应的系统行为特性的信息,以便为能解释系统及待分析问题的任一模型决定其应有的复杂性水平(比如,一个模型应复杂到何种程度才可以描述经济演化)。它可以用来说明一个模型能充分处理哪一类系统,以及不能充分处理哪一类系统。

对于这类分析,通过分析系统规则从而根据复杂性水平来分辨不同种类的系统是有益的。为此,区分出了以下五个层次的系统复杂性:

(1)在决定论的系统中(就像由均衡方程描述的那样),可再现的结果由假定的系统参数来决定,此时系统无所谓发展。

(2)对于动态系统,系统元素的相互作用被标准化,因此初始条件和系统规则定义了一个事先决定的发展。

(3)自组织系统,其系统要素都等价于一个具有代表性的智能体且其行为是正态分布的,则系统会有随机性的发展。

(4)在演化系统中,系统要素可以识别且分辨,它们的作用也依赖于各自的环境,这将导致"路径依赖的学习发展"。

(5)最后,在不确定系统的情况下,只有系统和其环境的边界被模糊地定义,此时对系统发展不可能有什么陈述。

在当下的科学界,广为流传的观点是,经济、社会以及自然都是复杂的演化系统,但这种洞见的结论却没有被认识到。其中的一个关键的结论是,对演化模型未来行为的预测是不可能的。

尽管在决定论的模型中可以有预言,对于动态以及随机模型而言,也可以提供定量的概率以及风险评估,但对演化系统而言不可能有这样的量化。这样一来,选择的方法不是预言而是"情境发展",一种情境对应描述一种在可能的路径依赖发展范围内看似真实的发展轨迹。由于可持续性科学处理不确定的情况,情境发展就是开展对应研究的一种标准方法。

(五)选择正确的模型:经济学的挑战

当选择一个模型(智力的或技术的)来分析系统及其行为时,要认清对于待研究的问题而言最为合适的模型是什么(而不应该是学科内或学科间科学学派竞争的结果)。特别地,新古典经济学就失败在没能应对这个挑战上。它的研究假定,不仅违背了"多学科的基本法则",还建构了一个基于决定论系统的分析框架,在其中,科学家掌握着有关对与错的洞见,能为了产生一个优化的结果来精确地定义该采取哪些步骤,而这些步骤是不能处理真实世界中经济的复杂性的。遗憾的是,经济学家得到的确定性并非系统所固有,只是由他们的理论所导致的决定论模型所产生的"人工品"。

基本上,基于标准经济学及其模型的对经济发展的所有预测不可能是一种预言,只能是"情境结果",但与正常情境不同的是,它们不提供假定,而这些假定可以用来比较不同的模型及情境。这样就抑制了学习的效果,也剥夺了公众选择对其自身境况而言是最合适的那类模型的机会。此外,拿到错误选项属于第三类错误,将严重影响产生的结果。第一类及第二类错误分别指拒绝真以及接受错假定,然而由整个科学试验得到的事实所引发的第三类错误和现实关切的议题无关,它是一个科学范畴的错误。

最后,一种经常的解释认为,"外部扰动"是受到误导的预言产生的原因,这显示了一种参照的错误,即在定义系统的边界及动力学时,一些相关的动力被外部化了。

(六)领域与性质,名词与形容词

可持续性的三棱锥定义了四个维度或子系统,它们始终处在一个共同演化的过程中。这意味着,对整个系统的可持续性而言,每一个子系统不仅自身都应该能够再生,而且它还不能妨碍其他子系统的再生。因此,每一个子系统都要面对四组定性的标准,比如,经济子系统不单要经济上可持续,同时还要能满足社会、制度与环境子系统的要求。所以可以从应用在每一个维度上的定性标准中,即每一个子系统都应该是经济、环境、社会、制度可持续的,来区分这四个用名词来描述的系统或领域。

(七)经济的可持续性

很遗憾,目前为止几乎没有任何关于经济系统发展的理论工作是从系统理论的观点来进行的。为了逐步接近问题,可以首先参考一般系统论,把它作为定义类似系统的基础。其次,Bossel的定向理论是目前为止唯一从整体层次为演化系统定义可持续性状况的理论。该理论包括了几个"定向标",当它们同时被满足时系统才是可持续的。它们包括系统的再生、效率、行为能力、安全、适应性以及与系统环境的共存。从经济的观点解释这些定向标而产生的标准和指标会与现有的相重叠,但是通过对以下内容的强调也是对它们的一种完善。被强调的内容包括创新,资源效率，多样性及富余的需要，以及像收入提供、社会动力这样的社会标准。

(八)社会-制度的可持续性

给出"故事情节"并用计量经济学的宏观模型来解释这些情节，被证明是得到可持续性策略的最富有成效的方法之一。在这些情节与模型的范围之内，通过详细说明有尊严的生活以及迫切需要得到的制度(像参与社区与女性的权力，和平以及正义)的社会条件，就可以给出社会(像自我实现与生活质量)与制度(像正义与凝聚)可持续性的定性标准。

在"通向可持续发展之路"项目中，我们发现，工作的未来，付薪与不付薪劳动的数量与质量对于所有四个子系统的社会可持续性来说具有决定性作用。

一个社会的制度可持续性可以用"享用权"这个词来描述，从对资源(基础设施)的物质享用权，通过法律享用权(包括人权在内的法律体系)、智力享用权(教育体系)，直到经济享用权(收入水平和分配)和政治享用权(民主)。

(九)环境的可持续性

环境的可持续性要求所有的子系统，不能过分强调环境子系统的弹性；保护未受影响的区域，以便把它们作为重建过程的结晶点。一直以来，应对后一个要求的做法是设置自然保护区；应对前一个要求则是用政治，即通过防污染设备、最佳可利用技术、临界载荷评估等强制措施来管理经济伴生物的产出。所有这些手段旨在影响进入生物圈的经济伴生物产出的性质与数量(只是到最近才出现这种洞见，即那些产物是工业界的主要"贡献"，因此产品管理和可持续消费开始列入政治议程)，它们通常立足于定性的利害关系(像毒性等)并依靠指令与控制机制。

另外，输入管理聚焦于要限制或减少的量，而不是要禁止的性质。所以，像征税、减税、补贴或资源消费总量的交易抽取许可等经济手段对于输入管理而言都是适用的，其目的是减少总的原材料生产量以及因此也可能减少的未来环境风险。但是这些手段都可行吗？下面的数字(基于对德国经济的预测)将有助于得到答案。

(1)进入经济系统的原材料数量是 50～100 种非生物物质(包括能量载体)，而产出控制仅仅面对化工时就要处理 100 000 种物质，其中的每一种和生物圈及其他排放物的作用方式都不同。

(2)在德国，虽然进入人类圈层的入口数量在 20 000 人以内，但出口却不计其数：所有的烟囱，所有的排气管，所有的垃圾堆，所有的排水管……

因此，聚焦于输入，能以少得多的控制来得到更高的管理效率。

像系数 4 或 10 这样的输入减少目标不仅适用于能量，对于原材料流、土地利用强度也十分合适，因为原材料流包括的物质更多，而土地是绝对有限的资源(可参考生态足迹的有关讨论)。由于土地、原材料、能量不能相互转化,所以它们不能被加总,从而环境空间概念把它们作为三个物理量(生物多样性作为一个生态量)来构成总量减少的综合策略。

尽管生物多样性还不能测度,土地使用强度也没有国际公认的概念,但能量测度早就建立,物质流的计算方法也很成熟,相关数据正越积越多。有关全部原材料需求的信息就是这样,它不仅包括国内的抽取,还包括了国外部分减少的流(对应环境压力也减少)。分析显示,经济增长的同时,全部原材料需求没有变化,即是说它们之间相对脱钩了,但这是以进口为代价的:越来越多的环境破坏在第三世界发生。

环境空间分析也用来判断家庭消费的环境影响。尽管它还不能量化,但家庭消费的相关模式却可以从不相关的模式中区分出来。其中有环境意义的有三项:建筑与住宅、营养和流动。服装(包括时装)对于环境而言可以忽略,卫生、洗涤等也一样。公共消费在公共秩序教育和公共医疗卫生服务中是重要的,这就是基本的情况。

(十)小结:科学的转化

简言之,当科学工具在一个新的范式环境下来使用时,其选择以及特点会随之变化。之前产生的这些工具被用来作为"真理的机器",而当前以及未来产生的新工具则会更多地被视为探索性的工具,用来帮助发现有关可持续性管理的复杂问题的更好洞见。这种转化的特征如下:

(1)从供给驱动到需求驱动;

(2)从专家式到参与式;

(3)从客观到主观;

(4)从预测到探索;

(5)从确定到不确定。

二、方法论的发展

如前所述,情境发展技术在可持续性科学中的作用举足轻重。但是,此处的情境不是为预测而设计的,而是为了比较不同的看似真实的发展轨迹和发现允许从一个轨迹转到另一轨迹的分叉点,或者,这些情境是为了倒推,以定义一个期望的结束状态来研究怎样到达它。对于这两种情况,如果将未来发展的不确定性考虑在内,将会导向一种研究情境发展的参与式方法,也即包含了扩展的多个对等团体的跨学科。我们还需要非科学知识(比如说决策制定者、消费者以及一般人的知识)来确定哪个情境可以被认为是"看似真实的"以及何种状态是"期望的"。因此,情境发展需要以大范围主题的方法为基础。

(一)情境

情境是复杂演化系统的分析工具,在可持续发展当中,它用来分析一个包含四个共同演化的子系统的系统的演化。在决定论系统中,可预见性使情境变得可有可无,对随机系统中的风险评估和概率计算也是如此。演化系统的发展轨迹具有路径依赖的特点,而情境就是对这种轨迹的内在的一致描述。在演化系统中不确定性处于主导地位,它们永远都不可能被完全量化,类似的,每一种情境的概率也是不可计算的。从而不确定性包含了一个叙述或故事的基础情节,再加上基于模型的细节方面的解释,就构成了情境的一致性逻辑内核。这样一来,就可以在同一个情境内应用不同的仿真模型,尽管它们的参数可能不是总能兼容。例如,基于光、热的发射模型和经济增长模型来预测未来气候的气候模型,其时间跨度为100年甚至更长,但它在本质上和我们在同一情境中应用的经济模型并不一致。

由于所有的建模结果都要对着叙述的背景进行解释,所以即使它们初看起来是不能比较甚至是矛盾的,情境也可以通过把不同的信息融合成定性或半定量的叙述的方式来调和这些结果。因此,综合定量与定性的信息,以及综合科学与非科学的知识成为本项工作的一个基础内容。基于此,这种叙述必须能够包含不同量值的尺度(时间、空间和函数)、多重动力学、参与者、利益和多种系统差错,这与没有正式模型的一般叙述所遇到的情况不同。

当我们意图测试已经发展出的情境的稳定性时,这种方法论进一步显示出其优越性。基于计算机建模,目前大多数情境都假定了线性的发展,即修正了一定数量的参数值(作为情境条件),然后模型在一个没有干扰的“外部世界”里运行。然而,由于我们周围系统的进化特征所导致的不确定性,任何这样“没有干扰”的发展也是最不可能得到的发展。相反,我们将会遇到那些意想不到的变化,无论它们是突发或累积的,还是内部或外部的。为了估计这些突发的或是未知因素的影响,可以将突发情境结合到线性的标准情境中。通常,突发情境和基础情境中的一种是同样的,直到假想的外部或内部异常出现时(例如,一个社会、环境或经济的异常),就会使线性情境下的发展出现偏离。在这种演练中,即使计算机模型比基本情境提供的更多,但其帮助是有限的。这种方法的结果有两个:一方面,突发情境提供了对基本情境灵敏性和稳定性的分析;另一方面,它也给出了自己的洞见。

在可持续性科学中,另一种常用的情境是倒推情境。本质上,它们由三个核心要素构成:第一,一个用于识别事务期望状态的大范围主题过程,它可以是整个社会或是从其中挑选的一部分;第二,策略发展阶段,在这个阶段要确定出达到阶段一中定义的状态所必需的政策措施;第三,达成一致阶段,其中策略提议草案要不断修改和调整,直到其得到利益相关者的广泛接受。一旦发展到此,共同的倾向性和一致同意的策略就会为更广泛的治理(即包括政治、政府和行政部门以及其他相关参与者在内的决策制定过程)提供一个框架。一个社会中达成一致的倾向性越强,那么其协议作为管理的创新形式的作用就越有效。这也就是在荷兰,为什么过渡管理在政治议程中地位很高的原因。

倒推情境尤其在这样的阶段中很有帮助:此时社会不仅需要在一个有效且广为接受的管理模式框架下逐步调整,同时也需要对其内部结构和决策机制进行更为基础的再定义。这可能归因于这样的事实,即由不同社会力量间临时且有限的妥协所达成一致的安排必须要重新定义,因为权力的平衡已经倾斜太多以至于不能使用同一种管理模式了。这种情况下,过渡管理是一个选择,它可以使社会的争论"文明化"并且能够推动寻找到新的解决方案的共同努力。

(二)指标

事实上,由于像资源消费、就业、民主参与和经济的创新能力这样的要素没有共同的衡量标准,所以不能把它们整合成一个可持续性的测度或指标。相反,要开发由一系列指标构成的综合反映体系。

开发指标体系和定义单个指标很不相同,因为在一个体系中,每个指标都要在其所处的环境下(由系统中其他指标构成)进行解释。因此,要以一个指标代替另一个指标是不可能的,即使前者更令人满意(比如,它有更好的数据库),原因是替换一个指标就改变了其他指标的环境,而这就需要重新考虑整个指标体系。到目前为止,提出的真正完整的指标体系的例子很少,特别地,还没有一个体系已经综合了四个维度以及它们的联系。

(三)多标准分析

当以参与的方式得到关于可持续性议题的决策时,分析者就要面临各式各样的合理的观点、价值体系和参照,以及处在顶层的复杂性,这种复杂性来自四个维度的、多尺度和多层次的方法。传统的成本-利益分析方法,需要用一个共同的准绳测量所有涉及的因素,即需要假定强公度性。但是,大多数情况下,这种假定违反事实并且会导致对参数的系统性忽略,而这些参数是不能充分地被同一记账单位表示(一般为货币)的。这种情况下,发展出了多标准分析和多标准辅助决策。他们来自两个思想流派,对于本文的目的其适合程度也不同。

使用多标准分析的人员,试图对提议的选项排出等级,其中处于顶层的是所谓"最佳的解决方案"(这和成本—利益分析一样)。这种垂直式的多标准分析方法把选择过程交给专家,公众的观点只作为分析的一个输入,但不介入分析。与此相对的是,在水平式的多标准分析中,研究者不需要定义最佳的解决方案,而是做出准备并将有关信息系统化,以最大化其透明性和责任性,以便有关的参与者为得到最佳解决方案而达成妥协。

三、欧洲可持续性政策的改革

在对欧洲可持续性政策的制度化进行描述时,有必要区分上面提到的三个层面的制度,即组织、机制和倾向,它们或积极或消极地对欧洲可持续性策略的实施方式产生贡献。显然,这又是一个多层次的治理问题,需要在欧盟及其各成员国和各国内的区域间进行协调,这也是没能充分予以应对的挑战之一。

(一)组织

有关可持续发展的组织改革包括英国及德国"绿色内阁"的建立("绿色内阁"这个命名具有误导性,因为它们的资料或是结合了不同部门的材料,或是建立在部门间专门小组报告的基础上,因而远远超出了"绿色论题")。在一些国家,可持续发展已成为预算过程的一部分,需要部门以其可持续性规划作为一个投资条件(这项工作在盎格鲁-撒克逊的管理模式中运行得最好,因此在这个方面,加拿大和印度已向英国学习)。在许多国家,议会中的可持续发展委员会使用横切的方法来监督政府绩效。

整体而言,欧盟中一半以上的成员国成立了居于政府和社会之间的国家可持续发展委员会(大部分独立于政府),这是一个意义重大的过程。通常,这些委员会包括了所有相关社会团体的成员,使得他们的声音既独立又有力。

(二)机制

在战略层面,除两个成员之外的所有欧盟国家都采取了国家可持续发展战略,尽管它们在范围及质量上有相当不同,但这已经代表了一个重要的进程。有些国家已多次修正其战略,有些国家则仍在实施其初始战略。虽然如此,一种如何应对可持续性战略的欧洲共识似乎正在出现,基于相互学习的不同战略间的融合也有望出现。

这样的一个欧洲标准的关键要素如下:

(1)带有不同层次公众参与的行政部门的内部评估(例如,在英国及德国存在更为广泛的辩论,在一些新成员国中也有有限的公众参与),针对的是这些部门既有成绩的目标和行政方式。

(2)由国家或多国的可持续性专家团进行的专家评估(比如,在澳大利亚),主要集中在目标而不是机制上。

(3)像荷兰过渡管理的方法那样的共识过程,其本质是一种涉及所有文明社会利益相关者的倒推情境式的大范围主题发展。

(4)和来自欧盟成员国及其他国家政府和民间团体的国际同行一起进行的同行评价(以法国为例,有来自英国、比利时、加纳和毛里求斯的同行),此外,还应有本国民间团体的广泛参与。

在每一种情况下,可以单独或综合地来应用这些要素,以取得最好的效果,当中必然是本国先采取一些步骤,直至最终的国际同行评价。这些"游戏规则"在欧洲委员会的一本指南(DG ENV,即将出版)中已经收录。接下来,遵照这些指南进行的评价将受到欧盟的资助,稍晚也有望对国际合作中的相关评价予以资助。

欧盟在2001年的哥德堡会议上已经采取了包括可持续性三个维度的可持续性战略,次年的修正又包括了一项国际关系的决策。现在这两个文本正被整合进修订当中的"欧盟可持续性战略"。

欧盟可持续性战略有许多优点:在最初的委员会草案中,它包括所有四个维度,而现在制度的那一维已成为治理改革的一个独立过程。该战略的实施分为两个方面:一是由制度化的跨部门的会议及协调来执行;二是综合的评估,以根据社会、经济及环境的可持续性标准来检查欧盟的每个重要决策。从2001年实施以来,欧盟可持续性战略的一个优点一直是可持续性的所有三个维度都在议事日程上;它的缺点是存在一个内在的等级,即先是经济,再是社会/就业,最后才是环境。

(三)倾向

2005年,欧盟理事会提出"持续不变的和可持续的增长"。尽管它没有定义如何去做,但这个口号已明显区别于所有那些把持续不变的增长看作本身可持续或者至少是可持续性的必要前提的组织(比如现在的欧盟委员会)。那么"持续不变的和可持续的增长"在现实中意味着什么呢?考虑到欧洲的高失业率和正在发生的自然资源退化现象(例如生物多样性的减少),需要结合这两个不可持续性的关键因素,用公式来描述哪一类型的持续不变的增长可被认为是可持续(对一系列不可持续的趋势的关注,是新的欧盟可持续发展战略的重要组成部分)。

为了使这些需求可操作,我们把经济规模记为Y(它的变化,即增长记为dY),就业人数记为L,人均产量记为Y/L。显然,如果经济增长快于人均产量,就业数量就会增加,此时需要更多的劳动力。这种情况用公式表示就是$d(Y/L) < dY$。同样地,用R表示资源利用,Y/R就是经济的资源生产率。如果资源生产率的增长快于经济增长($d(Y/R) > dY$),资源的总消费量就会减少。从而得到可持续性不等式为

$$d(Y/L) < dY < d(Y/R).$$

用来表示某种持续不变的经济增长dY可以是可持续的这种公式化的表达方式,是一个粗略、快速但也吃力不讨好的测度和标准。如果满足条件,则增长可

以是可持续的。如果不满足条件,则该增长模式一定是不可持续的。目前,"苦役踏车"(比喻对持续增长的要求)由一个相反的关系式表示,即 $d(Y/L) > dY > d(Y/R)$。因此,我们首先需要在当前发展轨迹上的一个转向,然后,针对任一给定的增长率,需要制定政策,以便通过效率标准、经济激励和相关研究及相继创新,来继续提高资源生产率和限制人均产量增加。人均产量包括两个要素:每工时的劳动生产率和每个就业人员的工作时间。对工作时间的补偿性政策的需要来自于劳动生产率的增加。可以用一个类似的不等式来描述被英国可持续发展委员会认为是社会可持续性的一个最为紧迫的挑战,"在英国广泛存在的收入不平等,是欧洲国家中最突出的"。因此,对劳动和资源生产率之间的协同作用、收入分配机制以及工作时间体制议题的反思,应是有效的国家和国际可持续发展战略的一部分。

四、一些关键的教训

(1)可持续发展是全球的需要。它包括消除贫困,平等分配收入,也包括民主化和环境保护。

(2)富裕国家必须在下列项目上树立范例:生产及消费模式,技术发展和社会可持续性策略。欧盟愿意这样做。

(3)如果 BRICS 国家(即巴西、俄罗斯、印度、中国和南非)不发展他们自己的可持续性策略来应对同样的全球环境限度以及各自人口和社会的需要,那么所树立的范例对生态是无用的。

(4)如果 BRICS 国家打算走这条路,他们应该考虑可持续性科学可以贡献的洞见,并且选择有足够复杂性的方法。如果他们这样做了,全球环境就还有机会,一旦这条发展道路被证明有利可图,那么即使美国也会加入进来并要求领导权。

(5)主要的障碍:

我们处理复杂性的无力,为此需要提倡复杂性的教育;

既得利益,为此需要决策过程更加负责以及透明;

新古典经济学,为此需要科学的多元化,尤其是经济学的多元化;

制度的惯性(包括习惯、社会以及性别等级)。

附:笔者与 Spangenberg 博士就该译文的往来邮件

Dear Professor,

I am Kou Xiaodong, studying as an PHD student at Northwestern Polytechnic University in Xi'an, P. R. China. During this Apr. 6—8, I attended the 12th AISDRC held in Hong Kong, and felt very lucky to hear your keynote speech.

When I came back to Xi'an, I learned your paper carefully. I think your paper is really good and has much significance to my research (I am now majoring in Urban Systems Engineering). After a discussion in my research team, it is decided that we should translate your paper into Chinese to allow researchers and people around us to know about it. And we did so (the attachment is your paper in Chinese translated by us).

If what we've done is right in your point of view, we still have another request. It is that we want to publish your paper (you are the author, we are the translators) in a Chinese journal named Economic Watch. This journal is published by the Xi'an City Government and read by many officials who are local decision-makers, so we are very keen to publish your paper which will give them good and right ideas helping them to make proper decisions for the development of Xi'an city.

Looking forward to your reply.

Sincerely yours,

Xiaodong

Dear Kou Xiaodong,

Thank you for your initiative. I really hope the very condensed information in the paper is helpful for the Chinese colleagues. I also support your initiative to get it printed in a local journal (may I have a copy afterwards? We sometimes have Chinese speaking and reading guests).

Unfortunately, I am afraid that the version of the paper you got (supposedly from the CD) is not the final one. The final version includes some modifications, and I would be glad if you used this one for a Chinese version. The changes are not too many, so only little of your earlier work has to be changed. There is no graph in the final version, but if you think it is illustrative, I encourage you to keep it, thus modifying the attached final version of the paper.

Best wishes.

Joachim H. Spangenberg

西安市建设低碳城市的若干建议[*]

一、深刻认识发展低碳经济、建设低碳城市的重大意义

(一)气候变化是国际政治博弈的中心议题

按照《联合国气候变化框架公约》(UNFCCC)的定义,气候变化指"经过相当一段时间的观察,在自然气候变化之外由人类活动直接或间接地改变全球大气组成所导致的气候改变",主要表现为全球变暖、酸雨和臭氧层破坏,其中全球变暖已经成为目前全人类面临的最为迫切的问题。由于气候变化将使人类与生态环境之间已经建立起来的相互适应关系受到显著影响,因此气候变化问题正在得到各国政府与公众的极大关注。

刚刚落幕的哥本哈根气候变化大会,生动地说明了气候变化不仅仅是科学问题和环境问题,更是经济问题和政治问题。此次联合国气候变化大会尽管达成了《哥本哈根协议》,使《京都议定书》确立的"共同但有区别的责任"原则得到维护,但即使联合国秘书长潘基文也坦承,"13天的谈判进程相当复杂,进展非常艰难"。围绕气候变化议题的国际政治博弈由此可见一斑,说"气候变化是国际政治博弈的中心议题"也并不为过。

(二)低碳经济是全球永续增长的最新课题

在应对全球气候变化、减少温室气体排放的大背景下,"低碳"概念应运而生。2003年,英国政府发表题为"我们未来的能源:创建低碳经济"的《能源白皮书》,首次提出"低碳经济"概念,引发国际社会普遍关注。2007年政府间气候变化专门委员会(IPCC)第四次科学评估报告发表后,尤其"巴厘路线图"达成以来,低碳经济理念正在得到国际社会的广泛支持,世界各国的经济发展向低碳经济转型已是大势所趋。

低碳经济被定义为"以低能耗、低污染、低排放为基础的经济模式",其实质是能源高效利用与清洁能源开发,核心则在人类观念、能源技术、产业结构等的根本转变。可以说,低碳经济是人类社会继机器工业革命、电气工业革命、信息工业革

---

* 2009年底,在哥本哈根气候变化大会结束后不久,笔者与赵生龙博士合作此文,并以"关于西安市建设低碳城市的若干建议"为题刊发于《西安发展研究》2010年第5期,本书在此全文收入。

命之后的第四次工业革命,对全球永续增长意义重大、影响深远。面对全新的低碳工业革命,以英国为首的欧洲国家正大力宣传、积极倡导发展低碳经济,试图利用自身的低碳技术储备,再执世界经济之牛耳。然而截至目前,在全球范围内并没有出现可资借鉴的向低碳经济转型的成熟模式,发展低碳经济仍然是摆在各国政府面前的一项崭新课题。

(三)低碳城市是赢得区域竞争的重大命题

根据世界自然基金会(WWF)的权威定义,低碳城市是指城市在经济高速发展的前提下,保持能源消耗和CO_2排放处于较低水平。近年来,与应对气候变化相对应,国内学者针对低碳经济与低碳城市的理论及实证研究明显增多,显示出政府、业界、学界对"低碳"话题的共同兴趣。综合已有成果可以发现,所谓低碳城市应以低碳经济为发展模式和方向,强调低碳生产、低碳消费,通过树立低碳生活的理念和行为特征,全力构建低碳社会。目前,低碳城市正在成为世界各地的普遍追求,很多国际大都市以建设发展低碳城市为荣。

2008年初,国家建设部携手WWF以河北省保定市和上海市为试点,联合推出"低碳城市"示范项目,标志着我国的低碳城市建设正式起步。仅仅两年时间,国内就出现了建设低碳城市的一片热潮,相关城市的数目数以十计。虽然大家对低碳城市的看法不尽相同,路径设计也存在差异,但不可否认的是,低碳城市已经成为继"花园城市""山水城市""生态城市""魅力城市"等之后的城市品牌新宠,对资金、技术、人才等区域竞争要素的吸引力更为强劲。能否尽快加入打造低碳城市品牌的队伍行列,将成为考验城市政府决策智慧的重大命题。

简言之,无论国际国内,只要关注并且研究气候变化,就能够在政治博弈中赢得主动、获取话语权;只要认可并且发展低碳经济,就能够在经济增长上快人一步、抓住先机;只要理解并且建设低碳城市,就能够在社会发展中凝聚共识、实现和谐。

二、准确把握低碳经济为西安城市发展带来的挑战与机遇

(一)挑战:产业结构、增长方式、思想观念相对落后

1. 产业结构仍不合理,存在"二快、三慢、一停"的缺陷

"八五"以来,西安市保持了13%以上的年均经济增速,但截至目前,其产业结构仍不尽合理。根据统计,"十一五"的头三年中,西安市的第一、二、三产业产值比重依次为4.9:42.4:52.7(2006年)、4.8:43.9:51.3(2007年)、4.7:45.1:50.2(2008年)。从中不难看出,尽管第三产业已经占到西安经济的半壁江山,但占比却持续小幅下降,说明近年来西安市的工业发展过快,而这种趋势并不符合西安既定的城市定位与发展战略。另一方面,从就业结构看,2008年西安市第一、

二、三产业就业人数比重为29.6:28.9:41.5,与产业结构明显不匹配。总之,西安产业发展中"一产不优、二产不强、三产不快"的问题依然突出。

2.增长方式仍未转型,距"环境友好、资源节约"有差距

近年来西安市的空气质量持续好转,这从一个方面反映出经济增长方式的积极变化。2009年,西安市环境空气质量达到良好以上的天数为304天,比2008年还多3天。但仍然是在2009年的12月24日,在国家环保部公布的86个重点监测城市中,西安的空气质量是"中度重污染"排在末位。这种现象至少说明了西安市的经济模式转变尚未全面完成,还需要认真对待。根据我们的研究,过去十几年中西安市的环境经济有一定程度的协同发展,但环境方面的一些具体工作曾出现过反复,尤其是在整体上,环境建设与管理工作的绩效并不稳定。

"生态足迹"是目前国际通用的区域可持续发展评价方法,它主要通过测算当地人口生产、生活活动所消耗的能源、资源项目,来评估该区域的人类生存状态是否安全。按照该方法测算,西安市1995年以来的人均生态足迹始终保持在当地人均生态承载力的3倍以上,这表明西安的经济社会发展要从周边地区大量摄入生态足迹,导致有关地区生态承载力的实质性下降,这明显不利于整个区域的可持续发展。因此,西安市需要进一步加快经济增长方式转变,全面开展"两型社会"建设。

3.思想观念仍显滞后,与建设低碳城市不匹配

至2009年底,西安市的机动车保有量已经突破100万台。2009年国家的刺激性政策以及今年初汽车商家的补贴式营销,使得私家车的需求持续激增而且势头不减。冷静分析会发现,更多的机动车必然带来更多的能源消耗、尾气排放、热岛效应,这对西安发展的整体利益明显不利。不可否认,国家刺激内需的政策背景是造成这种局面的原因之一,但更深层的原因还在于人们的消费观念、价值取向仍停留在工业化社会中期,所以才会不计后果地加入到"有车一族"当中。3~5年后,西安市二环以内的机动车出行在高峰时段变得非常困难,甚至还不如自行车的通勤效率。实际上,发达国家尤其是一些欧洲国家,居民日常的出行方式正在向自行车回归。这种趋势值得我们反思。

除交通之外,西安市的园区开发、住宅建设等领域,都不同程度地存在着观念滞后这一突出问题,容易造成"好心办坏事"的后果,对此应该引起警惕。

(二)机遇:国际资源、国内政策、自身禀赋带来先机

1.国际资源:"中国低碳城市发展项目"与"中国城市领导力项目"

当前,联合国环境规划署、欧盟以及以WWF为代表的众多NGO等国际组织,掌握着丰富的信息、技术、资金、项目、媒体等优势资源,为西安建设低碳城市提

供了可资利用的国际条件。其中,WWF 的"中国低碳城市发展项目"与气候组织(TCG)的"中国城市领导力项目"最为引人注目。

2008 年 1 月 28 日,国家建设部携手 WWF 在北京正式启动"中国低碳城市发展项目",上海、保定入选首批试点城市。在未来几年里,WWF 将从上海与保定这两个试点城市的建筑节能、可再生能源和节能产品制造与应用等领域中总结出可行模式并陆续向全国推广。对此,西安市应积极跟踪相关进展,并主动联系国家住建部与 WWF,争取成为"中国低碳城市发展项目"的未来试点城市。

2009 年 1 月 14 日,TCG 宣布未来 3～5 年内将在中国实施"中国城市领导力项目"并发展 15～20 个"低碳城市",通过在这些城市中探索并建立起低碳经济发展模式,来推动降低二氧化碳排放、应对气候变化。TCG 目前正在与一些城市接触、洽谈,希望能够推动地方政府、金融企业通过政策激励和融资支持,驱动技术创新和资本流动,在城市中推广低碳技术。对此,西安市有关部门应与 TCG 主动联系、接洽,以该组织提供的"中国城市领导力项目""汇丰与气候伙伴同行项目""企业低碳领袖项目"等作为合作载体,积极谋求加入"低碳城市"建设行列。

2.国内政策:发展低碳经济的行动响应与政策趋向

当前,我国低碳经济发展整体上处于起步阶段,相关行动部署和政策体系正不断完善。

2007 年 6 月,《中国应对气候变化国家方案》正式发布;2007 年 7 月,温家宝同志在两天时间里先后主持召开国家应对气候变化及节能减排工作领导小组第一次会议和国务院会议;2007 年 9 月,胡锦涛同志在 APEC 第 15 次领导人会议上,明确主张"发展低碳经济";2007 年 12 月,《中国的能源状况与政策》白皮书发表,提出能源多元化发展;2008 年 1 月,清华大学在国内率先成立低碳经济研究院;2008 年初,深圳宗兴环保科技有限公司开始提供减碳技术咨询服务。

中国科学院发布的《2009 年中国可持续发展战略报告》建议:中国应把"低碳化"作为国家社会经济发展的战略目标;中国社会科学院发布的《城市蓝皮书:中国城市发展报告(No.2)》指出,促进低碳经济发展,既是救治全球气候变暖的关键性方案,也是践行科学发展观的重要手段。

毋庸置疑,我国将逐步步入低碳发展道路,这既符合国际潮流,也是针对自身经济现状及发展远景所进行的必然选择。对此西安市要有清醒认识,必须紧紧围绕国家的整体部署与政策走向,及时制定相应的跟进与配套措施。

3.自身禀赋:统筹西安科技资源与设立低碳技术园区

2009 年 6 月 28 日发布的《关中—天水经济区规划》,被认为是西安市"千年等一回"的宝贵发展机遇。该规划对西安市的城市性质有了更加准确的定位,同时提出西安市要尽快建成统筹区域科技资源的试点城市。面对建设低碳城市的有利国际资源以及积极国家政策,西安市要抢先在关中—天水经济区内提出建设低碳城市的响亮口号,既领该区域科学发展风气之先,也使得到统筹的科技资源能够有的放矢。

一个突出的现实是,拥有着雄厚科技资源的西安市,在区位上紧邻陕北以及山西、内蒙古这三个大的产煤区,而煤炭恰恰又是我国未来相当长一段时期内主要的能源资源。因此,面向陕北、山西、内蒙古这三个巨大的潜在市场,西安市完全有能力也应该集中科技资源优势,瞄准煤炭高效开采、利用、转化等关键技术,组织开展科研攻关以及专门设备的加工制造。以此为线索,可以考虑在高新区、经开区或西咸新区内设立专门的低碳技术园区,成为西安科学发展的新动力、低碳发展的新亮点。按照这个思路,西安市还可以设立若干家有潜在市场需求的低碳科技园区,用以承载"国家创新型城市试点"这一重大战略部署。

(三)出路:换观念、打基础、上项目

1.与时俱进、更新观念、上下一致、找准方向

气候变化,是必须正视的全球挑战;低碳经济,是必须跟随的全球大势;低碳城市,是必须参与的全球竞争。这应该成为一座国际化大都市的"胸襟"与"气度"。西安要做到与时俱进,就必须让这些全新观念渗透到整座城市经济社会发展当中的每一个角落。换句话说,西安市从上到下,需要全员动员、全员参与,为建设一座美好的低碳城市而同心同德。

2.预先研究、打好基础、统筹资源、勇于创新

科学决策是科学发展的前提。建设低碳西安,需要预先从理念到思路、理论到技术、政策到项目等各个层面做好研究与论证,为相关决策打好基础,为科学发展保驾护航。关中—天水经济区建设与国家创新型城市建设,都要求西安市在统筹科技资源上做足文章,尤其要在体制创新和机制创新上勇于创新、敢于突破,真正激发出雄厚科技资源和广大人才资源的活力。唯有如此,西安市才会拥有建设低碳城市的核心竞争力。

3.超前规划、区县联动、科学融资、项目带动

建设低碳城市,需要观念,需要创新,更需要"全市一盘棋"。钱学森院士生前与人通信时,曾特别强调过王任重同志的一句话:"共产党人嘛,只考虑10年15年不行,要考虑50年100年!"这就突出了超前规划的极端重要性,只有这样才是对历史、对人民高度负责。因此,建设低碳西安务必要超前规划、全市统筹、区县联动。

西安市各级政府在落实低碳城市规划、推动低碳项目建设时,要能不计较一时

得失,而是权衡长远利弊,在此基础上,来巧妙、合理地利用国际国内两方面资源与政策,对重点项目开展科学融资。比如,汇丰银行出资1亿美元创立的"汇丰与气候伙伴同行项目",TCG提供的低碳照明示范项目、电动汽车推广项目等,都是可资利用的国际资源。

三、西安建设低碳城市得以系统实施的十项具体建议

共识与战略

1."低碳西安"宣传月与"低碳西安国际论坛"

为引起社会各界对建设低碳西安的关注,凝聚全体居民对建设低碳西安的共识,建议:

在2010年6月启动"低碳西安"宣传月活动,并在6月5日"世界环境日"当天,高调举办"低碳西安"宣传月的国际传媒推介会;

在2010年10月1日前后,可借势大明宫国家遗址公园的盛大开园,同期举办"低碳西安国际论坛",使之成为一次高水平、国际化的文化、经济、科技交流盛会。

2.《西安建设低碳城市行动计划》

为充分体现西安市社会各界以及全体居民对建设低碳城市的共识,应尽快将这一要求上升为西安城市发展的重大战略,为此建议:

西安市有关部门抓紧联系并委托相关科研单位,研究制定《西安建设低碳城市行动计划纲要》与《西安建设低碳城市行动计划》两份关联文本,前者在"低碳西安"宣传月期间发布,后者在"低碳西安国际论坛"上发布。

环境与建筑

3.创建"国家森林城市"

森林能够吸收二氧化碳,是一个重要的碳汇。城市森林可以直接吸收城市中释放的碳,通过减缓热岛效应调节城市气候。所以说,低碳城市的建设正在呼唤城市森林。而目前国家林业主管部门积极倡导的"国家森林城市",也要求"城市生态系统以森林植被为主体,城市生态建设实现城乡一体化发展"。综合两方面的考虑,建议:

西安市有关部门应积极研究并确定西安市的城市森林建设布局与相关事项,并以此为契机与抓手,积极创建、申报西安为"国家森林城市"。

4.推广绿色建筑

绿色建筑,是指"在建筑的全寿命周期内,最大限度地节能、节地、节水、节材,保护环境和减少污染,为人们提供健康、适用和高效的使用空间,与自然和谐共生的建筑"。可见,建设低碳城市,急需大力提倡并推广绿色建筑,为此建议:

西安市有关部门,要积极扶持绿色住宅建筑,鼓励我市新开发的住宅项目按照绿色建筑、节能建筑的标准兴建开发,并对建成的绿色住宅建筑进行奖励,同时要大力推广绿色公共建筑,对我市准备建设的公共建筑、公共设施等,按照相关标准进行施工,争取尽快建成一批具有示范意义的绿色公共建筑及设施。

经济与交通

5.建设低碳生态园区,发展文化创意产业

建设低碳城市,离不开发展低碳经济。为此,西安市应尽快制定出台相关的财税优惠政策,引导广大企业进行技术改造和产业升级,为发展低碳经济打下扎实基础。更重要的是,西安市各级政府要以长远打算、超前眼光和前瞻战略,来打造各自的经济版图,真正与低碳经济接轨,其中最为关键的是以下两个方面:低碳工业园区、生态工业园区的开发建设,以及文化创意产业的扶持发展。

目前,我市市级、区县级政府大都拥有正在规划或兴建中的工业园区项目,但准确定位在"低碳工业园区"或"生态工业园区"的建设项目还未见公开报道。建议:

有条件的工业园区项目,应该结合低碳城市要求,以"低碳工业园区""生态工业园区"等作为开发理念,迅速调整原有发展定位与建设目标,通过积极利用国内外资源、政策,努力成为低碳西安的有机组成部分。

扶持并促进文化创意产业的健康发展,对于建设低碳城市的意义是显而易见的。此方面,鉴于曲江新区已经成为西安文化产业发展的一面旗帜,建议:

对在西安发展中涌现出的"曲江模式"进行认真总结、研究与提升,一方面有利于曲江新区、曲江模式的可持续发展,另一方面还可以在此基础上对曲江经验进行移植与推广,既实现知识的溢出效应,又加快全市文化创意产业的发展步伐。

6.优化城市空间结构,大力发展公共交通

城市空间结构,既影响居民的出行效率,也决定城市的交通能耗。因此不断优化城市空间结构,对建设低碳西安而言也是一项基础性的工作,建议:

西安市有关部门以第四次城市总体规划为基础,出台集约利用土地的相关政策,通过合理控制建设用地规模、建筑密度及城建指标等,加快形成混合型的土地空间布局,进而提高土地资源利用率、降低城市交通能耗。

交通是城市运转的命脉所在,高效、节能的交通运输系统,应该成为低碳西安追求的目标之一。为此建议:

西安市有关部门以西安地铁建设为契机,进一步加强研究、加大投入,加快建成包括地铁、快速公交、公共汽车和无轨电车、出租车、汽车租赁、摩的等在内的较为完善的城市公共交通系统,为广大市民提供便利、低碳的出行服务。

科技与教育

7.低碳技术研发与储备

低碳经济是低碳城市的基础,低碳科技是低碳经济的基础。结合西安自身禀赋以及西安发展低碳经济的优势,建议:

西安市有关部门制定相关政策,鼓励科研机构、高技术企业等围绕煤、电高效利用技术、新能源技术等具有广泛市场前景的低碳技术为重点,开展研发、进行项目储备与孵化,以此为基础,西安市各级政府可以以各自负责开发的工业园区为载体,以将这些园区建设成为低碳科技园区、生态工业园区等为目标,通过可行的项目来招商引资、吸引企业入驻,进而促进低碳产业集群。

8.大、中、小学的可持续发展课程教育

低碳社会应与低碳经济同行,低碳教育应与低碳科技同行。在建设低碳园区、研发低碳科技的同时,还应该注重加强对未来社会成员的相关教育,建议:

西安市有关部门制定政策,相关出版机构积极配合,尽快在中、小学开设环境教育的科普类课程,在大学开设气候变化、可持续发展等必选类选修课程,并为大、中、小学学生提供参与环境保护和低碳城市建设的社会实践机会与场所。

社会与公众

9.NGO 的发展与舆论的引导

低碳城市的建设,既离不开政府的主导和企业的参与,也离不开民间的支持和舆论的支撑。为此建议:

西安市有关部门尽快制定并出台相关政策,鼓励、扶持成立以"可持续发展""环境保护""低碳城市"等为活动主题的民间组织、社团、协会等,促进社会力量的发育、壮大,为低碳西安的建设提供肥沃土壤。同时,西安市有关部门要开动所有的宣传机器,大力向民众推介低碳城市的概念、内容与好处,并组织人力全面参与各种媒体上的正式及非正式讨论,以引导社会舆论有利于低碳西安的建设。

10.公众的消费观念与生活习惯

长远来看,低碳城市的建成与维护,需要全体居民的"低碳消费"和"低碳生活"作为最重要的基础,建议:

西安市有关部门联合制定工作方案、政策体系等,从宣传、教育尤其是经济、税收等多个领域共同入手,影响、调节直至改变社会大众的消费观念与行为,最终塑造出具有示范意义的低碳西安生活模式。

第二部分：文化设计与人才开发

大明宫、大明宫遗址与大明宫国家遗址公园[*]

一、缘起

2007 年 10 月,由国家级文化产业示范区——西安曲江新区全面承担的大明宫遗址区保护改造项目正式启动。作为国家文物局"十一五"大遗址保护重点工程和西安市"十一五"城市建设重点工程,大明宫遗址区保护改造项目自开工之日起,就有幸得到国内外社会各界人士的关心、关注,"大明宫"也因此成为各种媒体和寻常百姓的热议话题。目前,大明宫国家遗址公园建设已进入倒计时状态,全体大明宫人正以前所未有的激情,全身心地投入到遗址公园开园前的各项准备工作当中。

凡事预则立,不预则废。作为大明宫国家遗址公园建设工程的一分子,尤其是作为大明宫研究院的一分子,笔者感到,在当前这个时间节点,十分有必要对大明宫、大明宫遗址、大明宫国家遗址公园等一系列最为基础和关键的概念进行梳理、澄清和界定,进而为在内部确立共同理念和向外界统一进行宣传提供坚实依据和可靠支撑,以达到使管理者和建设者更加客观、准确地把握工作对象与建设目标,让媒体和公众更加清晰、明确地认知宣传对象与传播内容的目的。

二、大明宫

1. 大明宫是我国唐代的国家象征和政令中枢

618 年,唐朝开国,确立长安为都城。唐长安城以规模宏大著称于世,郭城、苑城的总占地面地达到 230 平方千米。在唐朝以长安为首都的 286 年间,共有太极宫、大明宫和兴庆宫三处大型宫室,供皇帝朝寝。其中的大明宫,因为"规模最大、制度完备、皇帝朝寝时间最长",多被史家看作我国唐代的统治中心和国家象征。

635 年,唐太宗李世民决定在长安城的北禁苑中,为父亲李渊营造一处新宫室作为养老之所,并定名"大明",此即大明宫的由来。然而,李渊当年五月病逝,无缘享用大明宫。此后,李世民继续主持大明宫的营造,并在 646 年由太极宫迁来朝寝,成为第一个朝寝大明宫的皇帝。自李世民始,先后有高宗李治、武则天、玄宗李

———————————

  * 2009 年 10 月,在前期参与大明宫研究院若干课题工作的基础上,笔者与研究院常务副院长李春阳老师合作完成此文;次月,笔者和李春阳老师携此文参加了在西安文理学院举行的"2009 年西安历史文化研讨会"学术交流,本书在此全文收入。

隆基、肃宗李亨、代宗李豫、德宗李适、顺宗李诵、宪宗李纯、穆宗李恒、敬宗李湛、文宗李昂、武宗李炎、宣宗李忱、懿宗李漼、僖宗李儇、昭宗李晔共17位唐代皇帝朝寝大明宫。因此,大明宫无可争议地成为大唐帝国的政令中枢。

2. 大明宫是我国古代宫殿建筑的集大成者

根据考古发现,大明宫坐落在今天西安市市区的东北部,其平面呈南北长方形,东宫城北段呈西北—东南走向。大明宫四面宫城总长7 375米,宫城内面积约为2.95平方千米,是东汉及以后各朝代宫室中规模最大的一座,相当于今天北京紫禁城的4倍多。

丹凤门是大明宫的正南门,门前东西为顺城街,直南是1 500米长、176米宽的丹凤门大街,超过150米宽的朱雀大街,是唐长安城最宽阔的街道之一。沿大明宫中轴线,从南至北依次排列着丹凤门、含元殿、宣政门、宣政殿、紫宸门、紫宸殿、玄武门和重玄门等重要建筑,在两侧还有延英殿、麟德殿、金銮殿等朝殿数座,以及蓬莱殿、含凉殿、长生殿、浴堂殿、中和殿、太和殿等寝殿多座。在这些殿堂之外,大明宫内还有大量的亭、台、楼、院等建筑。

专家认为,大明宫是中国古代规模宏大、规划严谨、制度完备的一所宫室,反映了唐代宫室的规划建制在继承和创新方面所取得的高度成就,堪称"中国宫殿建筑的巅峰之作"。

3. 大明宫是承载大唐帝国兴衰史的教科书

从618年唐朝开国始,至907年哀帝退位止,大唐帝国289年的风风雨雨,大明宫默默见证、承担了其中269年。太宗李世民为了安慰父亲李渊,兴建大明宫为其养老,而李渊未及享用就病逝,李世民成为大明宫第一位主人,并在此躬行"贞观之治"。高宗李治在位期间,又陆续营造宣政殿、含元殿、麟德殿等,标志着大明宫完全建成,然而李治最终病死于洛阳宫中,未能"得还长安",留下遗憾。至玄宗李隆基,即位后就着手修葺大明宫,历时近两年,此后是"开元盛世"的安宁、祥和,可"安史之乱"也不期而至。

783年,发生"泾师兵变",德宗李适逃出大明宫,原泾原节度使在宣政殿自立为大秦皇帝,至次年五月官军收复京城。835年,文宗李昂在位时,在大明宫发生了著名的"甘露之变",震动朝野。880年,黄巢起义军攻占长安,建立"大齐"政权,后因部将朱温降唐、指挥不力等原因,在883年撤出长安,然而攻入城内的各路官军竟"争货相攻,纵火焚燎",对大明宫造成严重破坏。904年,朱全忠逼迫昭宗李晔迁都洛阳,"毁长安宫室百司",从此长安失去国都地位,大明宫沦为废墟。三年后,大唐帝国在洛阳宣告灭亡。

4.大明宫是中华文明绵延不绝的宝贵记忆

中华文明,历经"上下五千年"未曾断绝,本就是全球文明发展中的奇迹。在这个历史奇迹当中,周礼、秦制、汉风、唐韵又都因为各自对中华民族发展的独特贡献,成为今人缅怀过往、追忆繁华的焦点,而所谓"唐韵"更是焦点之焦点。

唐人,是全世界华人都能接受的共同身份,遍布全球各地的"唐人街"即是证明。唐代经济繁荣、社会进步、政治开明、文化多元,首都长安鼎盛时期有 100 万的常住人口,是人类历史上第一个人口过百万的城市。大明宫作为唐代的政治中枢,成为国内社会稳定发展的政令源头,也是国际商贸、文化交流使者们的聚集地。大明宫内,有勤政善治的皇帝,有敢言善谏的大臣,有各国使节的来朝,有文化使者的派出。大明宫内,有诗仙李白的高歌,有诗圣杜甫的低吟,有乐手舞者的轻盈,有马球蹴鞠的欢快。总之,大明宫代表着唐朝和那个时代的美妙记忆,而其中的大明宫,就像是镶嵌在串串记忆中的夺目宝石,摄人魂魄、让人难忘。

三、大明宫遗址

1.大明宫遗址是全球文化符号系统的中国元素

不论以何种标准划分,世界文明或文化都显得种类繁杂。但抛开这些文化各自的深厚根基和复杂成因,还存在着一个人类共同认可的表象系统,这就是所谓的文化符号系统。这一系统从每种文化个体中抽象而来,特质鲜明、易于识别,同时弘扬普适的美的标准。在历史长河中,最终就是这些文化符号体现并保存了文化的多样性。一个文化符号系统包括标志性建筑、历史文化遗产、民族语言文字等。埃及的金字塔、巴比伦的汉谟拉比石柱、雅典的巴特农神庙、罗马的斗兽场,这些曾经辉煌又历经沧桑并留存至今的古代文化遗存,已成为各自文明的见证和标志。

毫无疑问,大明宫遗址具备成为世界文化符号系统重要节点的资源禀赋,是其中无可替代的中国元素。中华文明是世界文明的重要组成部分,而 7—9 世纪的大唐帝国,代表着当时人类文明的最高水平。作为大唐帝国的政治中枢,大明宫蕴含着极其丰富的历史信息,其遗址应该作为全人类共同的文化遗产,被珍视,被保护,被弘扬。

2.大明宫遗址是国家级的文物保护重点单位

1961 年,大明宫遗址被国务院首批公布为全国重点文物保护单位,陕西省政府为此划定保护范围并树立保护标志,西安市政府也设立了专门保管机构。事实上,西安市在 20 世纪 50 年代的城市规划中,就把大明宫遗址作为一个控制区来对待,没有安置大型建设;80 年代西安的总体规划中明确提出,"展示隋唐长安城格局,把大明宫遗址作为一个重要的城市保护区域";90 年代西安第三次总体规划继承了 80 年代总体规划思想,并再次明确大明宫遗址作为西安市未来的遗址公园;2006 年,西安第四次总体规划阐述了包括周丰镐、汉长安城、唐大明宫在内的遗址公园体系,唐大明宫遗址公园在其中占据重要位置。

仍然是在 2006 年,国家财政部、国家文物局制订国家"十一五"大遗址保护规划,明确提出要建设"西安唐大明宫国家大遗址保护示范园区"。2007 年 1 月,西安市委、市政府启动大明宫遗址保护工程,为解决保护资金的问题,决定把大明宫遗址周围约 14.3 平方千米的范围与遗址作为一个整体进行规划,达到保护遗址、改善人居环境的目的。2007 年 10 月,受西安市委、市政府委托,西安曲江新区全面负责组织实施大明宫遗址区保护改造项目,大明宫遗址保护项目正式启动。

3. 大明宫遗址是唐代宫殿建筑的考古宝库

大明宫遗址的考古工作从 20 世纪 50 年代开始,整体上可分为三个阶段。第一阶段从 1957 年到 1961 年,第二阶段从 1962 年到 1994 年,第三阶段从 1995 年到现在。第一阶段是大明宫遗址考古的起步阶段,也是考古内容最丰富、成果最大的阶段,包括认清大明宫的具体大小、真实面貌,以及麟德殿、含元殿等的发掘。第二阶段中,前期受"文革"影响,大明宫遗址的考古工作相对较少,改革开放后,则先后发掘了清思殿、三清殿、东朝堂、翰林院、含耀门等多处单体建筑遗址。第三个阶段的考古工作有两个特点,一是配合文物保护工程的实施进行考古调查,二是开展国际考古合作,至今已完成含元殿、丹凤门、御道、太液池等遗址的发掘和保护工作。

半个多世纪以来,大明宫遗址考古工作取得丰硕成果,主要包括查清大明宫的位置和范围,明确大明宫与长安外郭城等的关系;查清宫区的基本格局和各类建筑基址分布情况;对各单体建筑基址的发掘,为唐代建筑技术、工艺、材料等的研究提供了珍贵的实物资料;等等。要强调指出的是,大明宫遗址是不可再生资源,整个遗址保护工程最重要的目的就是保存、保护好遗址本体,因此考古工作要做一百年甚至是二百年的计划,对此我们一定要有长期的思想准备。

4. 大明宫遗址是西安城市变迁的鲜活见证

据考证,1932 年前后,大明宫遗址上部的建设情况相当简单,龙首原的地形也非常清晰,上部只有少量村落。抗战开始后,由于黄河花园口决堤,大量河南难民向西迁徙,在西安火车站附近建设了大量棚户区,这时在大明宫遗址附近开始有一些建设。1949—1960 年,由于国家和西安市政府的控制,大明宫遗址上部只有一些自然蔓延的非正式临时建筑,而从 1960—1972 年,仍然有少许的建设在这里延伸。20 世纪七八十年代,大明宫遗址上部的总体情况仍然较好。1995 年以后,伴随城市化的加剧,大明宫遗址上部的建设活动出现很大变化,到 2000 年已经有了较多建设。总体来看,自然村落已经占据大明宫遗址上部较大面积,中心部位没有建设,还有大量农田以及一部分单纯的仓储及市场用房。

从 20 世纪 30 年代至今,大明宫遗址区域一直是河南难民的聚集区,也是整个西安市生活质量和居住质量最差的地区之一,我们通常所说的"道北"地区,就指大明宫遗址上部以及周边地区。因此说,大明宫遗址是近代西安尤其是"道北"地区人民生活变迁的见证者。伴随大明宫遗址保护工程的不断推进,大明宫遗址仍将继续见证未来西安城市生活的发展变化。

5.大明宫遗址是西安城市文化遗产的核心内容

西安是十三朝古都,其城建史超过 3 100 年,建都史也长达 1 100 多年,这种历史渊源和文化地位,在中国的城市当中绝无仅有。不夸张地说,西安就是中华民族的精神家园。让人感到幸运的是,得益于各级政府长期以来的重视,西安市内的周丰镐遗址、汉长安城遗址、唐大明宫遗址等历史文化遗存,都较为完整地得到妥善保护,成为全国人民乃至世界人民的重要文化遗产。

在西安市的这些文化遗产当中,大明宫遗址具有重要地位,是西安文化遗产的核心内容。原因在于,大明宫是唐代皇帝的朝寝之所,而唐朝则是我国整个封建社会发展的顶峰,相比其他在西安建都的历史朝代,人们更愿意回想唐朝的繁荣,感受大唐的气息。加之大明宫遗址考古发掘工作已经具备较好基础,大明宫国家遗址公园建设也已引起世人关注。所以有理由相信,在从"功能城市"走向"文化城市"的今天,大明宫遗址必将成为西安城市文化发展与建设的重要物质基础和宝贵遗产资源。

6.大明宫遗址是"丝路"整体申遗的重要组成

目前,我国正与中亚五国密切协作,努力争取将丝绸之路作为跨国的世界文化遗产项目进行联合申报。该项目涉及西安市内多处历史文化遗存,大明宫遗址也位列其中。毫无疑问,在"丝路"申遗这样重大的跨国合作中,每一处遗产节点的保护状况,都会直接影响到最终目标的实现,正是"一荣俱荣,一损俱损"。

为此,应该站在全局的高度、做系统性思考,充分认识到大明宫遗址的保存、保护对"丝路"申遗的极端重要性。只有这样,大明宫遗址保护工程才能为"丝路"申遗的其他遗产节点做出示范、形成互动、成为整体,进而为人类的文化遗产保护做出重要贡献。

四、大明宫国家遗址公园

1.遗址公园是中国大遗址保护工程的创新示范

2006 年,国家财政部、国家文物局制订了国家"十一五"大遗址保护计划,其中明确提出建设"西安唐大明宫国家大遗址保护示范园区"的目标。西安市委、市政府结合国家总体规划,也制定了大明宫国家遗址公园的建设目标,包括中国古迹遗址保护示范园区、东方古迹遗址保护示范基地、国家古迹遗址保护技术平台、西安城市新型公共休闲绿地。

显然,大明宫国家遗址公园要建成集考古、历史研究、文物保护与利用"三位一体"的国家级示范园区,就必须在古迹遗址的保护理念、保护技术、保护方法、利用手段以及融入现代生活等诸多方面,努力工作、开拓创新,否则不足以完成创新的目标、实现示范的功能。比如,黄土遗址保护展示难题的解决,就必须通过理念、技术和材料的创新来实现。

此外,在实现创新、积极示范的工作过程中,遗址公园建设的管理团队要特别注意处理好以下重要关系:长期利益与近期利益、整体利益与局部利益、文物保护与经济建设和提高人民群众生活质量。

2. 遗址公园是东方大遗址保护工程的精品典范

如果承认大明宫国家遗址公园将成为中国大遗址保护工程的创新示范,那么就没有理由不相信大明宫国家遗址公园也将成为东方大遗址保护工程的精品典范。可以说,遗址公园建设在国内的"创新示范"与在国际上的"精品典范"是两位一体或一体两面的。

从大明宫国家遗址公园的整体定位就可以看出,遗址公园的建设一定具有全球性、开放性、先进性和示范性。所谓全球性,指面向全球,在大视野下秉承国际先进理念,进行大遗址保护工程与展示试验。所谓开放性,指向国内外多学科专家进行全方位开放,在不影响遗址安全的前提下,鼓励不同学科的专家来遗址公园进行各类的实验。所谓先进性,指大力引进文化遗产保护、考古等各领域前沿人才与科技,高起点建设遗址公园。所谓示范性,指遗址公园建成后,其建设与维护经验,能够对更大的地域进行辐射,并产生积极的示范效应,成为全球范围内探讨古迹遗址保护与利用的国际文化交流平台。

3. 遗址公园是推动中国文化复兴的重大事件

从世界经验看,欧洲文艺复兴后的每一波世界发展和大国崛起,都与相应国家、民族的文化大发展相伴生。尽管目前中国仍是发展中大国,离发达强国还有很长的路要走,但整个民族文化的复兴和发展,一定会为国家的经济增长和社会进步提供强大动力。

环顾世界,盛世造园是一个国家文化繁荣的显著标志。比如凡尔赛宫、凯旋门、蓬皮杜中心,都是法国重要历史时期的突出标志。又比如独立宫、林肯纪念堂、自由女神像、帝国大厦,也是美国各个繁荣时期的突出标志。当前,世界和中国的发展都进入了新时期，能够代表国家文化繁荣的"标志"，已经不在其外在高度、新颖性或投资规模上，而是正在转移到其文化内涵当中。在这个意义上，旨在申报"世界遗产"的大明宫国家遗址公园，完全有理由成为推动中华民族文化复兴的重大事件。

4. 遗址公园是照亮华夏文明足迹的一盏明灯

北京奥运会开幕式上那29个巨大的烟花足迹，至今让人难忘。一想起它们，人们就会自然而然地忆起现代奥林匹克运动的百年历程。作为拥有五千年文明史的中华民族，同样也需要能够照亮华夏文明的一个个"足迹"。当然，在承载华夏文明演进发展足迹的众多历史文化遗存当中，有资格成为照亮这些足迹的遗存载体有很多，但大明宫国家遗址公园无疑是其中的佼佼者。

众所周知，全世界的华人都愿意称自己为"唐人"，这说明在一脉相承的文化血统中，唐的基因已经深植于华人和华裔的情怀当中。而周、秦、汉、唐作为中国历史上最为繁荣的四个朝代，其中又以唐代最盛。唐的对外开放、疆域广阔、政治开明、文化多元、诗歌灿烂，都是中国历史上的最高峰。因此，大明宫国家遗址公园就是华夏文明的记忆之灯，举起它，就会照亮整个华人世界和中国古代的文明史，就会指引我们继续求索民族文化复兴之路。

5. 遗址公园是塑造西安城市特色的新"名片"

城市特色"是城市自然环境、历史传统、现代风情、精神文化、建筑风格、经济发展等诸多要素的综合表征"。针对西安城市特色塑造的问题，市委负责同志要求"从空间布局、历史文化、建筑风格、生态环境等方面，进一步发挥优势、打造特色、彰显特色"。毫无疑问，西安最具排他性的特色就是深厚的历史文化积淀，所以塑造西安历史文化特色，相对容易实施，也最能出效果。

大明宫国家遗址公园的建设，一方面彻底打破了往日人们对西安的印象仅停留在兵马俑、明城墙、大雁塔等历史遗存的认知局限，另一方面将串起大雁塔北广场、大唐不夜城、大唐芙蓉园、曲江池遗址公园等文化景区，重现、重塑古都西安的"龙脉"。因此，遗址公园的建成必将在西安整体城市特色塑造中起到"画龙点睛"的作用，是塑造西安城市特色最有分量的新"名片"。

6. 遗址公园是优化西安城市功能的新"组件"

在城市中心建设大型的东方古代宫殿遗址公园，在世界范围内没有先例。柬埔寨的吴哥窟、日本的平城宫都是远郊遗址保护项目。在中国，故宫是实体宫殿建筑展示，圆明园虽是遗址公园，但却是一个没落王朝的离宫遗址。

大明宫国家遗址公园的建设，对于未来西安的城市发展及城市功能优化都具有重要意义。遗址公园的首要功能，是保护遗址、展示其人文和历史内涵，并运用建筑、景观、艺术等手段来烘托出历史上唐文化的宏大和气度。其次,它是一个融遗址保护与展示、文化旅游、公共休闲绿地于一体的现代城市公园。在未来,遗址公园将要承担起可持续考古、城市绿肺、游客目的地、居民休闲去处以及公共文化中心等多重职能。这种大遗址保护与城市功能提升有机结合的新模式,一方面可以成为国际范围内古遗址保护的新经验,另一方面也提供了遗址公园作为优化西安城市功能新"组件"的新思路。

7. 遗址公园是西安提升文化旅游的新境界

旅游业是西安市的五大主导产业之一。在西安,有秦兵马俑、明城墙、大小雁塔、碑林等重要历史文化遗存,每年都吸引大量国内外游客前来参观。尤其西安曲江新区成立以来,凭借其大策划、大文化、大旅游的运作模式,在近年陆续推出了大雁塔北广场、大唐芙蓉园、曲江池遗址公园、法门寺景区、大唐不夜城等一批重点文化旅游项目,使得西安对国内外游客的吸引力大大增加,经济、社会、文化效益都得到显著提升。

大明宫国家遗址公园建设项目,是西安曲江新区当前工作的重中之重。为了建好遗址公园,曲江新区举全区之力,空前专注、投入。目前,虽然存在一些遗址保护与遗址利用之间有矛盾的看法或议论,但遗址公园建设的管理团队不为所动。他们坚信,保护好大明宫遗址和利用好大明宫遗址完全不冲突,只有保护好遗址,才能谈得上利用,而利用得当也能使遗址保护得更好。实际上,文化遗产旅游的精髓就在于此。比如,只要把大明宫遗址本体及其保护也作为遗址展示的内容或公众可参与的活动来看待,那么此前一直困扰着人们的遗址考古与遗址展示关系的难题,就将迎刃而解。相信大明宫国家遗址公园的顺利建设,一定会将西安市的文化旅游提升到一个崭新境界。

8. 遗址公园是西安发展文化产业的新探索

文化产业也是西安市的五大主导产业之一。尽管西安市的文化资源十分丰富,具备发展文化产业的一定基础,但长期以来,由于在体制机制、资金、人才等方面存在短板,文化产业在西安的发展较为缓慢,对经济增长的贡献也有限。仍然是在西安曲江新区成立后,西安市的文化产业开始出现积极变化。以大唐芙蓉园为标志的文化旅游项目,以曲江池遗址公园为中心的文化地产项目,都成为西安文化产业发展新的亮点。

大明宫国家遗址公园的建设,对曲江新区、对西安市来说,都将成为一次文化产业发展新路径的勇敢探索。一方面,遗址公园建设需要大量资金用于文物考古与保护,投入巨大;另一方面,遗址公园"申遗"限制了商业开发项目的出现,收益微薄。这种状况,决定了遗址公园的建设与运营,只能在相关文化产业的发展上想点子、做文章。比如：在遗址展示部分，可以安排考古体验、古迹异地重建等项目；在教育培训方面，可以依托遗址考古进行专业教育，并开发以唐文化为主的培训项目；在品牌塑造与经营上，以"大明宫"建材市场的成功经验为基础，积极借鉴、推陈出新。总之，大明宫国家遗址公园的长远发展，要求尽快打造自身的文化品牌与文化产业链网，以真正形成遗址公园及其所在区域可持续发展的核心竞争力。

五、结论

本文在对相关史料和研究资料进行归纳整理的基础上，对大明宫、大明宫遗址、大明宫国家遗址公园三个重要概念进行了较为深入的探讨与阐发，并提出了作者自己的观点与见解，期望能够为相关部门和人员确立共同理念、统一宣传口径起到积极的推动作用。

致　谢

笔者在写作过程中，对《大明宫遗址》、第二届曲江论坛专家发言等文献内容进行了参考和引用，特此说明，并向有关作者表示感谢！

大明宫国家遗址公园的
文化向度与产业强度[*]

2010年10月1日,大明宫国家遗址公园要建成并向公众开放。从现在算起,留给我们的时间已经不足17个月。对于具有世界意义的大遗址保护示范工程、中国第一座以展示盛唐文化为特色的大型遗址公园来说,时间的确太紧——从研究、论证、设计,到实施、协调、运营,哪项工作都不简单,哪个任务都不轻松。

综合考虑多种因素后,本文主要针对文化向度与产业强度两个问题,尝试为大明宫国家遗址公园的建设提出较为系统的思路与方案,为遗址公园的顺利建设和如期开放打下基础。

一、大明宫国家遗址公园的建设反思

(一)遗址保护展示与公园文化定位

大明宫,作为"中国宫殿建筑的巅峰之作",其历史地位无可比拟。历史上,大明宫对中国古代以及日、韩等东亚国家的宫殿建筑都产生过重要影响。大明宫遗址的整体格局和重要殿基目前都保存完整,所以在中国乃至世界的古迹遗址当中也享有独特地位。正因如此,大明宫国家遗址公园的文化定位至关重要,它将在即将铺开的建设工作中起到灵魂和核心的作用。

1. 大明宫国家遗址公园是世界文化符号系统中的重要节点

不论以何种标准划分,世界文明或文化都显得种类繁杂。但抛开这些文化各自的深厚根基和复杂成因,还存在着一个人类共同认可的表象系统,这就是所谓的文化符号系统。这一系统从每种文化个体中抽象而来,特质鲜明、易于识别,同时弘扬普适的美的标准。在历史长河中,最终就是这些文化符号体现并保存了文化的多样性。一个文化符号系统包括标志性建筑、历史文化遗产、民族语言文字等。埃及的金字塔、巴比伦的汉谟拉比石柱、雅典的巴特农神庙、罗马的斗兽场,这些曾经辉煌又历经沧桑并留存至今的古代文化遗存,已成为各自文明的见证和标志。

毫无疑问,唐大明宫遗址具备成为世界文化符号系统重要节点的资源禀赋。

---

　* 本文是笔者2009年在大明宫研究院开展课题工作期间的第一份研究成果,文题由研究院时任负责人确定,全文由笔者在2009年5月初完成,此前未公开发表。

中华文明是世界文明的重要组成部分，而7—9世纪的大唐帝国，代表着当时人类文明的最高水平。作为大唐帝国的政治中枢，大明宫蕴含着极其丰富的历史信息，应该作为全人类共同的文化遗产，被珍视，被保护，被弘扬。

2.大明宫国家遗址公园是中华民族繁荣昌盛的共同记忆

众所周知，全世界的华人都愿意称自己为"唐人"。这说明，在一脉相承的文化血统中，唐的基因已经深植于华人和华裔的情怀当中。人类共同的弱点之一，便是怀念先人的荣耀、传承那些自认为是美好的东西。而大明宫，恰恰可以成为全体"唐人"怀念民族过往之昌盛、传承中华既有之传统的文化记忆。

实际上，周、秦、汉、唐是中国历史上最为繁荣的四个朝代，其中又以唐代最盛。唐的对外开放、唐的文化多元、唐的政治开明、唐的疆域广阔、唐的诗歌灿烂、唐的社会文明，可以说都是中国历史上的最高峰。因此，把大明宫国家遗址公园作为中华民族繁荣昌盛的共同记忆，绝对是不二选择。

3.大明宫国家遗址公园是中华民族文化复兴的突出标志

从世界经验看，欧洲文艺复兴后的每一波世界发展和大国崛起，都与相应国家、民族的文化大发展相伴生。尽管目前中国仍是发展中大国，离发达强国还有很长的路要走，但相信民族文化的复兴和发展，一定会为国家的经济增长和社会进步提供强大动力。在此背景下，大明宫国家遗址公园的建设有理由成为民族文化复兴的重要一步。

环顾世界，盛世造园是一个国家文化繁荣的显著标志。比如凡尔赛宫、凯旋门、蓬皮杜中心，都是法国重要历史时期的突出标志。又比如独立宫、林肯纪念堂、自由女神像、帝国大厦，也是美国各个繁荣时期的突出标志。当前，世界和中国的发展都进入了新时期，能够代表国家文化繁荣的所谓"标志"，已经不在其外在的高度、新颖性或投资规模上，而是正在转移到其文化内涵当中。在这个意义上，正因为大明宫是中华民族灿烂文化的记忆之灯，所以举起它，就会照亮整个华人世界和中国古代的文明史，就会指引我们继续求索民族文化复兴之路。

4.大明宫国家遗址公园是古代宫殿遗址与现代城市公园的结合典范

在城市中心建设大型的东方古代宫殿遗址公园，在世界范围内没有先例。柬埔寨的吴哥窟、日本的平城宫都是远郊遗址保护项目。在中国，故宫是实体宫殿建筑展示，圆明园虽是遗址公园，但却是一个没落王朝的离宫遗址，并且它在人们印象中最有名的大水法还是西式的风格。

大明宫国家遗址公园的首要功能，是保护遗址、展示其人文和历史内涵，并运用建筑、景观、艺术等手段来烘托出历史上唐文化的宏大和气度。其次，它还是一个融遗址保护与展示、旅游和文化产业、城市中央公园于一体的现代城市公园。在未来,遗址公园必须要承担起可持续考古、城市绿肺、游客目的地、居民休闲去处以及公共文化中心等多重职能。这种古代宫殿遗址保护与现代城市公园建设的有机结合,不能不说是国际范围内古遗址保护与开发的一个典范。

概言之,大明宫国家遗址公园的文化定位,至少要能体现出世界性和民族性、遗址性与公共性这四个重要特质。

(二)遗址保护展示与公园产业定位

做长期的遗址保护,需要大量投入特别是资金的投入,这中间除了各级财政的支持外,未来遗址公园的运营收入,将是一个更为重要的资金来源。这就要求在做好遗址保护与展示的同时,更加注重遗址公园的产业发展和产业项目运作。那么,如何看待并处理好遗址保护展示和公园产业发展之间的关系?看看国际上的已有经验,这个问题不难回答。

在意大利的庞贝古城,当地的大、中学生们可以亲自参与考古活动。在英国的沃威克古城堡,游客们可以充分体验英国中世纪的各种设施以及历史事件,而在迈尔斯通博物馆,设计者们在一座现代建筑里将英国维多利亚街道进行了重建。在美国洛杉矶的奇芬考古探索中心,游客们通过历史文物、重建的古代环境、多媒体展示以及教育性游戏等互动性的活动,可以充分学习并了解当今世界是如何形成的。此外,还有社区考古、公众考古等形式,既能让当地居民亲身经历考古发掘过程,也能让游客们体验发现古代物品的兴奋感。

事实上,大明宫遗址保护展示和遗址公园产业发展并不必然是对立或矛盾的,如果把遗址的保护与展示也作为产业内容或公众可参与的活动来看待,它们之间的关系将是融洽而和谐的。这样的话,遗址公园的产业发展首先就有了一项可以长期依靠的内容。再从一个游客的角度来看,遗址公园里还可以安排哪些产业项目?可以肯定的是,未来产业项目的内在品质,一定要能契合公园的文化定位。从旅游的角度来看,"大遗址保护体验游+多文化主题快乐游"应该是一个可行的思路。进一步,从大文化、大旅游的角度来看,大明宫国家遗址公园的产业定位,应该是可参与性和文化内涵并重,以实现文化和旅游的相融相通。

概括起来,大明宫国家遗址公园的产业发展应以文化产业为核心,形成文化、旅游、商贸一体的产业链,包括5A级的旅游服务产业、以景观为特点的低容积率商业群、以仿古工艺品为主的旅游商品产业等。殿前区以高端城市中心为定位,形成"景区+商圈"模式,作为遗址公园的主要消费区域。宫殿区以遗址展示和考古旅游为定位,形成遗址公园核心价值体现区。宫苑区以城市休闲公园为定位,形成以休闲广场为平台的产业形态。

二、大明宫国家遗址公园的文化向度

文化是什么?文化是历史沧桑的新旧更替,是人类精神的光明轨迹。文化有什么用?透过文化,我们看见起伏与兴衰,我们发现自我与未来。文化,是大明宫国家遗址公园建设与开发的命脉。未来公园所散发和承载的文化气息与底蕴,决定了它在历史中的不朽或腐朽。简言之,文化二字,是大明宫国家遗址公园的精髓所在。

大明宫国家遗址公园的文化向度,可以从其文化高度、文化强度、文化密度、文化浓度、文化可娱乐度和文化市场化度六个方面来理解。

(一)遗址公园的文化高度

大明宫国家遗址公园的面积约 3.5 平方千米,是北京故宫的 4.5 倍,与美国纽约中央公园相当。在这样一个大尺度的空间范围里,遗址公园必须也应该创造出文化上的制高点。

首先,这一文化高度由五个方面的内容来诠释:世界级的文化遗产保护工程,世界大遗址保护的东方典范;中国建制最完整的古代宫殿群遗址;丝绸之路整体申遗的龙头;辉煌、开放、包容的唐王朝皇宫遗址;中国最大的城市中心公园,西安未来的城市中心。

其次,这一文化高度将通过遗址本体展示、公园景观设计、文化旅游项目和服务设施体系等多方面来体现。比如,东西约 200 米、南北约 100 米、高约 15 米的正殿含元殿遗址,以及拥有 5 个门道、每个门洞都宽近 10 米、东西总长 200 米的公园正南门丹凤门等,一定会带给游客巨大的视觉冲击,让他们感受到自身在宏大历史中的渺小。又比如,在经历了考古挖掘体验、计算机主殿复原体验等文化主题游览之后,游客们将完成对历史的发现与参与和对文化的亲近与融入。此时,历史虽然宏大但也具体,文化虽然高深但也通俗,这种效果将是遗址公园文化高度的最佳体现。

可以预期的是,遗址公园建成开放后,每位游客必然能在这里感受到前所未见的文化气场、气势与气度。当然,遗址公园文化高度的营造与体现,还需要其他要素的充分配合,比如公园周边建筑形态与色彩的搭配,以及公园内部诸多景观与设施的匹配等。

(二)遗址公园的文化强度

在遗址公园中,如果只有城墙、城门、御道和若干处遗址供游客参观,不免过于稀疏、单调。为解决这个问题,就要通过若干文化景观的设计设置和产业项目的策划安排,来加大遗址公园的文化强度,达到游览的需求和空间的要求。

关于遗址公园单处文化景观的强度问题,其中景观"部件"的数量和体量是两个关键因素。比如在御道一侧设置唐代绘画艺术的文化景观区,那么集中十几幅作品可能就比集中二三十幅作品的效果要弱一些。又比如在宫苑区设置唐代诗人的雕塑群,一个五六米高的群雕很常见,但是一个二三十米高的群雕就不普通了。与此相关的一个例子是,孤立的一块字碑或联立的几块字碑,是无论如何也不能和西安碑林这样的景观效果和文化效应相比拟的,这就是文化强度的魅力所在。在大明宫国家遗址公园的殿前、宫殿和宫苑三个区域中,每个区域都应该具备足够的文化强度,从而凸现出公园整体的文化主旨与氛围。

(三)遗址公园的文化密度

文化的密度就是文化的力度。如何把大明宫国家遗址公园的文化用更有力的方式来表现,如何增加文化产品对大众的吸引力,就是文化密度要解决的问题。

文化密度营造要遵循的原则:以策划性景观加大对文化的表现,以数量和体积创造震撼的视觉效果,以高质量的文物藏品丰富遗址公园的文化内涵,以"文化体验"增加人与文化的沟通。针对单处文化景观,需要考虑其"部件"的设计、制作、形态、色彩,以及"部件"之间的空间关系、内容联系、色彩搭配、整体审美等因素。比如在丹凤门以南的公园广场上要建立一组唐代皇帝的雕塑,既可以把唐太宗、武则天、唐玄宗放在一起作为一组,来反映盛唐的气象,也可以把唐高祖、唐太宗、武则天、唐玄宗、唐昭宗放在一起作为一组,来代表大明宫从兴建到衰落的整个历程。总之,文化密度主要解决公园文化景观的内容问题,它决定了文化景观的外在引力和内在张力。

(四)遗址公园的文化浓度

大明宫国家遗址公园的巨大体量,决定了它超常的容量。如何在巨大的面积上集中体现唐文化内涵、塑造文化意象上的"主与次",是文化浓度需要解决的问题。如果将唐朝的开放、包容、大气作为文化浓度的主要体现,那么可以把遗址公园的文化浓度用"制度、礼仪+诗歌、音乐+休闲、娱乐+丝绸之路沿线文化"来表示。这里有两个原则,即越能体现大明宫形象的,文化浓度应该越大,而博物馆则是未来遗址公园文化浓度最大的地方。

在考虑遗址公园的文化浓度时,还要对游客的层次、类型、偏好等进行划分,并根据他们的国别、年龄、教育、经济等差异,来确定遗址公园各区域中文化景观的不同浓度,使得每一个游客都可以在这里找到心之所属。要强调的是,文化浓度决定着文化景观的内涵和品位,同时也提供了一种文化的意境,所以是文化向度中最难解决的一个问题,需要认真加以对待。

（五）遗址公园的文化可娱乐度

文化可娱乐度，是指遗址公园的文化如何成为一种特殊的娱乐形态，让人们从文化表现中感受到愉快与欢乐。遗址公园作为一种娱乐形态，其娱乐性主要体现在主题公园的功能上。大唐芙蓉园是国内第一个唐文化主题公园，大明宫和它有某些相似性，比如唐代生活体验、唐代建筑展示、城市休闲、水域景观展示、小型运动场馆等。但大明宫国家遗址公园在娱乐性上要远远超越大唐芙蓉园，这是我们既定的目标。

以殿前区为核心的商业娱乐中心：打造"最美的购物中心""最浪漫的城市之心""最刺激的4D影院""最奢华的国宾馆"等项目，丰富遗址公园的娱乐功能。以宫殿区为核心的唐文化娱乐中心：打造"文化人的天堂"，以发掘文化、展示文化、触摸文化为主线，为参观者提供一系列的文化娱乐方式，比如考古体验、仿古艺术品制作、陶器制作、唐代生活模拟等。以宫苑区为核心的休闲娱乐中心：园林、绿地、景观、湖水、广场、雕塑、运动场馆、休闲长椅，等等，在这里，游客将得到宁静幽雅的娱乐空间，全部娱乐方式也围绕游客来展开。

（六）遗址公园的文化市场化度

文化市场化度指文化项目的生存能力。如何提升文化产品、文化项目的市场竞争力，是文化市场化度要研究的问题。

以人为本。遗址公园在21世纪诞生，就需要有21世纪的元素和符号。人们需要什么、如何让人们认可，是文化市场化度要解决的问题。现阶段，比如科技的体验、优质的服务、新奇的事物和整洁的环境等，都是人们最需要的东西。

拒绝说教。说教就是呆板的介绍和展示，遗址公园在策划上必须回避这种死板的方式，这是市场的要求。

细化项目的客户群体。遗址公园的策划中，最该出现的就是"旅游项目与客户群体分析"。每个项目要有明确的目标客户，这是经济学的基本常识。

寻找强大的合作伙伴。全世界有众多连锁五星级酒店运营公司，他们不负责建造酒店，但可以将建好的酒店顺利运营起来，这得益于其庞大的客户群和成功的管理模式。我们建好了一个完美的遗址公园，要让它发挥最大的市场价值，就需要一个专业的团队来运营。

三、大明宫国家遗址公园的产业强度

大明宫国家遗址公园发展产业的重要性是不言而喻的，即便从它自身可持续运营的角度看，发展产业也是十分必要的。未来遗址公园的产业发展，应该以对遗址的保护与展示为基础，以设置内容丰富的历史文化景观与设施为辅助，而以安排一系列主题式的旅游及文化产业项目为重心。考虑到遗址公园开放日期的日益临近,以及公园自身偌大的体量,抓紧实施一批产业项目的策划设计,显得十分迫切。

在策划安排产业项目时,一定要有一个大的思路和原则作为指导,"产业强度"的提出就是为了解决这个问题。这里说的产业强度,主要考虑的是遗址公园产业发展的一些整体属性,包括产业的异质性与娱乐性、规模化与市场化、链网化与永续性、竞争力与影响力。

(一)产业的异质性与娱乐性

产业的异质性。大明宫国家遗址公园,核心是大明宫遗址的保护展示及其承载历史文化信息的反映传播,这是一种质的规定。所以遗址公园的产业发展,必须符合并围绕这个主线来进行。在遗址保护展示部分,像考古体验与历史事件体验、古迹重建等,都是可以安排的产业项目;在历史文化反映传播部分,像文化景观、博物馆、文化论坛、唐代艺术展现等,也是可以安排的产业项目。总之,遗址公园的产业项目必须要有特色,有个性。

产业的娱乐性。像考古体验项目,可以和社区考古、公众考古有深入的结合,使游客和居民不仅仅能看到,更能亲身经历、亲手触摸,而历史事件体验项目,可以让游客们来扮演历史人物,再结合影视拍摄,使人乐在其中。古迹重建项目,既可以做实物性质的重建,比如世界古迹遗址微缩景观群、融合了商业因素的唐代市井街坊等,也可以做虚拟性质的重建,比如大明宫虚拟实景三维漫游。文化论坛项目,既可以容纳名家讲坛,也可以接纳民间论坛。唐代艺术展现项目,比如以唐诗为主题,可以在名家名篇的展示之外,更多考虑诗歌的朗诵与吟唱、创作与书写等因素,使之更容易参与。总之,娱乐性就是要更加人性化,更加具有吸引力和亲和力。

(二)产业的规模化与市场化

产业的规模化。规模化,是产业最为根本的内在属性。工业化之初,就是大量劳动力的大机器生产,从而降低了单位产品的成本,提高了资本的收益。发展到今天,旅游、文化产业的规模化,主要是指对应产品或项目的密集程度,以及这些产品和项目能够吸引、接纳的消费者数量。在大明宫国家遗址公园,文化旅游产业的规模化经营有着先天的优势:多处遗址,多种具有代表性的唐代艺术文化以及宽阔的土地空间。在这些有利条件的基础上,只要配合对具体项目的市场研究与定位,就可以实现公园整体的产业规模化经营。

产业的市场化。产业的市场化,主要指产业整体及单个项目的市场化运营与操作。市场定位,是产业项目市场化运作的先行环节,只有完成了对项目的市场定位,即游客消费群体分析,才能设计研发项目的内容和细节。因此游客群体细分,对遗址公园产业项目策划十分关键。根据国内外的行业经验，在主题式的文化旅游项目中，如果能吸引到儿童，项目就很容易成功。比如世界各地的迪士尼乐园，从诞生之日起，至今已经吸引了数以千万计的游客，其经验之一就是抓住了众多的儿童和青少年，甚至陪伴他们的家长，也因为一些游乐项目唤起了他们的童心而参与其中。同样，遗址公园的产业项目策划，也要重视这种规律性，多想办法来吸引以儿童为核心的家庭消费群体。在针对游客的年龄特征外，还要针对游客的消费水平，对高端的游客群体，在公园中开辟一处高尔夫球场也不是不可行。总之，市场化就是要想尽一切办法创造新需求、吸引消费者。

(三)产业的链网化与永续性

产业的链网化。一个有特色有魅力、有规模有市场的产业，如何长久经营下去，这是遗址公园在实现产业启动之后又会面临的重大问题。考虑到遗址公园超常的体量以及公园周边更为开阔的遗址区，在现有产业基础之上，积极打造并不断延伸相关产业链，然后织链成网，是最为现实也最具智慧的选择。比如围绕遗址保护展示这个主线，除了可以安排考古体验、历史事件体验、古迹重建等项目外，还可以策划出影视制作、教育培训等项目，共同形成一条产业链。其中的影视制作，可以去拍像《筑梦2008》《二十四城记》这样的纪录片式的电影，还可以与探索频道合作拍摄大明宫考古的系列电视片，等等；教育培训方面，围绕大明宫文化（历史、建筑等）来组织学术研讨研究，依托遗址考古开展专业教育、历史文化教育和爱国主义教育，开发以唐文化为主的培训项目，比如礼仪、诗歌、器乐、舞蹈、茶艺等。此外，大明宫遗址相关文物、文化商品的设计、制作与销售，也是这条产业链中的重要一环。

产业的永续性。比较乐观地看，公园单靠大明宫遗址这个排他性的特殊资源，也可以维持下去。但如果遗址公园的产业发展能够实现多元化和模式化，它实现永续经营的机会就要大得多。加大对遗址多元化开发的力度。对已经参观过大明宫遗址的人来说，我们需要给他们一个再来一次的理由，这就需要借助科技手段同时依靠考古发现，为遗址公园增加新鲜元素，开辟永续发展的空间。加大对产业模式化研究的力度。产业模式化是为了更大程度地降低成本、扩大规模，对产业向区域外延伸、向异地复制都是有利的基础。此外，遗址公园还需要在旅游、文化、服务等产业的内容和形态上进行不断创新，以获得不竭的发展动力。

(四)产业的竞争力与影响力

更长远地看，大明宫国家遗址公园的建设开发和产业发展，还必须尽早实现企业化的运作，尽快打造自身的市场品牌，以真正形成遗址公园产业发展的核心竞争力和市场影响力。

在现阶段,关于遗址公园产业竞争力、影响力的提升与打造,可以更多地去学习借鉴深圳华侨城集团的成功产业经验和有效发展模式。华侨城模式,大体上分三个层次:首先是企业整体层次,包括企业目标、企业角色和企业战略;第二是企业操作层次,包括融资渠道、产品创新、商业模式和品牌经营;最后是企业的治理层次,包括企业架构、团队建设和企业家素质。华侨城模式中的每一个因素都是一个大题目,需要目前遗址公园管理和建设团队的每位成员引起高度重视,因为这些问题一旦出现,所带来的挑战、引起的改变都将是全局性的。另外,在可预见的未来,大明宫国家遗址公园的发展道路与模式,与华侨城模式以及其他模式肯定有所不同,这也要求遗址公园的管理和建设团队从现在起,就开始积极思考并着力探索遗址公园建设开发的"大明宫模式"。

四、大明宫国家遗址公园的远景前瞻

毫无疑问,大明宫国家遗址公园首先代表了中国和东方的悠久文化。尽管近代以来,中国以及东方文化因为没能在西方文化主导的现代化浪潮中取得优势地位,因而受到不少质疑甚至批评。但如果真正敞开胸襟、放开胸怀,以大尺度的历史视界来观察包括中国文化在内的东、西方文化时,会发现她们并没有优劣、好坏、高低之分,恰恰相反,她们都是独特的、神秘的、精彩的和迷人的。

我们相信,在管理者、建设者和其他各方的共同努力下,具备了明确文化向度和真正产业强度的大明宫国家遗址公园,在未来一定能够成为展示中国文化、体现东方文化的一个重要符号和典型代表。在这个意义上,它还将是一次影响了世界并将继续影响世界文化方向的有力宣示。我们自信,只要大明宫国家遗址公园的建设与开发,在中国、在东方是无与伦比和无可挑剔的,那么她在世界上、在历史上,就一定会是全球精品和存世珍品。

大明宫研究院建设与发展的若干建议[*]

自 2008 年岁末开始接触并参与研究院的工作以来,笔者对大明宫国家遗址公园建设项目的认识逐步深入,在此基础上,笔者对大明宫研究院的建设与发展也日益关心。

2009 年 8 月 15 日至 31 日,笔者受邀赴美国圣塔菲研究所进行为期两周的交流访问,身份是该所"国际学者计划"候选人。期间,副所长 Chris 为笔者举办了专题研讨会,讨论内容涉及中国城市化、西安发展以及大明宫国家遗址公园建设等。令人兴奋的是,与会专家对西安、对遗址公园建设都很有兴趣,笔者在研讨会结束时,也代表研究院向专家们发出了国际合作研究的邀请。更加巧合的是,圣塔菲研究所新任所长 Sabloff 先生(美国国家科学院院士、美国人文与科学学院院士)的专业是考古学,此前他曾担任美国考古学会会长、宾夕法尼亚大学博物馆馆长等职,这意味着研究院和圣塔菲研究所(以及 Sabloff 先生)在考古研究等方面开展国际合作的潜力巨大。可以说,圣塔菲之行进一步延续了笔者对研究院长远建设的认真思考。

促使笔者认真思考研究院未来发展的另一重要原因是中华文化这个大话题。今年上半年,笔者积极承担了《大明宫国家遗址公园的文化向度与产业强度》这一重要课题的研究工作,它带给笔者的基本认知,就是文化因素(包括文化产业)在公园建设中具有决定性的意义。那么,研究院的建设是否也应突出"文化"这个主题?在圣塔菲研究所期间,笔者购买并部分阅读了杜维明博士(美国人文与科学学院院士、海外新儒家的代表人物)的英文论文集,加之此前曾翻阅过的冯友兰博士所著英文版《中国哲学简史》,这些优秀的文化论著持续地催问着笔者:老一辈学人、海外华裔学者皆可以用英文来研究、阐释、创新并传播中国传统文化,那么,研究院要如何应对这种挑战?或者,至少应该搭建一个文化交流的国际化平台。

在圣塔菲研究所的见闻、参与研究院工作的心得以及一种挥之不去的文化自觉,所有这些因素的叠加促使笔者针对研究院的建设与发展提出"国际化定位,'总

---

* 2009 年 9 月 8 日,在结束了美国圣塔菲研究所之行后,由于受到该所办所经验的启发,笔者即向大明宫研究院常务副院长李春阳老师提交了此文。

体部'功能,内建创新场,外搭创富桥"的整体设想及建议。具体作下述说明。

一、研究院的生存使命与发展定位

(一)大明宫研究院的生存使命

大明宫研究院的创建,可以说是因应大明宫国家遗址公园的建设之需。目前,研究院在遗址公园建设中的重要作用已经不可替代。

但笔者认为,整体来看,研究院在遗址公园建设中的作用还不够突出,其角色更像是一个业务工作部门,而非一个地位相对超然的专业研究机构。

笔者的第一个问题:作为一家研究机构,研究院要如何去进一步地作为、发展、壮大,才能和自身所拥有的"大明宫"这个独特"头衔"相匹配?

笔者的答案:必须赋予大明宫研究院一种独特、高尚、大气并能与遗址公园地位相匹配的生存使命,那就是"传承、创新中华文化,汇聚、沟通全球文明"。

(二)大明宫研究院的发展定位

在"传承、创新中华文化,汇聚、沟通全球文明"的生存使命之下,笔者认为大明宫研究院的发展定位应该是,一方面,要积极建设成为国内公认的文化研究重镇(比如传统文化梳理、当代文化重建等方向);一方面,要努力打造成为国际首选的文化交流场所(比如全球文明论坛、文化大师讲座等形式)。总之,长远来看,大明宫研究院要发展成为全球著名的"文化研究与传播的国际化平台"。

二、研究院作为遗址公园建设的"总体设计部"

当前,针对研究院的建设,既要看到因为受资源、人力等方面因素限制,其在遗址公园建设当中所发挥作用还不够突出的事实,但同时更要认清蕴藏在研究院身上的巨大潜力,在集思广益、精心策划、广泛联系、积极协调等条件配合下就可以适时爆发的前景。一句话:事在人为。

这里提出笔者的第二个问题:作为一个研究部门,研究院要如何尽快地去优化、提升自身的功能,才能更好、更有效地来支持遗址公园的整体建设?

笔者的答案:以系统科学与系统工程为指导,以制度安排和组织设计为前提,尽快将研究院的主体功能转变成为"遗址公园建设的'总体设计部'"。

先解释一下什么是"总体设计部"。众所周知,钱学森院士是我国航天事业的奠基人之一、我国系统科学和系统工程学科的创立者之一。正是以对我国航天事业成功经验的总结概括为基础,钱学森等人于 1978 年提出了系统工程的学科命题,其中一个重要内容就是源自航天型号研制的"总体设计部"(其工作任务是根据系统总体目标要求,设计系统总体方案)。简单地说,"总体设计部"就是运用系统工程的实体部门,它也是完成一项系统工程的基本工作方式。

毫无疑问,大明宫国家遗址公园建设项目是一项极其复杂的系统工程,因此,其顺利实施就要有相应的"总体设计部"作为组织及工作保障,而大明宫研究院则是目前众多工作部门中最有可能和最具条件成为遗址公园建设"总体设计部"的部门。因为一方面,研究院主要领导就是整个建设项目的总设计师,另一方面,研究院也联系着大量的专家学者和建设骨干,而他们就是潜在的"总体设计部"组成人员。

根据笔者在研究院工作期间的观察,对大量数据信息、各方观点以及专家意见的充分综合,已经成为研究院所面临的一项重要而紧迫的工作任务,而这也正是"总体设计部"要解决的问题。因此笔者认为,把研究院的主体功能尽快调整为遗址公园建设的"总体设计部",既有科学依据也是现实需要,急需提上议事日程。

还需提及的是,作为遗址公园建设"总体设计部"的研究院,其基本工作职责应是对项目系统的结构、环境与功能进行总体分析、总体设计和总体协调,以求得满意的和最好的系统方案。

三、研究院的内部组织建设

无论近期建设还是长期发展,研究院都需要在现有基础上,进一步增强实力、完善功能、提升水平。而实现这些目标的关键,则是要把以知识创新为导向的知识管理体系引入研究院,使得研究院的内部组织结构能够支撑一个强大知识创新场的形成与维系。针对这个问题,笔者提出三方面的具体建议。

(一)研究院的三项基本建设

1. 信息服务平台建设

此项建设,亦即研究院的门户网站建设。为了服务遗址公园整体建设及外部访问,初步考虑研究院网站的内容分为两个部分:①信息中心,设公园新闻、法律法规、政策文件、发展动态、典型事例等板块;②智慧天地,设政商各界、学人网络、文献选萃、史海拾贝、社区论坛等模块。要特别强调的是,研究院网站建设一定要做到高起点,至少满足知识管理、中英文内容同步更新等要求(目前,大明宫国家遗址公园网站在英文内容的同步更新上需要尽快改善,否则会影响到国外友人或游客的信息获取)。

2. 智力支持网络建设

此项建设,亦可称为研究院内、外部客户关系的管理。一方面,研究院要主动发现、挖掘遗址公园建设内部各工作部门(内部客户)的咨询及研究需求;另一方面,研究院要有效联系、组织研究院内外的智力资源(外部客户),在此基础上,及时匹配供需,从而为遗址公园当前建设及未来发展提供可靠的智力支撑。

3.课题管理体系建设

课题管理是研究院当前及未来的一项重点工作,对此,需要尽快建立起完善的课题管理体系,包括发现研究需求,制订研究规划,组织课题招标,承担课题管理,落实成果应用等。此外,根据研究院的发展实际和需要,可以考虑有选择地申请承担国内外基金类和政策类课题研究,以及区域发展策划与战略类项目研究等。

(二)研究院的三个基本特色

1.遗址公园建设的"信息集散中心"

以信息服务平台建设为基础,使研究院成为遗址公园建设的"信息集散中心",相关延伸工作主要包括国内外法律法规、政策文件、发展动态、典型事例与公园建设进展等的整理、汇编与传播。

2.遗址公园建设的"思想库与智慧库"

以智力支持网络建设和课题管理体系建设为基础,使研究院成为遗址公园建设的"思想库与智慧库",相关延伸工作主要包括:与政府、企业、社会各界的广泛接触与交流,与国内外专家学者的联系、沟通与交流,对国内外研究成果的搜集、整理与发布,对权威观点、专家意见、文献知识的综合集成。

3.遗址公园建设的"创新驱动中心"

"信息集散中心""思想库与智慧库"所提供的知识主要是静态的,因而作用有限。为了调动、利用这些静态知识,同时也为了汇集、利用研究院内外以及遗址公园建设项目内外相关人员头脑中更加鲜活的隐性知识,需要以知识管理中的"吧"文化理念为指导,以遗址公园建设相关问题和议题为对象,以系列的小型主题研讨会为载体,持续实现隐性知识的交互、共享以及创新知识的获取、传播,使研究院真正成为一个"创新驱动中心"。

(三)研究院的六层组织结构

(1)顾问委员会:在现有委员的基础上,进一步从政界以及企业界和文化界吸引、选聘具有影响力的高端人士加入。

(2)学术委员会:在现有委员的基础上,进一步从国内外吸引、选聘高级专家,使委员会的组成更加国际化。

(3)管理机构:周冰、李春阳等。

(4)执行机构:在现有人员基础上,根据发展需要及时补充。

(5)工作机构:进一步增强特约研究员队伍的建设;抓紧规范助理研究员队伍的建设;根据发展需要,提前安排、设计与"总体设计部"功能相匹配的其他工作队伍的建设。

（6）合作机构：中国科学院、中国工程院、中国社会科学院等，牛津考古学会、圣塔菲研究所、TEAM旅游咨询公司等，能提供稳定研究资助的若干知名企业。

四、研究院的外延扩展建设

要实现研究院的历史使命与发展定位，要实现研究院作为遗址公园建设"总体设计部"的主体功能，要实现研究院内部知识创新场的组织建设，需要大量资金和资源的投入。但在目前的情势下，要获得这些投入，研究院就不能只依靠上级的拨款，当然，要求研究院现在就走上完全依靠募款来发展的路子也不现实。

笔者认为，未来一段时期，研究院获取自身充足发展资金和资源的一条可能路径，就是在继续取得上级支持的前提下，逐步摸索出一条"知识创富"的新路，即以研究院的管理、组织、服务、研讨等各类知识活动及其广泛联系的政府、企业、学术、商业等各类社会资源为基础，通过对这些活动和资源的整合包装，策划并创造出"大明宫研究院"这一价值品牌，最终依靠对品牌的经营，来为研究院的发展奠定新的坚实基础。

在这个方面，初步考虑可能开展的工作包括以下几方面：

（1）学会协会建设：发起成立并负责管理大明宫学会等学术团体，发起成立并负责管理西部文化创意产业协会等社会团体。

（2）报刊书籍出版：开办发行《大明宫报》等旅游指南类报纸，编辑出版《大明宫学》《都城》等学术刊物，组织出版《大明宫风云》《唐人往事》《城市特色生存》等系列丛书。

（3）影视策划传播：以唐代人、事为主线，策划电影、电视剧的拍摄；借助影视产品影响，设计、开发、销售衍生商品。

（4）文化活动演出：依托遗址公园、曲江新区、欧亚论坛等平台，举办大型国际文化交流活动，组织高水平的文娱、艺术演出。

（5）遗址公园发展创意及策划：紧密依托遗址公园建设，依靠内部智暴、外部征集等方式，为遗址公园发展提供无限创意；针对遗址公园内产业项目，充分开展国内外资讯综合及市场评估，在此基础上不断推陈出新，为保持遗址公园产业项目的吸引力、竞争力提供支撑。

（6）商业合作网络组建及运营：充分利用研究院内外以及遗址公园建设项目内外的各种机遇和各类资源，尽快物色、联系、洽谈一批商业合作伙伴，初步建立起研究院的商业合作网络；通过该网络为研究院募集发展资金；为该网络中的相关企业提供知识交互及商业咨询。

五、其他建议

建议研究院近期举行的六个专题研讨会(2010 年 10 月至 2010 年 12 月,每隔半月举办一次),包括大明宫研究院发展战略研讨会、大明宫国家遗址公园管理运营研讨会、大明宫国家遗址公园国内外推介研讨会、大明宫遗址区产业发展研讨会、曲江新区文化创意产业发展研讨会、西安城市(唐)文化特色塑造研讨会。

建议研究院未来举办的六大主题国际论坛(2010 年 9 月至 2013 年 3 月,每隔半年举办一次),包括大明宫"考古与文化"国际论坛、大明宫"中华文化发展"国际论坛、大明宫"科学与文化"国际论坛、大明宫"商业、金融与文化"国际论坛、大明宫全球华人精英论坛、大明宫文化旅游国际论坛。

汉长安城遗址周边地区
发展文化商业的初步研究[*]

悠悠长安,汉唐沧桑。

继大明宫国家遗址公园于 2010 年 10 月 1 日盛大开园后,汉长安城遗址保护利用问题的关注度日益提高。早在 2001 年,《汉长安城遗址保护总体规划》的编制工作即已启动;2009 年 1 月 13 日,国家文物局批复并原则同意陕西省文物局呈报的《汉长安城遗址保护规划》;2010 年 7 月 8 日,陕西省政府第十次常务会议审议并原则通过了《汉长安城遗址保护规划》;2010 年 10 月 9 日,国家文物局公布第一批国家考古遗址公园立项名单,汉长安城考古遗址公园名列其中;2012 年 8 月 16 日,西安汉长安城国家大遗址保护特区建设领导小组办公室及管委会挂牌成立,标志着汉长安城遗址保护利用进程的正式启动。

汉长安城遗址保护利用工作的正式启动,既为这一大遗址的系统性保护工程增添新的动力,也为周边区域的经济社会发展带来难得机遇。本文重点关注紧邻汉长安城城址区东南侧的西安大兴新区(下称"大兴新区"),集中探讨该区域如何借势汉长安城遗址保护利用,加快自身文化商业发展相关问题。

大兴新区是西安市委、市政府确定的全市首例成片旧城改造及工业企业搬迁改造区域,是西安市规模化城市更新的示范区域。2007 年至今,伴随大兴新区综合改造工作的正式启动及不断推进,一个以"新汉风"建筑风格为显著地域特色的城市新区已具雏形。大兴新区的命名,源于隋代都城"大兴城",而其"新汉风"建筑风格的确立与塑造,又与新区毗邻汉长安城遗址紧密相关。在这样一个文化底蕴深厚、文化传承多样的区域,如何发展文化商业是一个有趣的话题。

一、区域背景

大兴新区位于西安城区西北隅,主体区域南起大庆路,北至汉长安城遗址,东

---

  * 2012 年年初,受西安大兴新区经发局时任负责人邀请,笔者承担了"西安大兴新区文化产业发展规划"的课题研究任务,后续通过进一步的修改完善,将课题成果以"汉长安城遗址周边地区发展文化商业的初步研究"为题,发表在《西北工业大学学报》(哲学社会科学版)2013 年第 3 期,合作者为杨琳博士、王瑞媛博士,本次全文收入本书。

至明光路—纬二十六街—未央路—红庙坡路—星火路—环城西路北段,西至西二环,连同三民村地区,总规划面积约 17 平方千米。其中,莲湖辖区约 13 平方千米(含三民村地区 3 平方千米),未央辖区约 4 平方千米(含汉城湖景区 1.7 平方千米)。

大兴新区综合改造涉及莲湖、未央两区,相应由西安大兴新区综合改造管理委员会(以下称"大兴新区管委会")、西安大兴新区综合改造未央办公室(以下称"大兴新区未央办")分别实施,其中设在莲湖区的大兴新区管委会为实施主体。大兴新区综合改造采取"市级授权、区级实施、独立运行"的特色模式,既充分吸收西安发展中的开发区经验,也较好聚合了市、区两级政府的职能作用。

二、文化商业与文化产业

产业发展方面,大兴新区最初定位为商贸服务、房地产和五金机电贸易。伴随新区综合改造进程的深入和外部环境的调整变化,其产业定位先后演进为"现代服务、五金机电贸易、商贸、房地产""商贸服务、五金机电贸易、商业地产"等,近期又提出"商务服务业、现代商贸流通业、特色房地产业、文化产业"的新定位。

在作者看来,即便对于大兴新区这样拥有深厚文化底蕴和丰富历史文化资源的区域来说,要快速发展文化产业也并非易事。原因在于,一方面,文化产业的内涵及分类因时而异、因地而殊;另一方面,文化产业的成长发展需要特定的环境和基础,其从无到有的发展阶段一般而言不可逾越。[1]因此,大兴新区在把发展文化产业作为重要目标的同时,不妨先从文化商业做起。这样既能够把区域内商贸服务业各行业做出特色,也能够对区域的文化符号及其表征进行探索和积累。考虑到当前文化产业的研究热度,作者在此也对"十二五"前后出台的涉及文化产业的若干国家层面文件、规划中的产业内容分类进行了初步整理(见表 1)。

表 1　文化产业的内容分类

文件、规划名称及出台时间	对文化产业的内容分类
国家《文化产业振兴规划》[2],2009	文化创意、影视制作、出版发行、印刷复制、广告、演艺娱乐、文化会展、数字内容、动漫
国家《"十二五"规划纲要》[3],2011	文化创意、影视制作、出版发行、印刷复制、演艺娱乐、数字内容、动漫
中共十七届六中全会《决定》[4],2011	出版发行、影视制作、印刷、广告、演艺、娱乐、会展,以及文化创意、数字出版、移动多媒体、动漫游戏
国家《服务业发展"十二五"规划》[5],2012	文化艺术和网络文化、广播影视、新闻出版,以及文化创意、移动多媒体、数字出版、动漫游戏

从表1可以看出，相关文件、规划对文化产业的内容界定并不完全一致，显示出文化产业作为新兴产业的动态发展特征。此外，各省、市对文化产业或文创产业的界定也有不同。比如北京市的文化创意产业，包括文化艺术、新闻出版、广播电影电视、软件和网络及计算机服务、广告会展、艺术品交易、设计服务、旅游休闲娱乐、其他辅助服务共九个行业。[6]陕西省把广播影视、新闻出版、文化旅游、文娱演出、印刷包装、创意动漫、广告会展、民俗文化，作为发展文化产业的八个重点行业。西安市的文化产业发展，则确定了广播影视、新闻出版、创意动漫、广告会展等八个重点行业，等等。

三、资源禀赋

1.区位优势

大兴新区位于大西安的中心地带，是大西安都市区的重要组成部分。新区东靠老城区、西连西咸新区沣东新城、南邻西安高新区、北接西安经开区，区位优势得天独厚，有利于形成文化商业服务的聚集效应和中心地位。

2.历史文化资源优势

大兴新区北接汉长安城遗址，西邻汉礼制建筑群遗址，南处唐长安城遗址，东靠隋唐禁苑遗址，是西安地区汉、隋、唐文化的交汇之地。[7]以汉文化为内涵进行规划建设的发展思路，已经成为新区实施城市综合改造的新亮点；注重文化设计，全方位发掘古都历史文化资源，将成为新区发展文化商业及文化产业的有力支撑。

3.旅游文化资源优势

大兴新区汉城湖景区，全长 6.27 千米，拥有 850 亩（1 亩－666.667 平方米）清水水面和 1 031 亩园林景观；新区内规划有城市景观休闲街区、唐城墙遗址绿带、陇海铁路景观林带等生态长廊，环境优美、景色宜人。新区毗邻总面积 75 平方千米的汉长安城国家大遗址保护特区，拥有汉辟雍、汉太学、汉明堂、汉灵台、酒市、槐市及唐梨园等文化遗址，底蕴深厚，旅游文化资源丰富。

四、总体思路

1.基本原则

坚持文化产业发展与经济社会发展相互促进。文化产业发展是经济社会发展的一部分，必须搞好文化产业与文化事业发展，文化建设与经济建设、社会建设、社会管理的统一协调。文化产业发展要符合国家和地方的经济社会发展总体要求，文化产业要促进经济发展方式转变和社会管理转型，经济和社会发展要保证促进文化产业更好更快发展。

坚持以创意创新引领发展。创意和创新是文化产业发展的灵魂和动力源泉。在文化产业发展中,要大力推进思想观念创新、体制机制创新、科技创新、经营业态创新。[8]高度重视和强力激发各类创意的产生和应用,深度开发文化产业的核心价值。

坚持资源整合和低碳发展。搞好文化资源的系统整合,加强文化产业的区域合作,避免重复建设和资源浪费。在文化产业项目建设中,要注重对文化资源和自然环境的保护,减少能源消耗、污染物排放和不良文化传播,实现文化产业的绿色发展。[9]

2.发展理念

深入挖掘、整合区域文化资源。从秦代及西汉时期的皇家禁苑——上林苑,到王莽新朝的礼制建筑群,再到隋大兴城的兴建、唐长安城的兴盛,直到今天大兴新区的崛起,两千多年的文化积淀和文脉传承,为大兴保留了丰厚的文化遗存、基因与符号,也为把文化资源转化为文化资本、创意资产奠定了坚实基础。

大力扶持、发展特色文化商(产)业。紧密依托新区周边的汉长安城遗址考古公园、大明宫国家遗址公园、明城墙景区,以及新区内的汉城湖景区、城市景观休闲街区、唐城墙遗址绿带、陇海线生态绿廊等旅游资源,大力发展旅游文化及配套服务产业。抓紧建设大兴文体中心、大兴城市景观休闲街区、天朗大兴购物公园等重点项目,积极扶持休闲娱乐文化产业。统筹西安国际商贸基地运营、陕鼓西仪厂区工业遗产保护利用、拓展区及三民村地区综合改造等,适当发展会展、创意、广告、培训等文化产业。

努力塑造、推广区域文化品牌。在西安建设具有历史文化特色的国际化大都市进程中,进一步强化新区"新汉风"城市特色塑造,不断加大新区文化形象与品牌的推广力度,积极营造区域文化产业大发展、文化事业大繁荣的良好氛围。

通过挖掘、整合区域文化资源,扶持、发展特色文化产业,塑造、推广区域文化品牌,让"文化大兴"的理念深入人心,让"文化大兴"的品牌口口相传。

3.功能定位

在遵循上述规划的前提下,进一步理顺新区产业发展规划、土地利用规划和城市空间规划的关系,通过整合功能用地布局,助推产业结构调整,通过加强基础设施和公共配套设施建设,加快构建完善的产业支撑体系。

在确立"文化大兴"总体发展理念的基础上,本着延续历史、传承文化、协调板块的开发原则,实施"差异化、聚集化、品牌化"开发策略,利用5~10年的时间,把大兴新区建设成为"大都会休闲娱乐中心地·新汉风城市文化创意区"。

五、战略构想

1. 发展战略

实施三大发展战略：差异化战略、聚集化战略、品牌化战略。

差异化战略。利用大兴新区的区位优势，深度挖掘、整合、开发大兴新区的历史文化资源和旅游文化资源，把旅游文化服务、休闲娱乐文化服务作为新区文化商（产）业发展的重点和突破口，依托重点项目积极推进旅游休闲、文化娱乐产业发展，突出新区的个性和特色，为实现差异化、跨越式发展创造条件。

聚集化战略。鼓励、引导各类文化企业聚集发展。通过政策扶持，鼓励和引导一批文化创意产业相关企业，以"文化大兴"为平台，加快区域特色文化商（产）业集群建设，大力发展旅游文化、娱乐文化以及会展、创意、广告、培训等文化产业。

品牌化战略。在西安市叫响"新汉风"和"文化大兴"的区域品牌。通过创建、营销新区的"新汉风"品牌，助推新区文化商（产）业的快速、健康发展，增强区域文化商（产）业、企业和形象的可识别度、影响力与辐射力，最终实现"文化大兴"整体品牌的形成与公众认可。

2. 空间布局

大兴新区文化商（产）业的空间布局，整体设计为"两带三区一心一体两基地"。

（1）"两带"：沿二环旅游文化经济带、城市景观休闲街区娱乐文化经济带。

沿二环旅游文化经济带。主要依托汉长安城遗址、汉城湖等文化景区，通过对相关旅游资源的挖掘整合、旅游客源的开发与提升等，在新区范围内西二环、北二环两侧，集中发展旅游文化服务业，实现新区文化旅游的大跨越、大发展。

城市景观休闲街区娱乐文化经济带。以大兴城市景观休闲街区为核心，以街区周边及邻近的文化娱乐项目及设施（包括大兴文体中心、天朗大兴购物公园等）为辐射，整体建设成为一条以汉文化为主题，融生态、景观、休闲、娱乐为一体的娱乐文化经济带。

（2）"三区"：汉城湖休闲旅游区、西安国际商贸基地会展经济区、陕鼓西仪厂区创意经济区。

汉城湖休闲旅游区。以汉城湖为依托，发展周边休闲旅游产业。汉城湖景区开园后，将进一步完善发展规划，在未来3年左右时间里，在汉城湖两岸继续完成多处亭台楼阁、历史文化广场建设，建成为一个集旅游观光、商务居住、休闲购物为一体的综合性休闲旅游区。

西安国际商贸基地会展经济区。以西安国际商贸基地为依托，以专业化、特色化为导向，建立一个同时配备有高星级酒店、甲级写字楼、高档餐饮等多业态协调发展的会展经济区。会展经济区的建立,将通过整合资源、合理分工、专业协作,充分发挥新区内的产业优势,使会展活动走向规模化、专业化、品牌化之路,同时大力开发新的会展资源,拓展新的会展领域,形成新区新的文化产业增长极。

陕鼓西仪厂区创意经济区。新区内陕鼓集团西安仪表厂等企业搬迁后,对其遗留厂区进行科学评估、合理保护和积极利用,通过对西仪办公楼(俗称"飞机楼")、西仪生产厂房等优秀工业遗存的综合改造[10],融入多方文化创意,逐渐发展成为设计公司、画廊、艺术中心、艺术家工作室等各种空间的聚合,形成新型的文化创意经济区。

(3)"一心":大汉文化商业中心。

依托规划中的天朗大兴购物公园,建立大汉文化商业中心。大汉文化商业中心将以文化作为主导,以文促商,利用文化集聚消费群体。在发掘土地价值的同时,发掘区域典藏的历史和文化特色。

(4)"一体":西安大兴文化综合体。

在新区商贸服务业整体布局中,选取核心商贸商务区中的适合地块,集中建设"西安大兴文化综合体"。"西安大兴文化综合体"将依托大兴东路、劳动北路、桃园北路等交通干道的便利条件,积极营造地域文化体验的城市活动空间,通过引入"书城＋影城"的发展模式,聚集人流和商气,通过引入数字出版、版权交易等业态,形成"文化＋科技＋金融"的大文化产业格局。

(5)"两基地":陕西广告创意产业基地、陕西汉文化教育产业基地。

陕西广告创意产业基地。以青门村标牌市场的改造升级为基础,争取在拓展区内尽快形成广告创意产业基地,在有限空间内,汇集设计、咨询、艺术等以创意为主的个人工作室或服务型公司,形成多元文化生态和创意服务产业链的特色区域,形成以"创意"为核心的"轻型经济",建立新区独有的"创意经济"风格与魅力。

陕西汉文化教育产业基地。在三民村地区,以中华汉文化为主题,设立国际汉学论坛、汉学培训中心,打造富有文化底蕴的国际汉文化教育培训产业基地,建立起一个融教育培训、国际会议、商务办公等功能于一体的文化传播交流平台,创建陕西省汉文化教育产业基地。

六、相关建议

为使大兴新区发展文化商业的相关构想能够变为现实,建议新区相关部门尽快实施"现代停车系统"和"新汉风"城市特色塑造两项工程,以便从硬件和软件两方面为产业项目的实施和运转提供支撑、营造氛围。

1.“现代停车系统”工程

建议在新区重要地段,利用较小地块,建立1座以上现代化、标志性的停车场大楼,以及若干处立体停车场,整体实现停车用地的集约节约利用,同时发展停车经济。停车场大楼与其他立体停车场、地下停车库和地上停车场的建设,将共同形成新区“1万个停车位”的现代停车系统,对“大都会休闲娱乐中心地”的产业发展目标形成有力支撑。

2.“新汉风”城市特色塑造工程

建议组建西安大兴新汉风研究院。引入外部专家力量与智力资源,通过整合新区内外的相关研究力量,搭建高层次的决策参谋与学术交流平台,为新区城市建设与经济社会发展提供全方位的研究支撑。建议营造“新汉风”城市文化氛围。通过在道路、广场、绿地、商业街区等区域,设置具有“新汉风”风格与内涵的标志标识、景观建筑、小品雕塑、门头牌匾等,进一步突出“新汉风”主题特色,完整呈现“新汉风”城市风格。

七、结语

2012年底,西安市政府审议通过《西安市莲湖区土门片区综合改造规划》,并同意该区域的综合改造工作按照大兴新区模式进行,大兴新区管委会也相应改组为“西安大兴新区(土门地区)管委会”。在土门地区,既有汉长安城的礼制建筑遗址,也存在相当数量的现代工业遗产,还包括隋唐醴泉遗址、隋月坛遗迹、唐三彩窑址、唐水渠遗址等多处历史文化遗存。在西安土门地区综合改造正式启动后,该区域内的文化商(产)业如何发展,其与大兴新区内的文化商(产)业发展如何协调衔接,两者作为一个整体区域又如何与汉长安城遗址的保护利用相得益彰,将是一个更大的研究课题。

参考文献

[1] 欧阳坚.开启文化产业发展新纪元[J].求是,2009(24):13-16.

[2] 中华人民共和国中央人民政府.文化产业振兴规划[EB/OL].http://www.gov.cn/jrzg/2009-09/26/content_1427394.htm/2013-02-25.

[3] 中华人民共和国中央人民政府.国民经济和社会发展第十二个五年规划纲要[EB/OL].http://www.gov.cn/2011lh/content_1825838.htm/2013-02-25.

[4] 中华人民共和国中央人民政府.中央关于深化文化体制改革若干重大问题

的决定［EB/OL］. http://www. gov. cn/jrzg/2011 － 10/25/content＿1978202. htm/2013 － 02 － 25.

［5］ 中华人民共和国中央人民政府. 服务业发展"十二五"规划［EB/OL］. http://www. gov. cn/ zwgk/2012 － 12/12/content＿2288778. htm /2013 － 02 － 25.

［6］ 张京成,王国华. 北京文化创意产业发展报告（2011）［M］. 北京：社会科学文献出版社,2012.

［7］ 徐卫民. 十三朝［M］. 西安：陕西师范大学出版总社,2011.

［8］ 雷鸣,思雨. 论中国文化产业发展的重大趋势及政策创新方向［J］. 未来与发展,2012(7)：52 － 54.

［9］ 邓安球. 文化产业发展理论研究［D］. 江西财经大学,2009.

［10］ 王西京,陈洋,金鑫. 西安工业建筑遗产保护与再利用研究［M］. 北京：中国建筑工业出版社,2011.

基于比较视角的西安文化产业发展路径*

一、国外文化产业发展及其典型城市

(一)美国及纽约

美国是全球公认的文化产业强国,其文化产品对世界其他国家的社会文化生活产生了广泛影响。美国政府没有设立文化部或类似机构,指导文化产业发展的是自由市场原则:在市场竞争机制下,依靠商业运作,让文化企业通过市场证明自己存在的价值,让最好的文化产品流行于市场,为社会认知和接受,继而影响民众[1]。截止到 2010 年,美国有 1 500 多家日报、8 000 余家周报和小报,1.22 万种杂志、1 965 家电台、1 440 家电视台,好莱坞是世界上最大的电影生产基地,音像行业出口额已超过航天工业的出口额。[2]

美国大城市的文化产业发展极具特色,对城市经济总量的贡献也很大,典型代表首推纽约。纽约是美国最大的城市及商港,是国际级的经济、金融、交通、艺术及传媒中心。2010 年,纽约的 GDP 为 15 268 亿美元,居世界城市第二,人均 GDP 13.88 万美元,居世界城市第一。作为全美"文化之都"的纽约,目前从事文化创意产业工作的就业人口比率达到 8%,纽约文化产业等方面状况见表 1。[3]

表 1　纽约的文化产业发展状况

1. 文化遗产类	国家级博物馆	专业博物馆	美术馆	5 个最受欢迎博物馆或美术馆的游客数	世界遗产	历史名胜
数据	5 座	126 座	721 座	1 540 万人次	1 处	1 482 处
2. 电影与游戏类	电影院	电影屏幕数	影院入场次数	电影节	最受欢迎电影节的出席人数	电子游戏厅
数据	117 个	501 个	N/A	57 个	410 000 人	17 个

*　2013 年上半年,笔者参与了杨琳博士主持的陕西省社科院 2012 年青年课题"西安文化产业发展的路径设计及管理创新"的研究工作,课题成果以"基于比较视角的西安文化产业发展路径研究"为题,发表在《科技信息》2013 年第 19 期,本次全文收入本书。

续 表

3. 表演艺术类	戏 院/剧场	剧目	剧院入场次数	现场音乐表演场地	大 型 音 乐厅	音乐表演/音乐剧
数据	420 个	43 004个	2 810 万人次	277 处	15 座	22 204 个
4. 文化活力与多样性	俱乐部/迪 厅/舞厅	酒吧	餐馆	各种节庆	最受欢迎节庆的出席人数	国际游客数量
数据	584 个	7 224 个	24 149个	309 个	2 500 000 人	8 380 000 人

注:N/A 表示尚无可用数据。

(二)英国及伦敦

20 世纪 80 年代,当世界各国的文化政策强调艺术教化功能和公益性功能时,英国率先转向强调以创造财富为目的的文化政策,并于 90 年代末期提出了文化创意产业的发展方略。[4]1998 年,英国政府发布《英国创意产业路径文件》,在全球率先提出了"创意产业"概念。根据英国"创意产业特别工作小组"的界定,创意产业指那些基于个人的创造性、机能和智慧的产业,即通过知识产权的开发和利用,挖掘潜在财富和创造工作机会的产业。[5]据统计,1996—2010 年,英国文化创意产业产值年均增长率在 6％左右,同期英国经济增长率仅为 2.8％左右,2010 年英国文化创意产业产值超过 2 775 亿美元,出口值超过 164 亿美元。[2]

英国首都伦敦,曾经的世界工厂、金融中心,现已发展为全球的文化中心和创意中心。伦敦是全球三个广告产业中心之一,也是最繁忙的电影制作中心之一,同时又被称为国际设计之都,2011 年还被选为全球时尚之都。据统计,伦敦从事文化创意产业工作的就业人口比率达到 12％,伦敦的文化产业等方面状况见表2。[3]

表 2　伦敦的文化产业发展状况

1. 文化遗产类	国家级博物馆	专业博物馆	美术馆	5 个最受欢迎博物馆或美术馆的游客数	世界遗产	历史名胜
数据	11 座	162 座	857 座	2 530 万人次	4 处	18 901 处

续表

2.电影与游戏类	电影院	电影屏幕数	影院入场次数	电影节	最受欢迎电影节的出席人数	电子游戏厅
数据	108个	566个	4 160万人次	61个	132 000人	44个
3.表演艺术类	戏院/剧场	剧目	剧院入场次数	现场音乐表演场地	大型音乐厅	音乐表演/音乐剧
数据	214个	32 448个	1 420万人次	349个	10座	17 108
4.文化活力与多样性	俱乐部/迪厅/舞厅	酒吧	餐馆	各种节庆活动	最受欢迎节庆的出席人数	国际游客数量
数据	337个	2 143个	37 450个	254	1 500 000人	15 216 000人

(三)日本及东京

1995年,日本确立了在21世纪的"文化立国"方略,2003年又制定了观光立国战略。目前,日本的文化产业在全球范围内居于领先地位,仅次于美国。日本主要依靠市场机制发展文化产业,但政府主导的特点也很明显。为促进文化产业发展,日本不仅在政策上予以鼓励,而且还制定了健全的法律法规。同时,日本地方政府在振兴文化产业方面也做了大量工作,根据当地实际举办各具特色的文化活动。2010年,日本文化产业的规模超过11 070亿美元,约占GDP总量的15%。[2]

在城市方面,最能代表日本文化产业发展水平的是首都东京。东京是日本的文化教育中心,拥有全国80%的出版社、1/3的大学和全国一半以上的大学生。东京不仅是当代亚洲流行文化的传播中心,也是世界流行时尚与设计产业重镇。据统计,东京从事文化创意产业工作的就业人口比率达到11.2%,东京的文化产业等方面状况见表3。[3]

表3　东京的文化产业发展状况

1. 文化遗产类	国家级博物馆	专业博物馆	美术馆	5个最受欢迎博物馆或美术馆的游客数	世界遗产	历史名胜
数据	8座	39座	688座	970万人次	1处	419处
2. 电影与游戏类	电影院	电影院屏幕数	影院入场次数	电影节	最受欢迎电影节的出席人数	电子游戏厅
数据	82个	334个	2 930万人次	35个	121 010人	997个
3. 表演艺术类	戏院/剧场	剧目	剧院入场次数	现场音乐表演场地	大型音乐厅	音乐表演/音乐剧
数据	230个	24 575个	1 200万人次	385个	15座	15 617个
4. 文化活力与多样性	俱乐部/迪厅/舞厅	酒吧	餐馆	各种节庆	最受欢迎节庆的出席人数	国际游客数量
数据	73个	14 184个	150 510个	485个	1 270 000人	5 940 000人

二、中国文化产业发展及其典型城市

(一)概况

2000年10月,《中共中央关于"十五"规划的建议》中提出要"完善文化产业政策,加强文化市场建设和管理,推动有关文化产业发展",正式确认发展"文化产业"。2005年,《关于深化文化体制改革的若干意见》从战略高度明确了"加快文化事业和文化产业发展,是加快社会主义现代化建设的内在要求,是提升我国综合国力的迫切需要"。2009年,国务院通过的《文化产业振兴计划》是中国第一部文化产业专项规划,标志着文化产业已经上升为国家的战略性产业。

依靠政策的鼓励和引导,加上市场的积极响应,近十年来中国文化产业的发展速度较快,在中国经济社会发展中的地位不断提升。据统计,2009年中国文化产业增加值达 8 400 亿元,占同期中国 GDP 的 2.5%。[6]这一年,中国多个省区的文化产业增加值占到了本地 GDP 的 5%以上,其中北京市的文化产业增加值占到本地 GDP 的 12.3%。文化产业的崛起和快速发展是过去十多年来中国文化领域最主要的事件。文化产业的发展对提高中国经济发展品质,优化经济结构发挥了重大作用,同时也提升了中国文化软实力。

(二)典型城市

1.北京

作为中国的政治、经济和文化中心,北京发展文化产业的资源、市场和环境优势十分明显,形成了自身独特的方式和路径。北京市早在 1996 年就提出了"重新认识文化产业的巨大潜力,迅速壮大北京的文化产业,为首都的文化建设与发展奠定坚实的经济基础"。之后又陆续出台相关政策,从市场准入、财政支持、税收优惠、工商管理等方面提供支持。目前北京的文化产业形成了以文艺演出、新闻出版、广播影视、文化会展、古玩艺术品交易等优势行业为主体的产业结构,同时培育了一批龙头企业,打造了一些著名的文化品牌,如相约北京、北京国际音乐节、北京图书节等。

北京市还将民营、中央及部队所属的文化企业资源纳入文化服务和管理体系中,培育有竞争力的品牌企业和企业集团,力图建设全国文艺演出、出版发行和版权贸易、影视节目制作和交易、动漫和网络游戏制作、文化会展、古玩艺术品交易等六大中心。通过北京奥运会,北京把文化产业发展与国际大都市建设联系起来,极大提升了文化产业在繁荣经济和文化建设方面的作用。据统计,2005 年至 2010 年,北京市文化创意产业增加值从 674 亿元增加到 1 697 亿元,占 GDP 的比重从 9.7%提高到 12%。2011 年,北京文化创意产业总收入超过 9 000 亿元,增长 20%以上。[7]

2.上海

20 世纪 90 年代以来,上海市大力发展文化产业,先后组建永乐集团、上影集团、文新联合报业集团、解放日报报业集团、世纪出版集团、文广集团等;投入 200 亿元,建造大剧院、东方明珠电视塔、上海博物馆、上海科技馆、上海图书馆等文化设施;成功举办了多届国际旅游节和国际艺术节等。2003 年,上海文化广播影视管理局在一系列调研基础上,明确提出上海应该从自身的资源、优势和经验出发,重点发展影视、演出、艺术品经营和网络游戏等作为优先发展的文化产业。准确的定位孕育了高效的发展,如今这些文化行业发展迅速、成绩斐然。

2010 年上海博览会的成功举办,为上海文化产业的发展开拓了更广泛的政策、资源和市场空间。近年来,上海文化产业突出的增长点集中在高科技企业,相关的互联网服务、动漫、网游及新媒体等文化服务业已成为具有上海特色的"亮点"产业。据统计,2011年上海市文化产业增加值为1 098.97亿元,比2010年增长11.1%,占上海生产总值的比例为5.73%[8]。

3. 深圳

作为中国最早的经济特区,深圳一度被称为"文化沙漠"。20世纪90年代在"下海潮"的冲击下,国内一批"文化精英"涌向深圳,深圳文化产业市场迅速成长。2003年深圳率先确立"文化立市"战略,2005年提出"把文化产业培植成为第四大支柱产业"。通过制定配套的优惠扶持政策,深圳积极整合文化资源和市场要素,抢先发展文化产业。目前,深圳已与北京、上海一起成为中国三大印刷基地,深圳报业集团是中国规模最大的报业集团之一,以世界之窗、锦绣中华等主题公园为代表的文化旅游吸引着世界各地的游客。此外,深圳还主动融入动漫制作等世界文化产业链条,通过举办深圳文博会汇聚大量资金、项目、技术、人才,有力推动了深圳文化产业的发展。

2008年,深圳编制完成《深圳市文化产业发展规划纲要(2007—2020)》,力图建设成为国内一流、亚洲领先、具有一定国际影响力和辐射力的现代文化产业先锋城市。据统计,2012年深圳市文化创意产业增加值为1 150亿元,同比增长25%,占全市GDP的9%,预计至2015年,全市文化创意产业总产出将超过5 800亿元。[9]

三、西安文化产业发展的路径研究

2002年以来,西安市把发展文化产业作为全市产业结构调整的战略支点,大力实施资本拉动、板块带动、项目推动战略,全市文化产业快速发展。据统计,西安市的文化产业增加值从2004年的46.01亿元增加到2011年的250.7亿元,占GDP比例从2004年的4.2%增加到2011年的6.49%,文化产业已经成为西安市的支柱产业。[10]。但与北京、上海、深圳等一线城市相比,西安市的文化产业在规模、水平、行业影响力以及对人才、资金的吸引等方面,都差距明显,与纽约、伦敦等国际城市相比,更是差距很大。如何从自身优势出发,尽量扬长避短地来快速发展自身的文化产业,是摆在西安面前一个亟待解决的重大问题。

(一)西安发展文化产业的核心资源优势

1. 历史文化资源优势

西安是世界四大历史古都,是全球闻名的历史文化名城,拥有3 100多年的建城史和1 100多年的建都史。周礼秦制、汉风唐韵,早已成为西安独有的文化名片。人们常说的"看100年的中国到上海,看500年的中国到北京,看1 000年的中国到西安",表明了西安历史文化的悠久和厚重,而"北京是政治中心,上海是经济中心,西安是文化中心"等一些坊间观点,也从一个侧面说明了人们对这座千年古城的期许和期待。2009 年 6 月,国务院发布《关天经济区规划》,从国家意志明确了西安"建设国际化大都市"的发展定位,要求西安等地通过"建设国际文化交流平台,打造一批具有世界影响的历史文化旅游品牌"等举措,建成"彰显华夏文明的历史文化基地"。国家对西安的发展定位,无疑与西安自身的资源禀赋高度契合,也从根本上规定了西安发展文化产业的独特路径。

2. 科技与人才资源优势[11]

西安现有普通高等院校 80 多所,在校生 80 余万人,拥有各类科研技术机构3 000 多个,全市每年有近 3 000 项科技成果和发明专利问世。西安科技综合实力居全国第三,拥有许多中国乃至世界一流的科学家,是一座名副其实的知识城、科技城、人才城。西安交通大学、西北工业大学、西安电子科技大学、长安大学、西安美术学院、陕西师范大学、西北大学等高校设立了文化创意产业专业,每年向社会输送 3 000 多名毕业生,为西安文化创意产业发展提供了有力的人才支撑。

3. 地理区位优势

一般认为西安地处中国西部,但从地理重心的角度看,中国的大地原点即位于"大西安"境内的泾阳县永乐镇石际寺村,而通常所说的"北京时间",也来自位于西安临潼的国家授时中心。从这个意义上讲,西安实际上拥有着承启东西、联接南北的独特区位优势,可以成为全国人流、物流、资金流、信息流等市场经济要素的重要集散地。这种区位优势在全国独一无二,值得大力宣传推广。加之目前全国的高铁网络建设、西安咸阳国际机场扩建工程等因素,以及西安自身通信、网络、电力等基础设施建设的完备,都在强化着西安作为全国经济要素集散中心地位的潜在优势。

4. 后发优势

西安目前还是中国欠发达的西部地区的一座区域性中心城市,无论经济总量、人均收入、社会文明程度等,不要说与纽约、伦敦比,就是与国内的一些二线城市比,也是差距明显。但这种发展落差,如果利用得当,也会成为一种后发优势。比如,西安丰厚的历史文化和人文景观资源,如果能够匹配相应的科技、金融和人才条件,就会发展出相当规模和量级的"内容产业"。

(二)西安发展文化产业的路径设计

1. 大力发展文化旅游,建设国际一流旅游目的地

旅游业是西安市的主导产业之一,文化旅游是其主体内容。当前,西安文化旅游业的发展主要存在顶层设计与总体规划不足、综合开发与深度利用不足、管理能

力与服务水平不足等问题。为此,需要围绕建设国际一流旅游目的地的目标定位,加快推动文化旅游业发展的提档升级,坚持规划先行,完善基础设施,打造旅游精品,创新体制机制,加大宣传推介,全面提升文化旅游业的整体水平。

2.强化文化遗址遗产的保护和利用,建设中国"博物馆之城"

西安作为千年古都,文化积淀深厚,文物古迹资源丰富,本身就是一座引人入胜的中国历史与中华文明的"活化石"之城。在现有各类博物馆的基础上,应该更加重视以民俗文化为代表的非物质文化遗产在新建博物馆中的利用问题,同时要在城市更新与改造进程中,注重对老工业区内特定行业废旧资源的有效利用,建设一批专题性的博物馆、展览馆。此外,应继续加大对举办民办博物馆的扶持支持力度,加快形成全市各种所有制并举、门类齐全的博物馆事业发展格局,为在"十二五"末实现全市博物馆总量突破100座奠定坚实基础。

3.探索大遗址保护特区之路,建设中国"大遗址之城"

在西安境内遗存的周丰镐、秦阿房宫、汉长安城、唐大明宫等大遗址区,在中华文明史上具有不可替代的地位和意义。继大明宫国家遗址公园于2010年10月1日盛大开园后,汉长安城遗址保护利用问题的关注度日益提高。2012年8月16日,西安汉长安城国家大遗址保护特区建设领导小组办公室及管委会挂牌成立,标志着汉长安城遗址保护利用进程的正式启动。未来汉长安城国家大遗址保护特区的顺利运营,将为西安"大遗址之城"的建设积累进一步的宝贵经验。

4.加快文化与科技融合,建设中国"内容产业之城"

在西安,要加快文化与科技融合,当前就是要把西安曲江新区和西安高新区分别在文化产业和高新技术产业方面积累的优势,实现全盘梳理、全面对接和全方位合作,走出一条文化产业需求引领高新技术产业发展、高新技术产业进步支撑文化产业壮大的新路子,实现两个开发区的互通、互动、协作、协同,强力支撑西安文化产业中"内容产业"等相关业态的快速、持续发展。

这里举出一例。《富春山居图》本为元代名画,现已分为两段,由台北故宫博物院和浙江省博物馆分别收藏。2011年6月,画的两段在台北实现"合璧",同期凤凰卫视也播出了由台湾美学大家蒋勋对《富春山居图》进行解析的专题节目,引发文化讨论热潮。2013年6月,由刘德华等主演的同名电影也将上映,相信在引起观影热潮的同时,也会引发新一轮的文化讨论。试问:西安碑林博物馆中,有多少名人墨迹和奇世珍宝?!仅"昭陵六骏"背后,就可挖掘出绝不亚于《富春山居图》影响力的人物与事件,相关的影视介绍、剧集拍摄,难道不能成为又一个"富春山居图"? 当然,这还有赖于像蒋勋一样的讲者、像刘德华一样的演者,以及背后的市场和资本运作。

5.构筑人才高地与金融洼地,建设中国西部"文创产业大都会"

上已述及,要实现西安文化资源的激活和整合,必须要有一流的人才和充足的资本作为支撑,否则资源就不会顺利转化为资产进而转化为资本。为此,需要保持开放的心态和胸襟,在全球范围内寻找、吸引进而引进、聚集与西安特色文化资源相匹配的人才、专家、大家和明星,一方面他们能够把"死"的资源活化,另一方面他们也是文创资本竞相追逐的目标。可以说,有了人才,就会有资本和资金。所以,西安在未来必须强化自身的文化产业人才政策,在全球范围内配置、利用人才,同时建设好自身的金融服务环境,为建设中国西部的"文创产业大都会"奠定基础。

(三)西安发展文化产业的若干建议

1.西安发展文化产业的可用思路

实施"文化旅游带动、文化资源转换、文化品牌塑造"三大战略,做好"开放合作、创新引领、产业聚集"三项工作,实现"文化、科技、人才、金融、项目、企业"六位一体。

2.西安发展文化产业的可行措施

主要包括[12-13]:加强立法工作,出台专项政策,加大扶持力度;构建现代文化产业体系,建立健全文化市场体系,扩大居民文化消费;有效整合资源,推进科技创新,发展特色产业,培育新兴业态;打造龙头企业,培育产业集群,塑造文化品牌;加强人才队伍建设,加快投融资体制改革,促进产学研结合,提高文化创意水平等。

参考文献

[1] 方彦富.国内外文化产业管理若干模式探究[J].亚太经济,2009(6):48 – 52.

[2] 亚太总裁协会.全球文化产业发展报告[EB/OL].http://www.ce.cn/culture/gd/201202/06/t20120206_23048110.shtml.

[3] Mayor of London. World Cities Culture Report 2012[EB/OL]. http://www.london.gov.uk/priorities/arts － culture/publications/world － cities－culture－report－2012.

[4] 江凌.中外文化产业政策基本特征比较[J].福建论坛:人文社会科学版,2010(12):125 – 132.

[5] 李庆本,吴慧勇.中华文化传播对象国的文化产业政策研究报告[J].中国文化研究,2010(3):195 – 201.

[6] 王伟光.推动文化大发展大繁荣 提升我国文化软实力[N].中国社会科学

报,2011－3－8(6).

[7] 王坤宁. 2012 北京文化创意产业增加值预计突破 2000 亿元［EB/OL］. http://www.ccitimes.com/yejie/caijing/2012－06－18/6722667226.html.

[8] 上海市文化事业管理处,上海文化研究中心. 2012 上海文化产业发展报告［EB/OL］. http://www.52design.com/html/201301/design20131892801.shtml.

[9] 刘勇. 2012 年深圳文化创意产业占全市 GDP9％［EB/OL］. http://news.xinhua08.com/a/20130226/1128240.shtml.

[10] 西安市委政研室. 如何推动西安文化产业跨越式发展［EB/OL］. http://www.xasw.gov.cn/xscdlm/zys_zcyj/201208/t20120815_182244.htm.

[11] 马鸿斌. 契合与共赢:西安文化与科技融合的战略思考［M］//任宗哲,石英,王长寿. 陕西文化发展报告(2013 版). 北京:社会科学文献出版社,2013.

[12] 王宏武. 推动西安文化产业跨越式发展的对策建议［EB/OL］. http://theory.people.com.cn/GB/40537/17802378.html.

[13] 西安市社科院课题组. 西安文化及文化产业发展战略研究［EB/OL］. http://www.xass.gov.cn/SitePage.aspx? ID＝289&Url＝browser.html&VID＝711.

西安市人才工作机制创新研究*

按照市委人才工作领导小组的要求与部署,市人事局相关部门紧密配合、协同实施,及时组织力量成立了西安市人才工作机制创新研究课题组。课题组严格按照上级提出的工作方法、工作进度开展课题研究,在 40 多天的时间里,对我市人才培养、评价、选拔、流动、激励、保障共 6 个方面的机制创新问题进行了较为系统和全面的分析与探讨。课题研究主要有下述成果与结论。

一、西安市人才工作的综合分析

(1)显著成绩:人才强市战略得到贯彻实施,人才队伍建设取得明显成效,人才工作体制建立健全,人才工作体系逐步完善。

(2)突出问题:人才结构不合理,高层次人才缺乏,人才创新能力不高,人才投入水平偏低。

(3)比较差距:根据国内权威研究,西安市在全国 15 个副省级城市的人才整体竞争力排名中,已经连续两年(2006,2007)位居倒数第一。

(4)面临的新形势:创新能力决定竞争优势的新环境,对人才工作提出新方向;"人文西安、活力西安、和谐西安"的新目标,对人才工作提出新要求。

二、人才工作机制发展趋势分析

(1)国际趋势分析:对英国、德国、美国、加拿大、澳大利亚、新西兰、日本等发达国家人力资源开发与管理的特点给出概要分析,对纽约、伦敦、巴黎、东京等全球城市人才管理机制的特征进行扼要总结。

(2)国内趋势分析:对北京市人才工作机制创新概况及其发展金融、文化创意产业相关政策,上海市人才工作机制创新概况,以及重庆发展创意产业相关政策等进行介绍。

---

* 2009 年年初,受西安市原人事局政策法规处时任负责人邀请,笔者具体组织实施了该处承担的西安市人才工作机制创新研究课题任务,合作者包括赵生龙、李文娟、樊晓霞、胡永欣等,完成的课题报告约2.2万余字。限于篇幅,本文主要提供了由笔者拟定的课题报告摘要,并将课题报告第一、二部分的总论,第三部分全文以及第四部分中"西安市人才工作机制创新的战略框架"等能够体现"总体设计"思想的相关内容作为附件。

（3）在国际、国内趋势分析基础上，提出西安市人才工作机制的创新需求：武装新的理论，焕发新的面貌，树立新的理念，制定新的目标。

三、西安市人才工作机制创新的总体思路

（1）人才培养：树立"科学发展，以人为本；人才培养，以用为本；人才使用，以智为本"的工作理念；营造建设学习型组织、学习型社会、学习型西安的环境氛围；建立符合人才寿命周期的科学、完善的人才培养体系；建立与"人才资源优先开发"相适应的人才投入优先保证机制；把"明确三个导向、补足两块短板、加强一个环节"作为当前一个时期人才培养工作的重点与抓手；集思广益、群策群力，想尽一切办法、创造一切条件，为我市各类人才的积极涌现和充分聚集提供事业舞台和发展平台。

（2）人才评价：树立与科学发展观、科学人才观、社会主义市场经济理论、现代人力资源管理理论相适应的人才评价理念；党政人才的评价，重在群众认可；企业经营管理人才的评价，重在市场和出资人认可；专业技术人才的评价，重在社会和业内认可；注重对人才评价结果的及时公示与合理利用。

（3）人才选拔：树立"真正选人才，选真正人才，制度选人才"的工作理念；党政人才的选拔，重在全面考核、综合评定；企业经营管理人才的选拔，重在"经理人本位"的回归；专业技术人才的选拔，重在向青年人和一线人员倾斜；注重对人才选拔结果的及时公示。

（4）人才流动机制创新总体思路：树立"人才社会共享，流动出生产力，流动出大效益"的工作理念；打破有形、无形的人才流动障碍；建立全面、顺畅、便捷的人才流动通道；完善社会保障制度与体系，使人才流动没有后顾之忧；进一步推进人才智力的柔性流动和区域流动。

（5）人才激励：树立"物质、价值、精神三位一体协同激励，实现人才全面发展、多元发展"的工作理念；提供充足的物质激励，满足人才体面生存的生活需要；提供多样的价值激励，满足人才持续发展的事业需要；提供排他的精神激励，满足人才实现理想的追求需要；为各类人才提供专门的配套激励体系。

（6）人才保障：建立健全人才法律法规体系与配套政策体系，为我市各类人才提供稳定、有竞争力的制度平台保障；进一步完善政府公共服务体系建设，加快构建人才工作信息平台，为我市各类人才提供高效、可靠的服务平台保障；积极营造尊重人才、爱护人才的舆论氛围与温馨环境，为我市各类人才提供愉快、舒心的人文社会环境；推动"国家卫生城市""全国文明城市"等创建活动的深入持续开展，为我市各类人才提供优美、宜居的自然生态环境。

四、西安市人才工作机制创新的战略与任务

(1)西安市人才工作机制创新的战略框架：树立新理念，建立新格局，形成新结构，实现新效益。

(2)西安市人才工作机制创新的目标任务：提出人才培养、评价、选拔、流动、激励、保障6个方面工作机制创新的18项目标任务。

(3)西安市人才工作机制创新的三大项目：建立科学客观的人才评价体系，健全健康有序的人才配置体系，完善高效合理的人才保障体系。

五、西安市人才工作机制创新的政策与保障

(1)西安市人才工作机制创新的政策措施：提出人才培养、评价、选拔、流动、激励、保障6个方面工作机制创新的20条政策措施。

(2)西安市人才工作机制创新的六大工程、"人才培养与教育创新西安国际论坛"工程、"政府绩效居民评议"工程、"媒体监督党政人才公选"工程、"城市人才下乡支农"工程、"大明宫国家遗址公园文化创意人才激励示范"工程、"关中城市群网上人才市场"工程。

(3)西安市人才工作机制创新的保障措施：加强组织领导，加强理论研究；完善市场体系，扩大国际交流；增加投入力度，落实监督机制。

课题组认为，伴随课题研究所提战略、政策、建议与若干项目及工程的逐步落实与持续建设，未来一个时期我市的人事人才工作将步入跨越式发展的快车道，进而为全市的经济社会发展提供有力支撑和有效保障。

附：《西安市人才工作机制创新研究》课题报告内容摘录

一、西安市人才工作的综合分析

从系统观点看，分析研究我市人才工作机制的创新，不能就机制论机制，而是要从我市人事人才工作全局的角度和高度来对待人才工作机制创新这一重要问题。我们认为，立足全局来看局部，才不会做出肤浅的分析，才能开展有意义的研究。为此，我们首先对"十五"以来西安市的人才工作进行了一个全景式的综合分析，主要内容包括西安市人才工作的成绩与问题、西安市人才工作的比较差距以及西安市人才工作面临的新形势。

二、人才工作机制发展趋势分析

人才工作是一项复杂的系统工程,无论一个国家还是一座城市的经济社会发展,都与其人才工作的绩效密切相关。实践证明,人才理念先进、人才管理科学、人才机制健全的区域,一定是经济发达、社会文明、文化繁荣的区域,反之亦然。作为我国西部地区的中心城市,西安市既要清醒地看到自身人事工作的有利基础和潜在优势,更要认真地对待与其他发达地区中心城市相比存在的明显不足和薄弱之处。为全面制定今后一个时期我市人才工作机制创新战略,还需要进一步对国际、国内的人才工作机制发展趋势进行全面把握和深刻认识。

三、西安市人才工作机制创新的总体思路

(一)人才培养机制创新总体思路

1.树立"科学发展,以人为本;人才培养,以用为本;人才使用,以智为本"的工作理念

当前,我国自然资源、环境资源和低成本体力劳动资源的比较优势正在逐步减弱,而相对低成本的依附于各类人才的智力劳动资源正在成为最具潜力的发展资源优势。为此,必须以"人才是科学发展的第一资源"为指导,坚定不移地落实人才强市战略,牢固树立人才培养优先的工作理念。要在我市经济社会发展的战略全局中,进一步形成人才优先发展的规划格局,以人才优先发展引领并带动我市的科学发展。要最大限度地发挥人才在我市经济社会发展中的积极作用,依靠人才增强我市的竞争优势,提升我市科学发展的核心竞争力。

2.营造建设学习型组织、学习型社会、学习型西安的环境氛围

知识经济时代,人力资源和能力建设在城市经济社会发展中的战略性地位日益突出。学习者智、学习者能、学习者强、学习者发展,已成为不争的事实。要在政府机关、事业单位、企业组织、高校院所、社会团体等我市各级各类组织中广泛开展建设学习型组织的推广活动,要面向我市广大市民开展"实践终身学习,实现全面发展"的宣传活动,为每一个组织和每一个市民的学习提高、发展成功创造条件、营造氛围。在此基础上,通过连点成线、织线成网有序构建学习型社会,再辅以必要的软硬件配套设施积极推进学习型西安的建设,最终为每一个在西安工作、生活和居住的人的全面发展提供优良的环境。

3.建立符合人才寿命周期的科学、完善的人才培养体系

对于还未进入职业生涯的潜在人才群体,要进一步健全面向市场、服务社会、动态响应的学历教育、职业教育和专业培训相结合的人才培养体系。对于刚刚进

入职业生涯的初始人才群体,要强调"在干中学,在学中干"的积极作用,突出"使用就是培养"的工作标准,依靠实际工作来盘活人才、吸引人才、培养人才,同时实现用足、用活、用好人才。对于进入职业生涯时间较长的成熟人才群体,要继续提供培养和上升的途径与通道,比如灵活采用挂职、交流、轮岗等培养方式,以及提倡鼓励在岗人才攻读 MPA,MBA 等专业学位继续深造等。

4.建立与"人才资源优先开发"相适应的人才投入优先保证机制

按照人才资源优先开发、人才结构优先调整、人才资本优先积累的发展要求,必须尽快建立人才投入优先保证的政府预算机制与投入体系。

5.把"明确三个导向、补足两块短板、加强一个环节"作为当前一个时期人才培养工作的重点与抓手

看到人才培养工作的大方向,把培养高层次人才、培养创新创业型人才和培养年轻人才作为我市人才培养工作的明确导向。认清人才培养工作的大不足,加快培养高技能人才和农村人才,尽快补足我市人才队伍中的这两块"短板"。把握人才培养工作的大趋势,大力加强创新创业教育这一目前最为薄弱的人才培养环节。

6.集思广益、群策群力,想尽一切办法、创造一切条件,为我市各类人才的积极涌现和充分聚集提供事业舞台和发展平台

培养人才是为了使用人才,使用人才就要有人才发挥才干、贡献才智的舞台和平台。为此,要进一步做好大中专毕业生的就业指导工作,进一步做好农民工进城务工的组织服务工作,进一步做好全民创业的配套环境建设工作。

(二)人才评价机制创新总体思路

1.树立与科学发展观、科学人才观、社会主义市场经济理论、现代人力资源管理理论相适应的人才评价理念

科学发展观要求我们树立"人才资源是第一发展资源"的理念,科学人才观要求我们树立"人人都可以成才"的理念。社会主义市场经济理论和现代人力资源管理理论进一步要求我们,要把品德、知识、能力,尤其是业绩,作为衡量和评价人才的主要标准,做到人才评价的不唯学历、不唯职称、不唯资历和不唯身份。

2.党政人才的评价重在群众认可

加快改革党政干部与公务员的考核方式,主动改变当前党政人才评价中群众参与少、声音小的被动局面。要为充分引入群众因素、发挥群众主导作用广开门路、创造条件,使党政干部与公务员在对党和政府负责的同时,也对全体市民和服务对象负起责任。

3.企业经营管理人才的评价重在市场和出资人认可

加快改革企业经营管理人才的考核方式,尽快扭转当前企业经营管理人才评

价由主管部门主导的不利局面。要让社会责任、企业效益、员工福利成为最核心、最重要的考核指标,真正实现员工安居乐业、资本保值增值、企业永续经营的和谐局面。

4.专业技术人才的评价重在社会和业内认可

加快改革专业技术人才的考核方式,逐步消除当前专业技术人才评价中行政力量过大等突出弊端。要不断强化社会评价和同行评价,逐步弱化行政评价,要打破年龄限制,使专业技术人才评价真正向生产和科研一线人员倾斜。主动探索行政评价与社会评价、同行评价相结合、相配合、相制约的方式方法,试点实施"双盲"评价、异地评价等措施。打破专家终身制,针对专家评价建立一套科学、合理的动态考核评价体系,使专家队伍真正服务于我市的经济社会发展。加快改变由于历史原因形成的一人拥有多类职称、一人占有多个岗位等不合理现状,加快形成一人一类职称、一人一个岗位的健康氛围。

5.注重对人才评价结果的及时公示与合理利用

在开展人才评价工作过程中,对人才的评价结果要及时予以公示,一方面取信于公众,一方面也有利于形成对评价过程和公正性的公众监督。在此基础上,还要对人才评价结果加以合理利用,使人才评价真正成为选拔、使用人才的科学依据。

(三)人才选拔机制创新总体思路

1.树立"真正选人才,选真正人才,制度选人才"的工作理念

尽快扭转"少数人选少数人"的旧有选拔机制,积极构建以"开放、公开、透明、责任"为基本原则的现代选拔机制,为广大人才的脱颖而出提供制度保障。

2.党政人才的选拔,重在全面考核、综合评定

在党政干部和公务员的选拔上,要进一步拓宽用人视野,全面推行竞争上岗,注重增强考核体系建立的科学性、选拔程序设计的合理性和选拔过程展示的透明性,摆脱"票决制"的局限性。

3.企业经营管理人才的选拔,重在"经理人本位"的回归

在企业经营管理人才的选拔上,要尽快实现选拔性质从"官本位"到"经理人本位"的理性回归,选拔方式从"委任制"到"聘任制"的科学转变。突出把社会责任、经济效益和员工福利作为选拔的考核重点,为我市的经济社会发展建设一支名副其实的职业经理人队伍,为我市企业家队伍的发展壮大提供土壤。

4.专业技术人才的选拔,重在向青年人和一线人员倾斜

在专业技术人才的选拔上,要尊重人才规律,通过打破旧有职称评价体系中的年龄门槛等不合理限制,实现专业技术人才的选拔向青年人倾斜、向生产和科研的一线人员倾斜。尽快改变我市以"农林医"为主的专家队伍结构,通过自主推荐、同

行评荐、社会评选等方式,不拘一格地建立起与我市产业格局相匹配的进一步年轻化的专家队伍结构。积极探索与社会评价、同行评价、"双盲"评价、异地评价等相适应的可操作性强的人才选拔办法。

5.注重对人才选拔结果的及时公示

在人才选拔工作中,对选拔结果要及时进行公示,一方面加大选拔工作的透明度,一方面可以进一步听取公众的反映和意见,有利于形成公众对选拔过程和公正性的有效监督。

(四)人才流动机制创新总体思路

1.树立"人才社会共享,流动出生产力,流动出大效益"的工作理念

尽快抛弃传统人事人才管理工作中"人员为单位所有""人才为单位私有"等旧有观念,充分认识人才流动对于我市经济社会发展实现整体效益最大化的积极作用和正面效用。

2.打破有形、无形的人才流动障碍

打破户籍、档案、职称以及观念、舆论等各种有形、无形障碍,为人才流动创造优良环境。

3.建立全面、顺畅、便捷的人才流动通道

在城乡之间、公共部门与市场组织之间建立起完善的人才流动渠道体系,在政府机关、事业单位、国有企业、高等院校等社会公共部门之间建立合理、有序、健康的人才流动机制。

4.完善社会保障制度与体系,使人才流动没有后顾之忧

进一步统筹城乡,建立健全城乡一体的社会保障制度与管理体系,为人才的顺畅、高效流动,提供最为基础和重要的平台支持。

5.进一步推进人才智力的柔性流动和区域流动

认清目标、提高认识,不求"所有",但求"所用",制定措施,创造条件,推动人才尤其是人才智力的柔性流动和区域流动。

(五)人才激励机制创新总体思路

1.树立"物质、价值、精神三位一体协同激励,实现人才全面发展、多元发展"的工作理念

通过建设物质激励、价值激励、精神激励各归其位、相互配合、共同作用的人才激励体系,为我市人才的全面发展和多元化发展提供充足的动力保障。

2.提供充足的物质激励,满足人才体面生存的生活需要

进一步加快工资制度改革和社会保障制度改革,为人才提供与其市场价值相称的物质待遇,满足其体面生存的生活需要。

3.提供多样的价值激励,满足人才持续发展的事业需要

高度重视人才干事业、创事业的内在价值需求,为人才提供、创造发挥才干、创造价值的舞台和平台。

4.提供排他的精神激励,满足人才实现理想的追求需要

对于已有足够物质激励和充分价值激励的高级人才,要想其所想,通过提供具有排他性的精神激励措施,比如评选"西安市优秀人才/市民""西安市杰出人才/市民"等,满足他们实现个人理想与社会理想的追求需要。

5.为各类人才提供专门的配套激励体系

党政人才的激励。在完善公务员法律法规体系基础上,建立实施公务员分层分类考核评价制度和薪酬管理模式,发挥"双梯制"在党政人才激励中的作用。

经营管理人才的激励。强化与业绩和贡献相挂钩的激励措施并给予法律规范,解决经管人才在人才配置相对行政化与激励保障市场化期望之间的矛盾。

专业技术人才的激励。建立分层分类的人才激励体系;拓展职业发展道路,畅通人才引进渠道;完善成果转化平台,健全产权保护机制;优化人才交流平台,实现人员有序流动。

创新型人才的激励。在实施知识产权、股权激励等财务型激励保障措施的同时,强化领导能力开发,真正关注和认可创新型人才价值的实现。

高技能人才的激励。探索市场化、集约化、产业化的职业教育培训道路,建立高活力、全方位、多层次的动态结构,打通技能人才的职业发展路径。

(六)人才保障机制创新总体思路

1.建立健全人才法律法规体系与配套政策体系,为我市各类人才提供稳定、有竞争力的制度平台保障

人才之争,从根本上讲是制度之争。要在完善人才保障相关法律体系的基础上,建立起人才保障的长效机制,建立人才考核、晋升、奖励、惩戒和权利保障制度。

2.进一步完善政府公共服务体系建设,加快构建人才工作信息平台,为我市各类人才提供高效、可靠的服务平台保障

要适应经济社会发展的需要,加快职能转变,拓宽服务领域,为各类人才创新创业营造良好的服务环境。要把工作重点转移到人才资源开发服务上来,为非公有制经济和农村经济提供全方位的人才服务。要积极转变工作作风,开展人才工作进社区、进农村、进企业、进项目。哪里有企业、有项目、有需求,人才工作就服务到哪里。创新服务方式,为企业、为项目、为人才提供跟踪服务、上门服务和订单服务。

3.积极营造尊重人才、爱护人才的舆论氛围与温馨环境,为我市各类人才提供

愉快、舒心的人文社会环境

社会范围内的人才环境对于人才保障至关重要。要在树立"人才资源是第一资源"理念的基础上，发挥政府的舆论导向作用，提高和尊重人才的社会地位，为他们提供愉快的社会环境。

4. 推动"国家卫生城市""全国文明城市"等创建活动的深入持续开展，为我市各类人才提供优美、宜居的自然生态环境

现代社会中，生态环境是城市文化品位的重要符号。新鲜的空气、洁净的水和安全的食物，这些因素已经成为人们选择居住环境的重要因素。当社会环境和政策措施差别不大时，人居环境无疑会成为人才关注的重要指标。为此，我市应加快创建国家园林城市的步伐，这样不仅可以改善城市生态环境、维护城市生态安全，对于促进城市生态文明建设、提高市民生活质量、提升城市形象、文化品位和综合竞争力，也具有不可替代的重要作用。

四、西安市人才工作机制创新的战略与任务

(一)西安市人才工作机制创新的战略框架

1. 树立新理念

科学发展观、科学人才观就其本质而言，都是一种系统的科学理论，所以人才工作机制创新的首要任务，就是以系统科学理论为指导，树立起全面和全新的人才机制创新理念。

针对人才培养机制创新，要树立"科学发展，以人为本；人才培养，以用为本；人才使用，以智为本"的工作理念。针对人才评价机制创新，要树立与科学发展观、科学人才观、社会主义市场经济理论、现代人力资源管理理论相适应的工作理念。针对人才选拔机制创新，要树立"真正选人才，选真正人才，制度选人才"的工作理念。针对人才选拔机制创新，要树立"人才社会共享，流动出生产力，流动出大效益"的工作理念。针对人才激励机制创新，要树立"物质、价值、精神三位一体协同激励"的工作理念。针对人才保障机制创新，要树立"制度平台、服务平台、人文环境、自然环境四位一体共同保障"的工作理念。

2. 建立新格局

考虑到未来我市要形成"大人才"的工作格局，即以西安地区整体人才资源作为服务对象，因此人才工作机制创新的格局也要进行相应调整，完成从传统人事管理机制向现代人才服务机制的转换。

要突破行政隶属关系局限，摸清中央和省属单位人才资源总量及分布状况，把西安地理空间内的所有人才纳入服务范围。要按照省委、省政府支持西安发展的

第 11 条意见精神,建立能够反映西安经济社会发展特点的人才资源统计方法,建立持续的人才资源年度调查统计制度及动态的人才资源数据库,为全市重大决策和对外开放提供可靠数据。

3.形成新结构

在建立新格局的同时,还要形成人才服务机制的新面向、新结构,即以西安经济社会发展的全方位需要为面向,完成从传统人事管理机制向包括非公有经济单位在内的全面人才服务机制的转换。

要支持西安实现率先发展,就必须造就数以百万计的人才大军。大力发展非公有制经济是我市的一项重大战略决策,非公有制经济单位的人才开发与服务应该成为人才工作机制创新的重要内容。为此,需要尽快摸清西安地区非公有制经济单位人才资源的实际情况和未来需求。

4.实现新效益

解决了理念、格局与结构问题,还需要进一步关注人才工作机制创新带来的新的效益能否实现,即人才资源数量上的"大",如何转变为竞争力上的"强"和经济社会效益上的"高"。

要吸引更多优秀人才向西安聚集,使西安作为人才资源大市的地位得到进一步提升。要探索人才资源推动经济发展的有效途径与方法,使西安真正成为依靠人力资本推动经济发展的典型城市。要追求经济效益与社会效益并重,使人才在成为支持西安科学发展重要推动力的同时,自身也能实现全面发展。

西安市"十二五"人力资源和社会保障事业发展规划思路[*]

　　"十二五"时期是国家西部大开发第二个十年的开局时期,是全省贯彻落实《关中—天水经济区发展规划》的奠基时期,也是我市大力推进国际化大都市建设的起步时期。在这一时期,进一步稳定和扩大就业,完善社会保障体系,发挥各类人才对经济社会发展的支撑引领作用具有重大意义。

一、"十一五"期间的主要成就及基本经验（略）

二、"十二五"时期面临的形势

　　"十二五"时期,由于外部环境的变化和自身发展目标的提升,人力资源和社会保障工作既迎来千载难逢的历史机遇,也面临前所未有的严峻挑战。

（一）机遇

1. 新一轮西部大开发提供了新的政策环境

　　2010年6月,《中共中央、国务院关于深入实施西部大开发战略的若干意见》(中发〔2010〕11号)下发,文件中明确指出,深入实施西部大开发战略,要"以增强自我发展能力为主线,以改善民生为核心,以科技进步和人才开发为支撑";2010年7月,中共中央、国务院召开的西部大开发工作会议指出,要把保障和改善民生作为西部大开发的首要目标,加大政策支持力度,加快社会建设,建立覆盖城乡居民的公共服务体系,优先发展教育事业,实施扩大就业的发展战略,完善覆盖城乡居民的社会保障体系。可以预见,未来五年,国家对西部地区的扶持力度将进一步加大,人力资源开发和改善民生会成为投入重点。西安应牢牢把握这一重大机遇,继续用好用活国家各种倾斜政策,坚定不移地走人才强市之路,把人力资源和社会保障工作推向一个发展的新阶段。

---

　　* 2010年4月起,受西安市人社局规划发展处委托,笔者承担实施了《西安市"十二五"人才资源和社会保障发展规划》课题研究任务,课题组主要成员包括赵生龙、李文娟、樊晓霞等,最终完成了《西安市"十二五"人力资源和社会保障事业发展规划》(2011—2015年)(送审稿)。限于篇幅,本文主要提供了由笔者起草的课题报告第二、三部分全文和第四部分中"发展愿景"的内容,并将体现课题结构内容设计的目录作为附件。

2.新一轮人才开发热潮推动人才发展步入快车道

继 2003 年第一次全国人才工作会议召开后,2010 年 4 月,中共中央、国务院发布了首个《国家中长期人才发展规划纲要》(2010—2020 年),5 月,第二次全国人才工作会议在北京召开,指明了我国今后一段时间人才发展的方向、重点、原则和措施,标志着我国人才工作进入到了提速期,表明党和国家对人才工作的重视程度越来越高,对人才工作的支持力度将越来越大。西安要抓住这一宝贵机会,把人才发展放在更加优先的位置,加快人才资源向人才资本转化,把人才优势发展为西安的第一优势,促进人力资源和社会保障工作迈上新水平。

3.国际化大都市建设使人保工作获得更大的发展空间

2009 年 6 月,国家正式发布了《关中—天水经济区发展规划》,标志着以西安为中心的关中—天水经济区,跃升为国家发展战略的重要组成部分,使西安发展的层次转入提升期。《规划》将西安定位为国际化大都市,对于打造"一高地、四基地"肩负重要责任,人力资源和社会保障工作承担重大的支撑、引领和保障作用。西安必须创新理念,认真谋划,不断扩大西安人力资源优势的辐射半径,充分发挥带动大关中、引领大西北的动力源作用,使人力资源和社会保障工作提升到一个新境界。

4.城市价值兑现期将为改善民生提供充足的物质条件

"十二五"期间,国家将致力于解决发展中的深层次问题,民生工作会受到空前关注,陕西省也将进入社会民生改善的突破时期。对于西安而言,"十二五"期间,将迎来城市价值的兑现期,城市前期投资积累将释放能量,经济社会快速发展,人均 GDP 预期突破 10 000 美元,公共财力明显增强,有能力在保障和改善民生方面下更大的决心,用更多的力量,办更多的实事,让群众更好地分享发展成果,使人民生活水平迈上一个新台阶。

(二)挑战

1.转变经济发展方式对科学发展提出迫切要求

后金融危机时期,发展方式转变已经成为决定西安经济能否可持续发展的根本性问题。目前,西安的发展方式仍然比较粗放,主要依靠增加要素投入量来实现经济增长。转变经济发展方式,就要走资源消耗少、环境污染小、科技贡献率高和人力资源充分发挥的新型工业化道路。因此,转变西安经济发展方式的关键在于大幅度提高科技进步对经济增长的贡献率,核心是提高人才资源的利用效率,促进经济增长由依靠资金和物质要素投入向依靠科技进步和人力资本带动的战略性转变。在西安经济社会双重转型的关键时期,如何增强人力资源和社会保障工作对发展方式转变的呼应和支撑能力,是人力资源和社会保障工作面临的重大考验。

2.建设国际化大都市对加快发展提出崭新课题

按照国际化大都市发展的目标,预计到2015年,全市总人口将达到950万人,西安发展的参照系将从十五个副省级市推升到北京和上海等一线城市。与之相比,我市在社会发展、经济总量、产业结构、经济外向度等方面还存在较大差距。如何建设区域性、专业性国际化大都市对我市而言还是一个需要破解的课题,如何发展与之相匹配的人力资源和社会保障体系,更好地服务全市中心工作,则是我们人社系统需要研究的崭新课题。破解这一课题的关键是创新发展思路,其必然选择是加快跨越式发展的步伐。

3.薄弱环节依然突出对统筹发展带来更大难度

我市经济社会发展不但相对滞后,而且发展很不平衡,结构性矛盾比较突出,突破薄弱环节的瓶颈制约是未来五年工作的难点所在。一是统筹城乡发展任务繁重。目前,西安城乡差距依然较大,人力资源和社会保障工作严重滞后于城市发展,农村公共服务事业、社会化服务体系建设仍然比较薄弱。二是统筹经济社会发展任务繁重。总体而言,相比于经济发展,西安市社会事业发展相对滞后,与建设国际化大都市还有很大的差距。三是统筹区域发展任务繁重。板块推动是我市经济社会发展的一大特色,新区带动战略是我市城市发展的成功经验。但是板块经济发展不平衡依然存在,谋求协调发展的人力资源和社会保障工作格局依然有较大难度。

4.社会矛盾多发期使和谐发展面临巨大压力

"十二五"期间,随着我市改革进一步深化,各种深层次的社会问题将进一步凸显,就业的总量和结构性矛盾更加突出,完善社会保障体系的任务异常艰巨,人才优势的作用亟待发挥,人民群众对保护自身权益和维护社会公平的要求不断提高,统筹协调工资分配和劳动关系的难度进一步加大,公众多样化、个性化的需求也对人力资源和社会保障公共服务水平提出了新的更高要求,涉及劳动和社会保障的信访、仲裁案件逐年增多,维护劳动者合法权益、构建和谐劳动关系的任务仍然十分艰巨。

三、"十二五"时期的指导思想和基本原则

(一)指导思想

"十二五"期间,西安市人力资源和社会保障事业发展的指导思想是,以邓小平理论和"三个代表"重要思想为指导,以科学发展为主题,以转变经济发展方式为主线,以建设国际化大都市为目标,以实施《关中—天水经济区发展规划》为契机,按照目标、政策、工程三位一体的工作思路,努力稳定和扩大就业,建立覆盖城乡居民的社会保障体系,大力实施人才强市战略,深化人事制度改革和收入分配制度改革,发展和谐劳动关系,提高公共管理与服务水平,为实现全面建设小康社会的奋斗目标和加快国际化大都市的建设步伐做出新的贡献。

(二)基本原则

"十二五"期间,西安市人力资源和社会保障事业发展的基本原则是,民生为本,人才优先,改革创新,统筹兼顾。

1.民生为本

始终把民生作为人力资源和社会保障工作的出发点和落脚点。从解决人民群众最关心、最直接、最现实的利益问题入手,妥善处理不同利益群体关系,千方百计扩大就业,加快完善社会保障体系,努力维护劳动者的合法权益,合理调节收入分配,促进公共服务均等化,使广大劳动者共享改革发展的成果,使人民生活更加殷实,社会更加和谐稳定。

2.人才优先

坚持把人才工作作为推动人力资源和社会保障事业发展的突破口。确立人才在经济社会发展战略全局中的优先地位,充分发挥人才的基础性、战略性作用,做到人才资源优先开发、人才结构优先调整、人才投资优先保证、人才制度优先创新,促进经济发展方式向主要依靠科技进步、劳动者素质提高和管理创新转变。

3.改革创新

把改革创新作为推动人力资源和社会保障事业发展的根本动力。坚决破除束缚人力资源和社会保障事业发展的思想观念,积极探索构建与社会主义市场经济体制相适应、有利于科学发展、率先发展的人力资源和社会保障工作体制机制,着力解决发展中的热点、难点问题,充分考虑各方面的承受能力和可能产生的影响,注重把改革的力度和发展的速度协调起来,正确处理改革、发展、稳定的关系。

4.统筹兼顾

把统筹兼顾作为推动人力资源和社会保障事业发展的根本方法。统筹人力资源开发与各项社会保障事业多目标协调发展,兼顾经济社会协调发展的需要;统筹城乡协调发展,努力破解城乡二元结构;统筹各类人才队伍协调发展,不断推进区域、不同所有制经济主体和主导产业的协调发展。

四、"十二五"时期的发展愿景和主要目标

(一)发展愿景

到"十二五"期末,按照国际化大都市建设的阶段性构想,人力资源和社会保障工作总体上保持快速发展,实现"三个跨越"和"三个明显":

三个跨越：就业比较充分，创业工作处于全国大中城市领先地位；统筹城乡的社会保障体系建设取得突破性进展，社会保障水平达到全国大中城市中游；人才综合竞争力显著提升，人才队伍建设位居全国人才强市前列。

三个明显：分配格局更加合理，城乡居民收入增速明显加快；权益保障机制更加健全，劳动关系明显改善；软硬件建设更加完善，公共服务能力明显增强。

附：《西安市"十二五"人力资源和社会保障事业发展规划》目录

序言

一、"十一五"期间的主要成就及基本经验

(一)主要成就

1.就业创业工作取得新成效

2.社保体系建设实现新突破

3.人才队伍建设踏上新台阶

4.人事制度改革迈出新步伐

5.劳动关系构建展现新局面

6.公共服务能力得到新提高

(二)基本经验

1.以人为本是基本原则

2.统筹兼顾是根本方法

3.改革创新是动力源泉

4.依法行政是重要保证

5.强化基础是必要条件

二、"十二五"时期面临的形势

(一)机遇

1.新一轮西部大开发提供了新的政策环境

2.新一轮人才开发热潮推动人才发展步入快车道

3.国际化大都市建设使人保工作获得更大的发展空间

4.城市价值兑现期将为改善民生提供充足的物质条件

(二)挑战

1.转变经济发展方式对科学发展提出迫切要求

2.建设国际化大都市对加快发展提出崭新课题

3.薄弱环节依然突出对统筹发展带来更大难度

4.社会矛盾多发期使和谐发展面临巨大压力

三、"十二五"时期的指导思想和基本原则

(一)指导思想

(二)基本原则

1.民生为本

2.人才优先

3.改革创新

4.统筹兼顾

四、"十二五"时期的发展愿景和主要目标

(一)发展愿景

(二)主要目标

1.社会就业比较充分

2.社会保障能力显著提高

3.人才强市战略得到更好实施

4.人事制度和收入分配制度改革取得重要突破

5.劳动关系进一步和谐

6.公共服务能力继续提升

五、"十二五"时期的重点任务和重大工程

(一)重点任务

1.多措并举,稳定和扩大就业

2.加大投入,建立覆盖城乡的较高水平社会保障体系

3.强化使用,发挥人才资源的整体效用

4.深化改革,推动人事制度和收入分配制度向纵深发展

5.加强监管,发展和谐劳动关系

6.转变职能,提高公共服务水平

(二)重大工程

1.就业和社会保障平台建设工程

2.信息一体化推进工程

3.综合服务能力保障工程

4.就业及创业能力提升工程

5.创新型人才培养工程

6.高技能人才培养工程

7.文化精英人才扶植工程

8.经营管理人才聚集工程

9.现代农业人才开发工程

10.海内外引智聚才工程

六、组织实施

(一)加强组织领导

(二)加强舆论宣传

(三)加强监督检查

(四)加强跟踪评估

第三部分：社会经济与商业发展

地方政府融资问题的系统分析*

一、系统分析概要

系统分析(system analysis)一词来源于美国的兰德(RAND,Research and Development)公司。该公司由美国道格拉斯飞机公司于1948年分离出来,是专门以研究和开发项目方案以及方案评价为主的软科学咨询公司。长期以来,兰德公司发展并总结了一套解决复杂问题的方法和步骤,他们称之为"系统分析"。20世纪60年代以来系统分析逐渐运用到政府机构和企业界政策与决策问题研究。目前已广泛应用于社会、经济、城市建设、资源开发利用、医疗等问题。

所谓系统分析,就是利用科学的分析方法和工具,对系统的目的、功能、结构、环境、费用与效益等问题进行分析和确定,它是一个有目的有步骤的探索和分析过程,为决策提供所需的科学依据和信息。系统要明确主要问题,确定系统目标,开发可行方案,建立系统模型,进行定性与定量相结合的分析,全面评价和优化可行方案,从而为领导者选择最优方案或满意方案提供可靠的依据。

系统分析的基本要素有目标、可行方案、费用、模型、效果、准则和结论。①目标:对系统的要求,是系统分析的基础。②可行方案:能够实现系统目标的各种可能的途径、措施和办法,其中哪一种最合适,是系统分析所要解决的问题。③费用:是每一方案用于实现系统目标所需消耗的全部资源(折算成用货币表示)。④模型:是对系统本质的描述,是方案的表达形式。⑤效果:系统达到目标所取得的成果就是效果。衡量效果的尺度是效益和有效性,效益可以用货币形式表示,有效性则用货币以外的指标来评价。⑥准则:是目标的具体化,是系统价值的度量,用以评价各种可行方案的优劣。⑦结论:即系统分析得到的结果,具体形式有报告、建议或意见等。

一个复杂的系统由许多要素组成,要素之间相互作用关系错综复杂。系统的

---

* 2009年5月起,受西安市莲湖区人民政府时任负责人邀请,笔者作为主要成员参加了由陕西省财政厅资助、西安市莲湖区承担的"2009年度全省市区、高校财政协作调研课题"——"地方政府融资问题研究",并主要负责了课题报告编制任务,完成的课题报告约5万字,成果受到莲湖区人民政府和西安莲湖基础设施建设投资有限公司的好评。限于篇幅,本文主要提供了由笔者起草的课题报告第4章,并把由笔者拟定、体现课题结构内容设计的目录作为本文附件。

输入、输出和转换过程、系统与其所处的环境的相互作用关系等都是比较复杂的。因此,在系统分析时应处理好各种关系,遵循以下一些准则:内部因素与外部因素相结合,当前利益与长远利益相结合,局部效益与总体效益相结合,定性分析与定量分析相结合。

系统分析的步骤如下:明确问题与确定目标;搜集资料,探索可行方案;建立模型;综合评价;检验和核实。在系统分析过程中可以利用不同的模型,在不同的假设条件下对各种可行方案进行比较,从中选优,获得结论,提出建议。

按照系统观点,地方政府融资所涉及的外部环境、各融资主体及其相互关系、相关活动,以及所有这些因素所承担并实现的具体功能,共同构成了地方政府融资系统(Local Government Financing System,LGFS)。本部分将运用系统理论,对 LGFS 这一特定系统进行分析,研究其环境与目标、要素及其关系等重要方面,深化对 LGFS 尤其是其风险的理解和认识。

二、LGFS 的环境与目标

任何系统都存在于一定的环境之中,系统的存在和发展都必须适应客观环境。LGFS 也不例外,下面分析 LGFS 的外部环境要素,说明 LGFS 的环境。

当前,国内外经济、政治、社会的整体态势,决定了我国"发展是第一要务"的执政取向和政策基础。尤其是此次国际金融危机发生以来,中央政府采取多项宏观措施来保增长、促就业、调结构,这为 LGFS 提供了积极的外部环境。其中,积极的财政政策和适当宽松的货币政策以及不断优化的财税体制,是影响 LGFS 发挥其功能的最重要因素。一方面,适当的中央财政政策和货币政策为地方政府争取中央资金支持、获得银行融资支持创造了有利条件,另一方面,日趋合理的财税体制,也为中央和地方两方面的财权、事权相匹配提供了基础条件。

按照上述分析,图 1 给出了地方政府融资的核心环境要素及其相互关联。

图 1　地方政府融资的环境要素示意图

任何系统都有特定的功能，而人造系统总有一定的"目的性"。所谓系统的功能和目的是指系统整体的功能和目的，是其各组成部分所不具备，只是在系统形成后才具备的。系统的目的有时不止一个，即总目的由各个分目的组成。

LGFS 由其整个活动中的所有主体要素组成，具有通过持续融资实现地方可持续发展的基本功能。LGFS 的目标（目的）包括以下几方面：

（1）研判国际、国内经济动态及走势，把握国家财税体制调整与改革走向，利用中央政府的财政政策和货币政策；

（2）实现地方政府、地方政府融资平台与金融企业的良性互动；

（3）为地方政府持续融资，支撑地方经济社会可持续发展。

上述三方面的内容，具有层层递进的逻辑关系。即首先 LGFS 要对其外部环境进行识别与适应，在此基础上，再实现系统内部要素间的关系匹配、业务匹配和职能匹配，最终实现系统整体的目标与功能。

三、LGFS 的要素与关系

系统是由要素（系统的组成部分）结合而成的，各种要素在系统中的地位和作用不尽相同，系统要素及其关系，决定了系统的本质，也是系统分析的重点。

LGFS 主要由地方政府、地方政府融资平台与相关金融企业三大类要素构成，进一步，由于地方政府组成部门众多、地方政府融资平台建设繁复、相关金融企业的类别及层次多样，因此，LGFS 在本质上是一个复杂系统。为便于研究，把LGFS 的要素分为主体与客体两类，其中主体要素包括地方政府及其融资平台，客体要素指相关金融企业。

所谓主体要素，即该要素在系统中处于主体地位，系统主要因其而存在。在LGFS 中，地方政府通过由其出资组建的融资平台，实现向金融企业借贷进而支撑地方发展的目的，而地方政府融资平台则是直接的借贷主体，其自身有相对独立性，并通过对自有资金、资产的经营实现获利进而还贷。因此，在 LGFS 中，地方政府、地方政府融资平台既相互依存又相互制约。所谓客体要素，即该要素在系统中处于客体地位，是系统主体要素的对立统一面。显然，LGFS 中的客体要素就是各类、各级金融企业，它们通过向地方政府融资平台借贷，来实现企业的盈利和发展。图 2 给出了 LGFS 的要素及其关系结构示意图。

图 2 中，①～⑥代表了三类主体要素的相互关系，下面依次解释。

关系①：地方政府组建其融资平台，并向该平台注入资金、资产，从而地方政府融资平台成为地方政府的全资控股公司。

关系②：依托政府信誉及自身经营所得，地方政府融资平台执行出资人意志，向金融企业贷款。

关系③：地方政府通过地方政府融资平台实现从金融企业融资的目的。

关系④：金融企业向地方政府融资平台发放贷款。

关系⑤：地方政府融资平台以规范的合约方式，将融得资金提供给地方政府，并由地方政府（财政部门）统一安排使用。

关系⑥：金融企业以地方政府融资平台为中介实现对地方政府的借贷。

从上述主体间关系分析可以看出，地方政府融资平台发挥了地方政府与金融企业之间关系桥梁的重要作用，是实现 LGFS 整体功能的关键，一旦其应有功能不能正常发挥，则整个系统将陷入瘫痪。因此，地方政府融资平台的建设与发展是地方政府融资问题研究的重中之重。

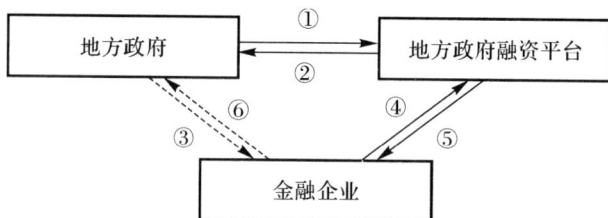

图 2　地方政府融资的要素及关系示意图

四、基于 WSR 方法论的地方政府融资问题研究架构

1. 物理—事理—人理系统方法（WSR 方法论）

1995 年初，顾基发研究员与朱志昌博士首次提出并阐释 WSR 方法论，其基本内容见表 1。

十多年来，WSR 方法论日益受到学界同行的关注、讨论和重视，这从以下几方面可以反映出来：国内外学者对 WSR 方法论自身内容及相关概念的讨论；国内外学者立足 WSR 方法论开展的课题研究；国内较新出版的系统科学、系统工程教科书中，都已包含了 WSR 方法论的内容；顾基发研究员和唐锡晋博士共同出版了《物理—事理—人理系统方法论：理论与应用》一书。上述情况的出现不是偶然的，它在较大程度上表明了 WSR 方法论自身的学术独创性、理论合理性和应用有效性。

目前，WSR 方法论已成为具有国际影响的整合系统方法论，突出特点是研究事物时的整体性与层次性。要强调指出的是"是什么""怎样做""最好怎么做"是 WSR 方法论在解决问题时最为基本且重要的考虑。

表1　WSR方法论的基本内容

	物理	事理	人理
对象与内容	客观物质世界及其法则、规则	组织、系统管理和做事的道理	人、群体、关系、为人处世的道理
焦点	是什么？功能分析	怎样做？逻辑分析	最好怎么做？可能是？人文分析
原则	诚实；追求真理	协调；追求效率	讲人性、和谐；追求成效
所需知识	自然科学	管理科学、系统科学	人文知识、行为科学

资料来源：顾基发，唐锡晋. 物理—事理—人理系统方法论：一种东方的系统思考. 汪寿阳等主编. 运筹学与系统工程新进展[C]，北京：科学出版社 2002

WSR方法论的突出特点是其研究事物所具有的整体性与层次性。而整体性与层次性，也体现了整体论与还原论相结合的方法论特点。作者认为，作为一种既可研究复杂问题也可研究简单问题的东方系统方法论，WSR方法论在解决问题的过程中，具有"先整体认识，再分层研究，后综合解决"的应用特点。不难发现，WSR方法论的应用特点也渗透了"从定性到定量综合集成"的系统方法论思想。

WSR方法论既可研究复杂问题也可研究简单问题，其根本原因是它在处理各类问题时的"三'理'一体"。事实当中，无论研究对象的复杂程度如何，都脱不开对三"理"的考察，即事物自身规律、人们介入该事物的过程以及解决问题过程中人们的相互作用关系。可以说，在综合考虑了"物""事""人"这三个维度以后，就会对研究对象（系统）有一个较为全面的把握和了解，并为后续的深入研究提供可靠的分类和整合基础。因此，WSR方法论是一种能够处理现实当中复杂社会经济系统问题的普适性方法论。

2. 基于WSR方法论的地方政府融资问题研究架构

本部分基于WSR方法论，提出地方政府融资研究的系统架构（见图3）。

首先，在"物理"层次，集中研究地方政府融资系统组成、结构、运行等，并在此基础上分析地方政府融资的风险管理问题。事实上，本文第2节和第3节的研究已经完成了前项任务，而后者将集中在第5章进行（见附录）。

其次，在"事理"层次，根据研究需求，将结合具体对象，探讨地方政府财力的预测及评估，地方政府未来的融资需求与偿还策略，以及地方政府融资风险预警等，这些内容集中体现在第6章的工作中（见附录）。

最后，在"人理"层次，为了更好地实现LGFS的整体功能，要对系统中容易受到人为因素影响的重要方面进行分析,包括法律、政策、监管体系、机构改革等等,这些内容以政策建议方式集中体现在第 7 章(见附录)。

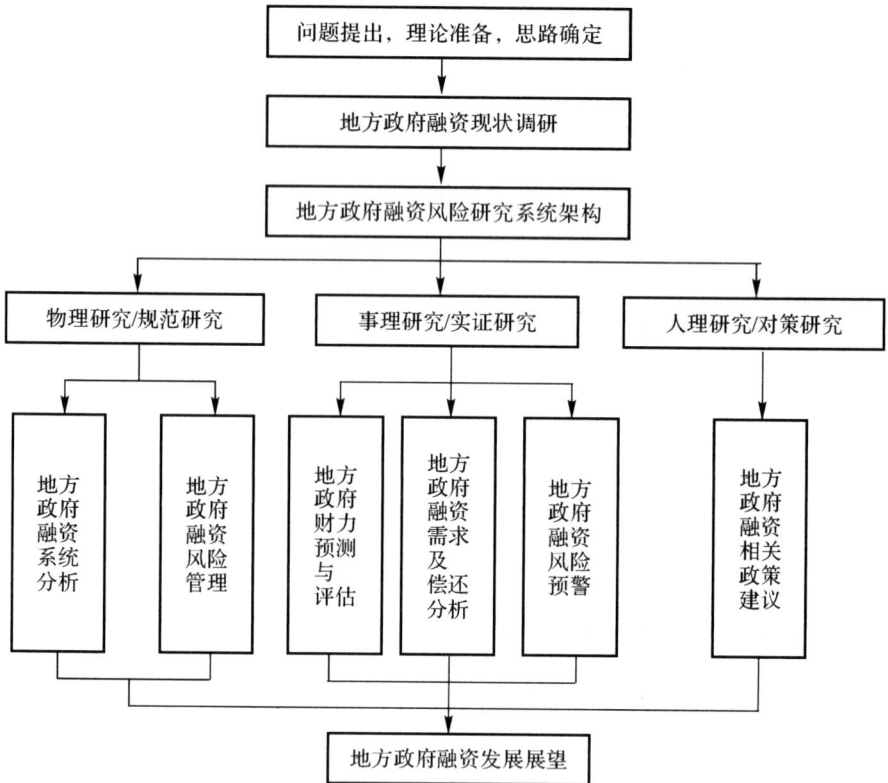

图 3 地方政府融资研究的系统架构

附:《地方政府融资问题研究》课题报告目录

1.3 研究内容(略)

1.4 研究意义

第2章 理论基础

2.1 财政学理论

2.1.1 财政的概念及其职能

2.1.2 财政收入与财政支出

2.1.3 财政政策

2.2 金融学理论

2.2.1 风险-收益理论

2.2.2 期权理论

2.2.3 有效市场理论

2.2.4 公司金融理论

2.3 经济学理论

2.3.1 委托-代理理论

2.3.2 博弈论

2.3.3 城市经济学

2.3.4 经营城市理论

2.4 系统科学理论

2.4.1 协同学

2.4.2 综合集成方法

第3章 地方政府融资现状调查研究

3.1 国内外城市融资的有效模式

3.1.1 融资租赁

3.1.2 BOT 融资模式

3.1.3 BT 融资模式

3.1.4 ABS 融资模式

3.1.5 其他融资模式

3.2 西安市地方政府融资调查

3.2.1 西安市灞桥区

3.2.2 西安市临潼区

3.2.3 西安市航天产业基地

3.2.4 西安城投集团

3.3 地方政府融资中的突出问题

6.3.1 2010 年融资需求

6.3.2 2011 年融资需求

6.3.3 2012 年融资需求

6.4 西安市莲湖区融资偿还分析

6.5 西安市莲湖区融资风险预警

第 7 章 地方政府融资相关政策建议

7.1 为地方政府融资创造法律、政策和组织环境

7.1.1 上级人大、上级政府尽快研究并开展与地方政府融资相关的立法与行政法规制定工作,尽早确立地方政府融资行为的合法性和规范度

7.1.2 上级政府、地方政府互相配合、积极协调,加快制定出用于引导和鼓励地方政府及其融资平台开展投融资工作的政策体系

7.1.3 上级政府金融办成立地方政府融资指导服务中心,地方政府融资平台公司成立行业协会

7.2 着眼长远、稳妥发展,做实做强地方政府融资平台

7.2.1 加速整合地方政府所属各类国有资源、资产,做实融资平台

7.2.2 完善法人治理结构,科学管理、有效经营、稳步发展,做强融资平台

7.2.3 改革融资模式、控制融资风险

7.3 加快建设地方政府融资管理监督体系

7.3.1 以地方政府财政、审计及监察部门为依托,尽快成立地方政府融资管理中心

7.3.2 以地方政府融资平台内控体系为基础,完善公司经营风险的管理监督体系

7.4 以事权、财权相匹配为改革目标,进一步做好清晰政府职能、优化政府机构两项工作

7.4.1 上级政府进一步下放事权,并和地方政府理顺事权

7.4.2 地方政府机构的配套改革

7.5 统筹开发建设与融资,实现投入与收入互动

7.5.1 开发建设与融资相结合,利用预期收益实现可持续融资

7.5.2 解决基础设施的经营问题,利用投入产生收入、利用收入增加投入

7.6 转变观念、多方借鉴、强化研究、精心实施,进一步做好旧城拆迁改造和城市主体功能区建设改造的融资工作

7.6.1 正确树立经营城市科学理念,积极借鉴建设融资成功实践

7.6.2 加强研究、精心策划、超前规划,为地方政府建设融资提供有效支撑

7.6.3 以大明宫模式为基础,探索、创新旧城拆迁改造和城市主体功能区建设改造的融资工作

西安市莲湖区北关地区旧城改造研究[*]

由于历史原因,北关地区的产业结构、人居环境、基础设施等不能适应新形势下的城市发展要求,地区现状与人民群众日益增长的物质文化需求不相适应。目前,北关地区城市功能相对滞后,产业结构不甚合理,土地利用较为粗放,辖区群众未能实现充分就业,市容市貌有待进一步提升。

当前,北关面临着前所未有的历史性发展机遇:

首先,北关地区是西安市南北交通要道,西安城市发展南北轴线贯境而过,地铁二号线贯穿辖区,区位优势得天独厚。

其次,《西安市城市总体规划》(2008—2020 年)、《莲湖区分区规划》(2008—2020 年)、《大明宫地区保护改造总体规划》(2008—2020 年)以及《大兴新区城市综合改造总体规划》为北关地区未来的城市功能和产业发展方向做出指引,为北关地区实现跨越式发展奠定了坚实的规划基础。

另外,国务院《关于促进节约集约用地的通知》(国发〔2008〕3 号)、住建部《关于推进城市和国有工矿棚户区改造工作的指导意见》(建保〔2009〕295 号)、财政部《关于切实落实相关财政政策积极推进城市和国有工矿棚户区改造工作的通知》(财综〔2010〕8 号)、陕西省《关于加快推进我省保障性住房工作的意见的通知》(陕财办〔2009〕112 号)等文件的发布,以及关中—天水经济区发展规划的逐步实施、西安市"退二进三"战略的深入推进、西安市唐皇城复兴计划的有序推动等,均为北关地区旧城改造提供了良好的宏观政策环境。

新形势下,北关地区的发展定位为,遵循相关规划,通过构建完整的文化体系与生态体系,加强基础设施和公共设施配套建设,整合功能用地布局,优化产业结构,发展街区经济,实施工业企业搬迁,改造城中村及棚户区,将北关地区打造成为西安城北商贸商住服务新区。

北关地区旧城改造应坚持"三方联动,政府主导,市场运作,集合开发,自主拆

---

* 2010 年 1 月起,受西安市社科院莲湖区发展研究中心时任负责人邀请,笔者负责组织实施了"2010 年度莲湖区经济社会发展课题"——"莲湖区北关地区旧城改造研究"的攻关工作,并承担了课题调研、改造策划和项目设计牵总等多项任务,完成的课题报告共 4 万多字,成果受到莲湖区人民政府和北关街道办事处的好评。限于篇幅,本文主要提供了由笔者起草的课题报告摘要,并把由笔者拟定、体现课题结构内容设计的目录作为本文附件。

迁,多元融资"的"北关模式"。

结合地区发展环境以及地区产业基础,提出北关旧城改造的"128"发展战略定位,即在挖掘历史资源内涵、树立文化品牌形象的基础上,通过打造"一轴、两圈、八街区"对北关进行全面改造提升：

"一轴"是北关正街地区发展中轴线；

"两圈"是龙首村十字地铁出口商业圈与北关十字地铁出口商业圈；

"八街"是文景南路休闲饮食街、龙首西路茶文化精品街、龙首北路餐饮休闲一条街、自强路旅游购物一条街、龙首南路社区餐饮一条街、农兴路书画工艺品一条街、振华路东段时尚女性购物街、西大巷电动车销售一条街。

在北关旧城改造总体策划的基础上,结合地区当前实际与未来发展定位,并参考国内外发达地区城市建设的经典案例,为北关地区设计了涉及经济发展、社会民生和基础设施建设的三大类共18个重点建设实体项目,并对每个项目进行了详细策划和论证。

北关旧城改造的实施,将会带来巨大的经济效益和社会效益。经济效益方面,主要包括GDP和固定资产投资增加、产业结构优化以及财政税收大幅增加。社会效益方面,主要包括地区城市功能进一步完善、辖区群众充分就业、区域文化品位逐渐凸显。

附:《莲湖区北关地区旧城改造研究》课题报告目录

西安市莲湖区"十二五"规划研究[*]

"十二五"时期是全面建设小康社会的关键时期,是西安市落实《关中—天水经济区发展规划》、建设国际化大都市的重要时期,也是莲湖区推动科学发展,加快转变经济发展方式,大力推进经济结构调整,深入实施"三、五、七"经济发展战略,努力提升区域发展水平的攻坚时期。科学编制"十二五"规划,对主动适应国内外形势的新变化,积极解决自身发展中的新问题,保持全区经济社会全面协调可持续发展至关重要。

一、"十一五"期间的成就与经验

(一)主要成就

1.区域经济综合实力显著增强

国民经济平稳较快发展。地区生产总值接连突破 200 亿元、300 亿元大关,2008 年末提前两年实现"十一五"预期目标。2010 年实现地区生产总值 376.99 亿元,比"十五"末的 164.50 亿元增加了 212.49 亿元,年均增长 14.5%,连续三年获得"陕西省城区经济社会发展五强区"。

财政收入快速增加。地方财政一般预算收入接连突破 10 亿元、20 亿元大关。2008 年末提前两年完成"十一五"预期目标。2010 年地方财政一般预算收入达到 22.35 亿元,是"十五"末的 3.08 倍,连续四年位列全市各区县首位。

经济结构日趋合理。产业结构不断优化,服务业、高新技术产业、现代工业、文化旅游业、建筑和房地产业五大优势产业持续壮大。一、二、三次产业的比例由 2005 年的 0.1:54.9:45 调整为 2010 年的 0:46.4:53.6。2009 年,全区非公有制经济创造增加值 131.28 亿元,占全区生产总值的 39.13%,区域经济发展活力不断增强。

---

 * 2010 年 7 月起,受西安市莲湖区人民政府时任负责人邀请,笔者作为主要成员参加了"西安市莲湖区国民经济和社会发展第十二个五年规划研究"的课题攻关,具体负责课题报告编制工作并作为主要执笔人,合作者包括莲湖区发展改革委邵志健硕士、西安市社科院莲湖区发展研究中心冯涛硕士等,完成的课题报告近 2 万字,课题成果受到莲湖区人民政府主要领导和区发展改革委、区政府办等部门的好评。本文主要提供了由笔者执笔的课题报告相关内容。本文和《地方政府融资问题的系统分析》《西安市莲湖区北关地区旧城改造研究》这三篇文稿,构成了笔者针对莲湖区社会经济发展研究的三部曲。

2．重点区域开发建设取得突破

大兴新区综合改造全面推进。累计完成政府投资 27 亿元，搬迁企业 98 家、居民 6 000 户，完成 3 个村整村改造，腾迁储备土地 3 668 亩，出让土地 766 亩，开建安置楼 80 万平方米。新建、拓建市政主干道 6 条 8.4 千米。龙湖集团等一批知名企业落户新区，启动西安国际商贸基地、大汉会馆等 25 个重点项目建设，新开工面积 152 万平方米。

城中村棚户区改造步伐加快。完成 17 个村的整村拆除，30 个村的无形改造。拆迁面积 320 万平方米，腾迁整理土地 3 885 亩，新规划建设 775 万平方米，竣工面积 25 万平方米，完成投资达 45 亿元。

土门地区综合改造起步运行。积极争取市政府将土门地区棚户区综合改造列入全市棚户区改造政策范围。完成总体规划编制工作，庆安公司等 7 家企业棚户区改造项目上报审批，西控公司 18 街坊棚户区改造启动运行，"四村"连片综合改造顺利推进。

大唐西市文化产业基地雏形显现。完成投资 18 亿元，累计竣工面积 25 万平方米，西市博物馆、国际古玩城、大润发超市开业运营，成功举办"中国西安文化遗产博览会"系列活动，入选第四批"国家文化产业示范基地"。

历史文化街区改造成效显著。建成社会路、西羊市等文化旅游特色街区，完成顺城巷沿线 24 万平方米立面改造。大皮院等 3 条道路进行上下水管网改造，解决了 343 户群众吃水难、排污难问题。完成大学习巷等 9 条街道街景整治任务。开展"历史文化街区打造民族商标品牌"创建活动，新申请注册民族品牌商标 68 件。

3．城市承载能力稳步提升

道路网络格局不断优化。累计投入建设改造资金 26 亿元，拓宽改造各类道路 80 条。辖区 244 条道路全长 15.1 万米，面积 372.8 万平方米，人均道路面积 6.2 平方米。

市政配套设施日臻完善。新建公厕 118 座，全区 291 座公厕全部实行免费开放。新建和整修了丰庆公园、劳动公园等 3 个城市公园。建成绿地广场 56 个，新增绿地面积 95.07 万平方米，全区绿化覆盖率达到 42.22％，绿地率达到 32.28％，人均公共绿地面积 8.61 平方米。

街景提升工程彰显发展魅力。改造了一批农贸市场，拆除违法建筑近 35.9 万平方米。投入 8.58 亿元，完成了劳动南路等 55 条道路整治，改造提升街景 261.5 万平方米，街区景观不断美化，人居环境显著改善，城市品位大幅提升。

4．社会事业发展成效显著

社会保障深入开展。组建区就业教育培训集团，大力开展全民创业活动。城镇登记失业率控制在 4％以内，2009 年荣获全省促进就业工作先进区。城镇企业职工基本养老保险参保人数达到 5.4 万人，医疗保险参保人数达到 20.9 万人。享受最低生活保障的共有 10 809 户、22 090 人，累计发放保障金 27 047 万元，基本实现应保尽保。廉租住房保障户数达到 3 004 户，累计发放住房租金补贴 712.9 万元，改善了部分低收入家庭住房状况。

科技实力不断增强。投入科学研究与发展资金 3 450 万元，104 个科技项目正式立项，累计实现产值 24.34 亿元，全区科技创新能力有效提升。申报专利达到 2 020 件，认定高新技术企业 38 家，45 项科技成果获国家和省市奖励，被评为"全国科技进步先进城区"。

教育事业全面提升。以"三名工程"为统揽，不断加大投入，办学条件大幅改善，教育资源有序整合，学校布局更加优化。通过实施校园危平房改造、中小学校舍安全工程、民族教育集中改造等项目，新建改建校舍建筑面积 22 万平方米。各级各类教育机构已达 279 个，教育事业发展整体迈上新台阶，被教育部评为"全国社区教育实验区"，被省政府授予"高水平、高质量普及九年义务教育区"。

公共卫生服务全面覆盖。全区建成 10 所标准化社区卫生服务中心和 11 所标准化社区卫生服务站，社区卫生服务覆盖率达到 95％以上，为全区 65 岁以上老人进行免费体检。在全省率先创建"全国中医药特色社区卫生服务示范区"。

文化体育事业繁荣发展。西安鼓乐、同盛祥牛羊肉泡馍制作技艺 2 个项目被列入国家级非物质文化遗产名录，德发长饺子制作技艺、德懋恭水晶饼制作技艺、都城隍庙民俗 3 个项目被列入省级非物质文化遗产名录。建成 12 个全民健身广场。2010 年赢得全国"武术之乡建设工作先进单位"称号。

人口与计生工作取得新进展。低生育水平保持稳定，大力提高出生人口素质，在全市率先启动"优生两免"工作。积极推动流动人口服务管理"一盘棋"工作，建立区流动人口计生服务中心。在 7 个街道社区卫生服务中心通过"计卫联合"模式设立计划生育技术服务站，获"全国计划生育优质服务先进单位"称号。

养老服务体系初步建立。积极应对人口老龄化，建立了区、街、社区三级养老服务体系。投入 400 多万元建成了区居家养老服务中心和 12 个社区养老服务示范站。为 350 多名老人提供了由政府援助的居家养老服务，被评为"全国老龄工作先进单位"。

社区建设不断加强。累计投入资金 1 670 万元，先后建成区社区服务中心、9 个街道社区服务中心和 78 个社区服务站，新增面积 1.5 万平方米，社区服务功能更加完善。以"水滴行动"为载体的文明城区创建活动不断深入开展。以加强干部队伍建设、完善经费保障机制、改善社区办公条件和构建区域化党建格局为重点，全面完成社区"三有一化"建设工作。先后被评为省级社区建设示范城区,省级双拥工作模范区。学习巷社区被评为"全国和谐社区建设示范社区"。

5.政府执政能力建设扎实推进

以规范行政执法为重点,以改善服务态度、提高行政效能、提升服务质量为目标,法治政府建设水平不断提升,"城市管理标准化执法"项目获得首届"中国法治政府奖提名奖"。

区政务服务中心纳入 30 个职能部门的 155 项政务服务事项,形成了"一厅式"办公、"一站式"服务模式,累计各类政务服务事项超过 15 万件,承诺时限内办结率达 100%。

区人力资源服务中心成为集人才交流中心、劳动力市场、劳动就业服务中心三位一体的综合性服务机构。累计办理业务 56 万人次,举办大型招聘会 178 次,求职人数 89 192 人,提供就业岗位 26.5 万个,签约并解决 11.2 万人就业,累计发放小额贷款 5 003 万元。

区城市管理监督指挥中心指挥大厅启动建设,560 平方米办公用房装修改造工程已经完工,多路监控器及智能化操作平台进入设备调试阶段,人工化模拟方式先期运转。

(二)基本经验

1.注重科学决策,抢抓发展机遇

以科学决策保障科学发展,建立决策咨询委员会、法律顾问团、发展研究中心等参谋议事机构,组织 30 余项具有战略性和前瞻性的策划、规划和应用性课题研究工作,为相关决策和政策制定提供了科学依据,真正做到审时度势、未雨绸缪、快速发展。以抢抓机遇支撑科学发展,适时成立大兴新区管委会、土门改造办、西大街管委会等机构,有力促进莲湖区重点区域的开发和建设工作,真正做到抢抓先机、快人一步。

2.创新体制机制,提升服务水平

坚持解放思想,大力推动改革,针对发展中的问题和困难,积极探索、大胆实践。推进政府机构改革,建设服务型政府。深化行政体制改革和行政审批制度改革,方便群众办事,优化投资环境。构建了"数字化、标准化、公众化、人性化、服务型"的大城管模式,创立了城管标准化执法模式,为系统解决城市管理难题提供了有益借鉴。大兴新区"市级协调、区级实施、独立运作"的开发新模式,探索出城市建设管理重心下移的有效途径。成立区基投公司,坚持"市场化运作、企业化经营",通过开展金融合作和区县金融试点,成功破解融资难题,有效防范融资风险。

3.突出板块引领,强化项目带动

以七大板块为引领,促进各种生产要素的合理配置和顺畅流动。历史文化街区、大唐西市、西大街、玉祥门板块的品牌影响力日益增强,桃园开发区进入二次创业的新阶段,大兴新区依托体制机制优势,有效推动土门地区、大明宫遗址保护区(莲湖区域)和统筹城乡莲湖高陵工业园的发展建设。以重大项目为带动,主动邀请100余家国内500强企业、上市公司等来莲湖区考察、洽谈项目,共组织实施209个重点项目,西港国际大厦、中环广场等51个项目建成投入运营,累计完成投资201亿元。

4.统筹社会发展,注重改善民生

统筹考虑区域经济与社会事业发展,在实现经济增长的同时,更加注重以人为本,更加注重保障和改善民生,通过加大科技、教育、文化体育以及卫生、民政等社会事业的公共投入力度,增强人民群众生产生活的安全感、满意感和幸福感,促进全社会的和谐稳定。通过一批城中村、棚户区的整体改造,重点区域、重点工程的开发建设,以及节能减排工作的大力推进,莲湖区城市承载能力不断提升,区域环境质量不断改善,人居环境进一步优化,人与自然的关系更加和谐。

二、"十二五"时期面临的形势

(一)机遇

1.新一轮改革开放,为进一步解放思想拓展了广阔空间

"十二五"时期,以加快转变经济发展方式为核心的经济体制改革、社会体制改革和行政体制改革将进一步深化。如何加快经济结构调整,如何顺应区域内群众进一步提高生活质量的热切期待,如何建设更加高效、廉洁的服务型政府,都对莲湖区整体发展提出了更高要求,也为莲湖区干部群众锐意创新、大胆探索提供了宽松环境和广阔空间。

2.新一轮西部大开发,为实现跨越式发展提供了政策环境

"十二五"时期,是深入推进西部大开发承前启后的关键时期。国家已经并将陆续出台一批财政、税收、金融、土地、承接产业转移、棚户区改造、服务业发展等方面的扶持政策。只要把握、利用好这些重大政策机遇,就能为莲湖区产业结构调整、重点区域开发、社会事业发展等提供新的平台和动力,为经济社会实现跨越式发展奠定良好基础。

3.国际化大都市建设,为创建国际化大都市中心城区注入了强大驱动力

《关中—天水经济区发展规划》提出把西安市建设成国际一流旅游目的地、国家重要的科技研发中心、区域性商贸物流会展中心、区域性金融中心等,这既为西

安建设国际化大都市指明了方向,也为莲湖区找准了建设国际化大都市中心城区的定位。"十二五"时期,通过进一步挖掘区位优势、增强产业特色、注重发展个性,顺利实现产业结构调整与升级,将为莲湖区创建国际化大都市中心城区注入强大动力。

4、城市价值兑现期,为加快发展创造了有力支撑

"十二五"时期,莲湖区将进入城市价值加快兑现时期,七大板块的开发建设将迎来新一轮高潮,统筹城乡莲湖高陵工业园的建设也将初具规模。只要坚持以人为本,更加注重保障和改善民生,更加注重发展社会事业,让群众得到更多实惠,民生得到更大改善,广大群众就会更加支持改革和发展,为莲湖区进一步加快发展创造有力支撑。

5.西安世园会的召开,为改善投资环境赋予了新的契机

2011西安世园会是新中国成立以来西安举办的规模最大、规格最高的国际性展会,期间有43个国际展园、3个国际组织和59个内地展园的组织者和游客驻足西安,将极大促进西安与世界的交流与合作。为莲湖区进一步提升城市建设管理水平,大力推介区域特色资源、知名品牌和重大项目,吸引更多境内外企业投资提供了新的契机。

6.国家棚户区改造的政策激励,为改变城市面貌增添了新的动力

国家支持城市和国有工矿棚户区改造是财政惠民政策的重要内容,除给予必要资金支持外,还在税、费征收和土地出让金等方面给予优惠政策。为莲湖区全面推进棚户区改造进程,加速莲湖区城市面貌的改变与提升提供了有力政策支持。

7.统筹城乡莲湖·高陵工业园建设,为拓宽发展空间开辟了新的途径

统筹城乡莲湖·高陵工业园区规划建设面积约为23平方千米,以先进制造业、新材料、节能环保等为产业方向。园区建设既为莲湖区工业企业搬迁、承接产业转移、发展新兴产业创造了有利条件,也将成为莲湖区实施项目带动、培育新的经济增长极和推进产业升级的重要基地。

(二)挑战

1.产业结构仍不合理,区域国际化程度低

"十一五"时期,尽管莲湖区产业结构得到了一定程度的优化,但第三产业、非公有制经济的比重明显偏低,与莲湖区作为中心城区的经济职能不够匹配。莲湖区经济总量不大、活力不足、发展不快,产业的国际化程度较低,现代服务业经营规模偏小,城市基础设施水平、城市整体形象和服务功能等还缺乏国际化大都市的气质与魅力,与莲湖区作为国际化大都市中心城区的目标定位不相适应。

2.城区发展空间受限,旧城改造压力加大

莲湖区是西安市的中心城区,大部分区域是建成区,能新用于开发的土地面积非常有限,对产业结构调整、新兴产业发展制约明显。由于建成区多为旧城区,城市基础设施和配套服务设施不尽完善,加之区域内城中村、棚户区较多,旧城改造和城市更新面临较大的现实压力。

3.结构调整面临阵痛,板块开发合力不足

"十二五"时期,为实现加快转变经济发展方式,莲湖区必然面临经济结构调整尤其是产业结构调整带来的阵痛,如何应对大型工业企业外迁、推动和壮大总部经济规模,确保全区经济社会持续健康发展,是摆在全区干部群众面前的一道难题。如何统筹大兴新区和土门地区综合改造的开发建设,在体制机制、人才、资金、项目等方面充分共享资源,进一步形成工作合力,也是亟待解决的一个难题。

4.区域竞争不断加剧,资金和人才高地尚未形成

当前,西安发展呈现出"九区四县"和"五区一港两基地"的复式发展格局,莲湖区在这两个层面上都面临空前激烈的区域竞争,形势逼人。无论是莲湖区与其他兄弟区县相比,还是大兴新区与其他开发建设区域相比,竞争优势都不突出,在对资金、人才两个关键发展要素的绝对吸引方面尚未形成"洼地效应"。

5.群众需求不断变化,公共服务仍有差距

"十二五"时期,伴随物质生活水平的不断提高,群众在社会、政治、文化、精神等领域的需求更加广泛和多元,加之人口老龄化、外来人口增多等因素,莲湖区公共服务的内容、水平和层次都将面临新的挑战。

三、"十二五"时期的指导思想、基本原则和发展目标

(一)指导思想

"十二五"时期,莲湖区经济社会发展的指导思想是,高举中国特色社会主义伟大旗帜,以邓小平理论和"三个代表"重要思想为指导,全面贯彻落实科学发展观,以"推动科学发展、走在全市前列、构建和谐莲湖"为主题,以转变经济发展方式为主线,深入实施"三、五、七"经济发展战略,坚持板块引领、项目带动、产业推动、创新驱动的发展模式,着力加快重点区域开发建设,不断提升城市建设和管理水平,更加注重保障和改善民生,努力将莲湖建成西安国际化大都市的中心城区。

(二)基本原则

1.民生为本,人才优先

发展是为了人,发展要依靠人。在发展过程中坚持"包容性增长",通过加快发展各项社会事业、推进基本公共服务均等化等举措,切实保障群众的各项利益,同

步实现经济增长、社会进步和民生改善。要充分认识人才作为第一资源的重要性，以人才的培养和选拔为基础，以人才和智力的引进为辅助，以人才的使用为关键，全面实施人才强区战略，为全区经济社会发展提供重要保障。

2. 规划引领，项目带动

发展需要谋划，发展需要支撑。在发展的时序上，要注重提早谋划、超前规划、合理计划，使规划成为引领莲湖区经济社会发展的重要抓手。在具体工作中，坚持用国际化大都市的理念指导各项规划，注重城市功能分区，优化产业空间布局，提高城市发展品位。在发展的落实上，要加强重大工程和重点项目的前期论证和策划包装，使项目建设成为拉动投资和招商引资的核心载体。进一步加强项目管理和服务工作，为全区经济社会发展提供有力支撑。

3. 重点突破，全面推进

发展需要策略，发展需要格局。"十二五"时期，莲湖区面临的发展和改革任务十分繁重，必须以发展壮大服务业为突破口，大力推进产业结构调整，深入实施科技强区战略，增强产业核心竞争力。发挥大兴新区开发建设的示范引领作用，推动土门地区、大明宫遗址保护区（莲湖区域）和统筹城乡莲湖高陵工业园等区域快速发展，实现有序竞合、协同跨越。以持续加大财政投入为牵引，合理、高效配置公共资源，大力推进全区基本公共服务均等化，实现各项社会事业繁荣发展。

4. 改革创新，统筹兼顾

发展需要动力，发展需要方法。进一步增强发展信心，强化改革意识，拓宽改革思路，加强制度建设、突出制度创新，形成全区上下共谋改革发展的良好氛围。加快重点领域和关键环节的改革创新，增强改革的开拓性和示范性。注重处理好经济社会发展中全局与局部、当前与长远、基础与重点等重大关系，统筹实施莲湖区经济发展方式转变与保持经济平稳较快发展、板块开发建设与全区域均衡发展、城市有机更新改造与历史文化街区保护等重要工作。

(三)发展目标

1. 经济实力上新水平

地区生产总值年均增长13%以上，全社会固定资产投资年均增长20%左右，地方财政一般预算收入年均增长15%以上。

2. 经济结构更加优化

推进产业结构优化升级，提高科技对经济增长的贡献率，加快以现代服务业为重点的第三产业发展。做大做强服务业、高新技术产业、现代工业、文化旅游业、建筑和房地产业，不断提高五大产业对区域经济发展的贡献率。鼓励和引导非公有制经济健康发展，非公有制经济占全区经济比重达50%以上。

3.民生事业全面发展

加大对教育、卫生、人口计生、食品药监、社会保障等民生事业的投入，基本建立以促进人的全面发展为中心的社会事业体系。城镇登记失业率控制在4.3%以内。人口自然增长率控制在4‰以内。城镇居民人均可支配收入比2010年翻一番。

4.人居环境更加优良

全区绿地率达到40%以上。万元生产总值综合能耗持续下降，单位工业增加值主要工业污染物排放强度逐年降低，区域环境质量得到改善和提高，大气环境质量明显改善，区域环境噪声实现功能区达标，城镇污水、生活垃圾、工业固体废物实现无害化处理，危险废物、医疗废物、放射性废物实现安全处置，辖区环境风险得到有效控制，实现资源节约型、环境友好型宜居城区和低碳城区建设。

四、"十二五"时期的重点任务

(一)全面启动国际化大都市中心城区建设

1.倡导开放的文化理念，建立核心价值体系，推广区域国际形象

充分发挥莲湖区深厚的历史文化底蕴优势，积极倡导汉唐文化与现代文化相融合、民俗文化与宗教文化相融合、中国文化与世界文化相融合的开放文化理念。以建设社会主义核心价值体系为根本，开展文明社区、文明单位、文明行业等形式多样的创建活动，使核心价值观念深入人心。强化舆论引导作用，发挥媒体传播作用，培养自尊自信、理性科学、务实进取、开放宽容的现代公民心态。深入挖掘、整合、包装莲湖区特色文化资源，积极进行全球推广和营销，确立莲湖区独特的形象定位。

2.加快推进旧城改造，大力完善交通网络，建设生态化的人居环境

继续实施大兴新区综合改造、土门地区棚户区综合改造、大明宫遗址保护区(莲湖区域)综合改造等项目。按照"政府主导、市场运作、利民益民、科学规划、综合改造"的原则，积极实施城中村改造，完成全部35个村的搬迁改造工作和改造区域的配套项目，同步建设基础设施和公共配套服务设施，形成功能完善的文明和谐新社区。

以创建便捷、高效的交通环境为目标，加快区域道路交通建设，初步形成结构合理、功能完善、高效便捷的城市路网系统。重点实施劳动北路、桃园北路、梨园路、红庙坡路等区内交通轴线的贯通改造。积极推进团结西路、星火路等城市主干道的综合改造。加快完成丰庆路—西关正街(南小巷)、西站街—汉城路(西斜三路)、西关正街—铁塔寺—大庆路等次干道的建设工作。加快昆明路—红光路—团结西路—大庆西路之间等背街小巷的道路建设。

以世园会召开为契机,加强生态环境建设,实施绿地广场、精品广场和绿化示范道路工程,不断提高绿化覆盖面。全面推进"四城联创",巩固提升创卫成果,积极配合做好我市创建国家文明城市、生态园林城市、环保模范城市相关工作。加大环境保护力度,实施"碧水、蓝天、安静、洁净、绿色生态、环境能力建设"等六大工程,全面落实重金属污染防治工作和环境风险控制工作,积极推广清洁能源使用,大力发展循环经济、低碳经济和工业企业的清洁生产工作,加大城市垃圾收运处理设施建设,提高生活垃圾无害化处理率。

3. 以信息化为支撑,以标准化为路径,建立现代城市运行管理体系

建立完善的数字化城管机制,以数字化城市管理信息平台为技术支撑,以单元网格管理为依托,应用数字城市技术,发挥城市管理监督指挥中心的管理职能,实现规范、精确、高效的城市管理新模式。

全面推行标准化执法,积极探索建立执法权制衡机制、严格的自由裁量权约束机制和程序控制机制、多元化监督机制,形成规范有序、开放透明的城市管理长效机制体系。

以市政府将莲湖区作为全市"城市管理综合试验示范区"为契机,推行城管综合执法重心下移,形成市、区、街道、社区四级网络一体化运行新机制。全面提升城市经济执法、社会安全执法、建设执法、管理执法水平,带动市容环境、街景容貌和生态环境的全面改观,营造文明和谐的法制环境,树立莲湖区"城管示范区"的标杆形象。

4. 开发人才资源,拓宽融资渠道,建设区域创新体系

按照国家、省、市中长期人才发展规划纲要(2010—2020 年),逐步完善莲湖区人才优先发展战略布局,造就一支适应莲湖经济社会发展需要、结构合理、素质优良的人才队伍。健全政府、用人单位和个人多元人才投入机制。发挥市场配置人才资源的基础作用和莲湖区人力资源服务中心的平台作用,促进人才结构与经济社会协调发展。以高层次和高技能人才为重点,制定优惠政策,积极培养和引进重点领域急需的紧缺人才,统筹推进各类人才队伍建设。改革人才发展体制机制,推进人才国际化进程。加强党对人才工作的领导,为人才发展提供坚强的组织保证。

全面创新融资模式,丰富融资手段,促进融资平台转型。采取向社会转让经营权、股权等形式,回收资金进行再投资,形成项目建设的良性循环。积极争取国家、省、市资金支持,搭建政府、银行、企业合作平台,吸引更多金融机构支持莲湖区建设。强化项目包装,争取国际金融组织和外国政府贷款。建立城市基础设施建设资金分配与保障机制,充分保障城市基础设施改造、建设类项目的资金投入。

加大政府扶持力度，引导企业技术创新。坚持企业主体和政府推动相结合，以完善创新投入、运行和激励机制为重点，加快高新技术产业化和传统产业改造提升，推动企业技术进步。加强对企业技术中心建设的支持和指导，引导企业加大技术创新和研发投入，形成高等院校、科研机构及各种中介机构的高效合作机制，建设区域创新体系。

（二）深入实施"三、五、七"经济发展战略（略）

（三）加快发展社会事业，推进基本公共服务均等化（略）

（四）大力建设法治政府、责任政府和服务政府（略）

五、组织实施（略）

西安大兴新区发展反思[*]

  大兴新区从无到有,即将走过 5 年的发展历程。在这个新区发展的重要历史节点上,关心她的人们不禁会问:与高新区、经开区、曲江新区这些西安发展的"排头兵"们相比,眼前的这只"丑小鸭"在下一个 5 年结束时会变得更美丽吗?在下一个 10 年结束时会成为让人惊艳的"白天鹅",引领西安国际化大都市的发展之舞吗?

  为了寻找答案,我们可以遐想,我们可以憧憬。但眼前,我们更需要回顾与反思,来为"白天鹅"之梦想,探寻可以实现、可以达到的目标与轨迹。

一、新区近 5 年发展历程的回顾与反思

(一)回顾

  2005 年 6 月 3 日,新区的前身"西安市莲湖区商贸商住新区和历史街区开发建设项目"管理办公室成立,三周之后正式对外办公。

  2006 年 2 月 21 日,在西安市政府第 14 次专题会议上,大兴路地区城市综合改造工作协调领导小组成立,并正式确定新区建设项目的名称为"大兴路地区城市综合改造项目"。两个月后,新区建设列入西安市"十一五"规划重大建设项目,对此,西安市政府时任负责同志要求:要将此项工程打造成西安市城区改造由零散转为整体开发改造的示范工程,在成片改造、拆迁安置、保持稳定方面创造经验。

  2007 年 2 月 5 日,经莲湖区委、区政府批准,"西安市莲湖区商贸商住新区和历史街区开发建设项目管理办公室"更名为"西安市莲湖区大兴路地区城市综合改造管理委员会"。4 月 13 日,西安市政府负责同志在调研新区建设时指出:大兴路地区城市综合改造是西安市城市改造的亮点,要形成一片新区,在本届政府基本见雏形。"大兴新区"的新称谓由此不胫而走,成为新区建设的新起点。9 月 23 日,新区建设项目的分区总体规划设计方案荣获该年第七届全国人居经典建筑规划设计方案竞赛"规划""环境"双金奖。

2010 年 1 月起,受西安大兴新区管委会时任负责人邀请,笔者受聘为西安大兴新区经济发展研究中心的特约研究员,开始全面介入该区域的经济社会发展研究。本文内容成稿于 2010 年 5 月,由于思考时间和深度的限制,并未按拟定提纲完成全部内容的写作,即便如此,新区管委会负责人仍然对此文进行了批示,也在管委会内部引起了一些积极的讨论,鉴于此,笔者把此文视作在西安大兴新区所开展系列研究的开篇。

2008 年，新区建设开始进入快车道。1 月，新区建设写入《西安市 2008 年政府工作报告》，大兴路地区被列为西安市三大整体片区改造区域之一。3 月，新区建设列入西安市 2008 年重点建设项目。4 月，西安大兴新区建设有限公司成立，全面对接大兴新区市政基础设施建设等工作。5 月，莲湖区委十一届第 38 次常委会议要求，紧紧围绕建设"最佳人居环境"示范区目标，全力推进新区又好又快发展。7 月，大兴新区北郊城河退水明渠改造及红庙坡广场建设概念设计国际竞赛公告发布，国际竞赛正式启动。8 月，大兴新区综合改造策划成果评审会召开，策划方案顺利通过专家评审。9 月，莲湖区委、区政府举行新区安置楼建设工程奠基仪式。10 月，新区管委会召开拆迁工作形势分析会，确定工作原则以及攻坚阶段工作方法，并提出阶段工作目标。12 月，莲湖区政府与国际民间合作组织举行西安国际商贸基地签约仪式，时任陕西省副省长的景俊海同志出席签约仪式并做重要讲话。

2009 年，尽管受到国际金融危机、国内内需不足等不利因素的影响，新区仍然在管理体制、工作机制、拆迁安置、融资引资、基础设施建设以及大兴东路产业规划等重点工作上取得明显突破，为 2010 年新区建设的全面铺开打下扎实基础。

2010 年 3 月 8 日，注定要成为新区建设史上的里程碑。这一天，莲湖区委、区政府领导来到新区调研工作，在肯定成绩的同时，也准确指出了新区建设存在的不足与问题，即"动作慢"（注：建设进度不能让人满意）、"动静小"（注：新区知名度与影响力还比较弱）。应该说，问题的暴露，实际上也是为新区全年工作的开展指明了方向、增添了动力。当前，新区上下正按照莲湖区委、区政府领导的明确要求，鼓足十劲、加快节奏，争取夺得建设发展的新成绩。

（二）反思

作为新区经济发展研究中心的一名研究人员，该如何融入新区加快发展、跨越发展的光荣事业呢？答案很简单，那就是做好自己的本职工作，为新区发展多出新思想、多出好思路，为新区的管理建设团队提供有益的工作借鉴。结合本文的研究目的，就是要深刻反思当前新区建设为什么会出现"动作慢""动静小"这样的问题。

按照常理分析，新区早已实行"5＋2""白加黑"的满负荷工作制度，建设进度不应该慢。同样，新区有关部门在省、市主要报刊上经常刊登工作动态和成果，影响力不应该小。但事实不是这样，为什么？是因为管理效率不高，宣传层级不高吗？有这些原因。但在笔者看来，更重要、更深层次的原因可能是，在发展愿景上，新区还缺少一个具有高度凝聚力和真正号召力的战略目标，否则，我们不能解释在"5＋2""白加黑"工作强度下的较慢建设进度。同样，在理念输出上，新区也缺少一个具有整体形象力和震撼品牌力的宣传口径，否则，我们不能解释在大量报刊及媒体宣传下的较低外部认知度。

也就是说,因为缺少具有广泛共识同时深入人心的战略目标,人们的事业心、使命感以及潜在的工作激情都没有完全激发出来;因为缺少具有凝练内涵同时适应潮流的品牌形象,新区的影响力、知名度以及潜在的投资价值都没有完全体现出来。

上述判断能站得住脚吗? 能经得起推敲吗? 能得到新区同仁的同意吗?

为了回答这个问题,让我们先看一下新区当前的总体定位,即"以五金机电贸易业、商贸服务业、住宅房地产业为主导产业的国际化、现代化商住商贸宜居新区"。在这个定位中,五金机电贸易、商贸服务、住宅房地产是主导产业,但比对高新区主打高技术产业、经开区主打装备制造业、曲江新区主打文化产业的发展定位,个个紧扣西安市的五大主导产业,就能清楚地看到新区产业定位的层次明显是"低"了。再比如"国际化"定位,目前新区中文网站都还有一些模块没有建设好,而能够从一个方面反映国际化程度的新区英文网站又在哪里呢?

通过以上比较分析和具体事例,可以看到新区缺少真正战略目标和有力品牌形象的基本判断是有道理的。抱着这种思考及判断,再来回顾新区一路走来的艰辛创业之路与不平凡的工作成绩,以及融入其中的太多人们的智慧、勇气、心血和汗水,我们没有理由不正视客观存在着的问题,更没有理由不为这些问题寻找答案,哪怕是一孔之见、一家之言。要之,为了破解新区发展难题,为新区建设添砖加瓦,笔者愿意借此文抛砖引玉,希冀引发更加热烈与广泛的讨论。

二、新区发展面临的挑战和机遇

此部分,笔者不想罗列大家都已熟知的那些条条框框,只想做出最简单、最有力的发问。

新区发展面临的最大挑战是什么? 笔者认为,最大的挑战在于思想不够解放、认识不够开放。现在,曲江人已经在思考 2020 年的西安是什么样,深圳人甚至在绸缪 2040 年的深圳蓝图,那么,新区是不是也应该至少放眼 2020 年,甚至更远?! 简而言之,新区面临的最大挑战,就是我们能站得多高、看得多远。

新区发展面临的最大机遇是什么? 笔者认为,最大的机遇就是西安市委负责同志日前提出的"富有历史文化特色的区域性专业性国际化大都市"的西安发展新定位。从"建强创佳"到"四化理念"再到"三个西安",近十年来的不断探寻,让西安市的发展定位日益清晰,而上述论断则代表了这一探寻过程的最新智慧结晶。如何在区域性、专业性、国际化、大都市以及历史文化特色上做足文章,是新区能否抓住新一轮宝贵发展机遇的根本标尺。

三、"十问"及其思考

(一)新区发展最突出的资源禀赋是什么

未来西安国际化大都市的建设,势必融合目前西安、咸阳两市的建成区,而当前沣渭新区、泾渭新区的建设,正为这一趋势打下伏笔。可以这么理解,未来西安城市的概念,就是眼下西安、咸阳两城市共同体的概念。在这一背景下,未来西安的城市中心必将向西、向北转移。这种城市中心转移的必然性,对目前地处西安城区西北隅的大兴新区来说,是最大的发展利好。

结合以上分析和判断,笔者认为新区发展所拥有的最大资源禀赋就是新区所处的区位,而非其他。用一句直白的话讲,就是未来新区内的土地将"寸土寸金"。想象一下目前钟楼附近四条大街的繁华程度,就不难体会未来新区城市价值的巨大潜力。由此带出的问题是,新区的开发建设应该遵循怎样的开发时序和开发模式?

笔者曾调研过长安区郭杜教育科技产业开发区的发展历程,其基本的建设经验为"先周边,再中心",即先以较低回报开发区域的周边部分,等人气充分聚集后,区域中心部分的价值自然水涨船高,不仅能弥补此前的收益不足,更实现了区域中心区位的价值最大化。但目前,新区开发建设的重点正是整个区域的"白菜心"即大兴东路,其周边地块由于客观原因,只能在未来进行后续开发。新区所选择的开发时序和郭杜开发区明显不同,那么有两个问题需要引起重视:一是除大兴东路外的新区其他区域应该选择怎样的开发时序,二是通过怎样的制度设计,使得新区能够享有大兴东路在未来的地段溢价。

另外,深圳华侨城的发展经验告诉我们:一个开发区要能够持续发展,其管理机构需要由一个"地主"变成一个"资本家",要依靠其所拥有的企业去发展壮大,而不能只靠地租获取利益,否则,"土地用完了以后,去搞什么"。这就对新区的建设提出了更高的要求,即如何尽快培育并发展起自己的企业,来获得发展的持续动力。

(二)能够适应潮流的新区产业定位是什么

前已论及,五金机电贸易、商贸服务、住宅房地产是当前新区既定的主导产业,但这些产业的层次距西安市五大主导产业(高技术产业、装备制造业、旅游业、现代服务业和文化产业)的层次还有明显距离。如果新区要在未来西安产业发展的大格局中占有一席之地,就必须提升现有的产业定位层次,否则,"国际化、现代化商住商贸宜居新区"的蓝图将很难实现。

首先,可以理解的是,新区发展五金机电贸易产业,主要是考虑了沿环城西路北段、星火路、红庙坡路、朱宏路一线及其辐射范围内的现有产业基础。但不容忽视的是,现有的五金机电贸易产业的业态还比较落后,从事零售、批发的小门面、小商店数量众多,是一种低层次的商家聚集。对比一下大明宫建材城、红星美凯龙家居生活广场等这些大型的一站式专业化市场,很容易明白新区五金机电贸易产业业态的落后。因此,在新区以及西安市其他区域抓紧建设若干家大型的一站式专业化五金机电以及汽配市场,就成为新区改善产业业态的当务之急。

其次,根据郎咸平教授的研究,任何行业的产业链都包括了产品设计、原料采购、加工制造、物流运输、订单处理、批发经营和终端零售七个环节,其中制造环节的利润最低,而居于产业链头尾的设计和销售环节则能创造更多价值。结合新区国际商贸基地的建设,笔者认为应该从两个方面来提升新区五金机电贸易产业的发展。一是大力做好国际商贸基地的招商工作,打造总部经济形态,力争把拥有国际国内知名机电品牌的跨国集团、大型企业的销售总部或区域销售总部吸引过来,使国际商贸基地真正成为立足西部、辐射全国的国际化商贸平台,并为地方创造可观的税收收入。二是抓紧研究并尽快制定围绕五金机电产品、带有创意产业性质的工业设计产业发展方案,使新区的产业发展真正实现现代化、高端化。

如果能够拥有一流的五金机电国际商贸平台和五金机电工业设计产业园区,那么新区的产业层次就会和西安市五大主导产业中的现代服务业以及文化产业相一致。这也是笔者提出的"适应潮流的新区产业定位"的基本内涵。此外,新区拟发展的商贸服务和住宅房地产业的业态和层次,也应符合国际化、现代化的要求。其中,中高档的商贸服务业已经在大兴东路产业规划中有所体现,是好的开端,而合理的住宅房地产业层次定位,笔者将在下文"新区的国际化"部分专门讨论。

以下为其他八个未完成的思考问题:

(三)新区要不要重视并适度发展金融业

(四)新区的国际化如何体现

(五)新区的文化品位如何体现

(六)新区发展的领军人物与核心团队如何塑造

(七)新区如何实现可持续融资

(八)新区如何打造人才高地

(九)新区如何建设好自己的"智库"

(十)新区发展的战略目标与品牌形象可能是什么

西安大兴新区商贸服务业发展思路[*]

一、大兴新区商贸服务业现状

大兴新区莲湖辖区范围内的商贸服务业,主要分布在玉祥门板块和方欣商圈,其中:3星级酒店一家,为军安王朝大酒店;专业市场5个,为海纳汽配、玉林汽配、蔚蓝国际机电、天正机电等汽配机电市场,以及方欣水产、酒店用品市场。

新区商贸服务业整体存在以下不足:

一是基础相对薄弱,例如大兴东路、桃园北路(北段)、劳动北路(北段)、梨园路、丰禾路等多条主干道两侧几乎没有商业;

二是现有业态单一,主要以机电汽配贸易、副食品批发等专业市场为主;

三是档次不高、规模较小,以方欣商圈为例,由于缺乏总体规划,商圈整体规模小、档次低、容貌差,难以发挥聚集效应;

四是对区域经济贡献不大,以玉祥门板块为例,以2010年数据估算,其大口径税收贡献为1.25亿元/平方千米,占西安高新区3.28亿元/平方千米的38%左右,差距明显。

二、大兴新区商贸服务业发展思路

(一)区域优势分析

1.城市区位优越

大兴新区位于大西安的中心板块,是大西安核心区的重要组成部分。新区东靠老城区、西连西咸新区、南邻西安高新区、北接西安经开区,区位优势得天独厚。

2.商贸交通便捷

从西安咸阳国际机场抵达市区的西线高速和专用高速,均从大兴新区通过;西安地铁1号线、2号线也通过新区。新区被西二环、北二环、朱宏路、北关正街、大

---

* 2011年5月,受西安大兴新区管委会综合办、经发局等部门的邀请,笔者参加了新区赴广州、深圳的产业发展调研。调研结束后,笔者和新区经发局负责同志等共同拟定了写作提纲,由笔者执笔完成此文并提交新区管委会分管领导。通过对本文的研究扩充,笔者和新区经发局负责同志等又完成了"西安大兴新区'商贸服务业聚集区'申报市级服务业综合改革试点方案",最终使新区成功获批陕西省"首批省级服务业综合改革试点"单位。

庆路等主干道环绕,区内路网四通八达。新区距钟楼 2 千米,距市行政中心、火车北客站、西安咸阳国际机场分别需 10 分钟、15 分钟、15 分钟车程。

3.旅游资源丰富

大兴新区汉城湖景区,全长 6.27 千米,拥有 850 亩清水水面和 1 031 亩园林景观。新区内规划有城市景观休闲街区、唐城墙遗址绿带、陇海铁路景观林带等生态长廊,环境优美、景色宜人。新区毗邻总面积 75 平方千米的汉长安城遗址区,拥有汉辟雍、汉太学、汉明堂、汉灵台、酒市、槐市及唐梨园等众多文化遗址,底蕴深厚,旅游资源丰富。

4.产业基础良好

大兴新区内的中国西电集团公司,是我国输配电行业中唯一一家央企,是西安市产值过百亿元的 5 家企业之一。新区拥有一批五金机电、汽配专业市场,吸引了大批国内外机电企业销售总部入驻,具备了产业集群的基础。其中,五金机电市场在全国享有盛誉,汽配市场在西北地区具有较高的知名度。

5.消费环境趋佳

"十二五"时期,随着新区一批房地产项目的陆续建成以及产业结构的不断优化,区域内人口将从 10.4 万增加到 20 万左右,消费群体结构也将得到整体提升。随着桃园路、劳动路、红庙坡路的全线贯通,新区内基础设施和消费环境将进一步完善,带来人流、物流、信息流激增,区域辐射带动作用将大大增强。

综上所述,新区具有突出的区位、交通、旅游、产业优势,发展商贸服务业条件优越、潜力巨大。同时,新区处于西咸新区开发建设的承接地带,作为先期入住企业的发展平台,具有极强的吸引力,也为新区发展总部经济、楼宇经济提供了重要机遇。

(二)商贸服务业发展定位

按照大兴新区"建设国际化、人文化、生态化商住商贸宜居新区"的发展目标,新区将着力打造成为总部经济聚集区、新汉风特色展示区、低碳发展引领区。

在此背景下,结合新区"十二五"规划提出的大力发展商贸服务、五金机电贸易、商业地产三大产业,新区将通过增加商业用地及建筑面积、完善商贸服务业业态布局、优化提升原有产业水平等举措,重点形成商贸服务业的 4 大集群,即国际商贸总部经济集群、大型商贸购物集群、文化旅游休闲集群和五金机电展销集群。

(三)商贸服务业布局及项目

按照"产业立区"原则,研究拟定了"一轴一带一环一心两翼"的商贸服务业总体布局。按照该布局调整后,大兴新区范围内的商业用地,从总量和分布上都更加优化。原新区分区规划商业用地面积为 936 亩,占新区原土地总面积 8.67 平方千米的 7.2%;调整后的新区分区规划中,商业用地面积和配建商业占地面积将达到 3000 亩左右,占新区土地总面积 17 平方千米的 11.8%。

按照"一轴一带一环一心两翼"的商贸服务业布局,大兴新区将具有国际交易会展、城市现代服务和先进物流配送等综合服务功能,成为西安市新的市级商业中心,打造出西安市"二环内商业新地标"的高端区域品牌。

1. 一轴:大兴东路商业轴线

以大兴东路为主轴,向南、北两侧延伸,整体打造为西安汉文化特色商业街和大兴新区城市景观示范大道。

大兴东路沿线,突出发展国际商贸总部经济集群,辅助发展高端品牌店、特色餐饮、商务会所等业态,重点建设龙湖·MOCO 国际、西安国际商贸基地等项目。

2. 一带:大兴城市景观休闲街区

大兴城市景观休闲街区,东起星火路,西至西二环,长约 3 千米,宽约 40 米,建设风格体现汉文化主题,与环城西苑相呼应,共同打造成"西安夜生活新天地"。

大兴城市景观休闲街区项目中,突出发展文化旅游休闲集群,辅助发展餐饮、娱乐等业态。

3. 一环:主干道商贸服务业环线

主干道商业环线,指沿西二环—北二环—朱宏路、星火路、环城西路北段—大庆路构成的主干道商贸服务业环线。

在主干道商贸服务业环线上,沿西二环—北二环突出发展文化旅游休闲集群,沿朱宏路、星火路、环城西路北段—大庆路突出发展五金机电展销集群,整个环线同时辅助发展商业综合体、研发总部等业态,重点建设大兴望湖酒店、丰和坊、金辉·天鹅湾、陕鼓西仪商业综合体等项目。

4. 一心:核心商贸商务区

在新区"九里坊"的中心里坊地块,集中安排商业用地,作为新区的核心商贸商务区进行开发建设,形成新区的高端形象定位和商业价值高地。

核心商贸商务区内,突出发展大型商贸购物集群,辅助发展高星级酒店等业态,重点建设城市综合体、五星级酒店、5A 级写字楼、企业总部大厦等项目。

5. 两翼:拓展区、三民村地区特色商贸服务区

拓展区以北关正街(未央路)、永新路和红庙坡路为载体,突出发展商业综合体,辅助发展品牌店、特色餐饮等业态,重点建设北关商业综合体、红庙坡城市广场

等项目。

三民村地区以汉城北路、枣园北路、大兴西路为载体,突出发展高端专业市场、现代物流配送,辅助发展国际居住社区等业态,重点建设大兴欧洲城等项目。

(四)商贸服务业发展目标

1.启动建设期(2011—2012年)

搞好新区点上的商贸服务业培育,建成商业面积45万平方米,实现地方财税收入1亿元,实现就业0.9万人。

2.全面建设期(2013—2014年)

加快新区面上的商贸服务业布局,建成商业面积累计达到250万平方米,实现地方财税收入6.5亿元,实现就业5万人。

3.效益形成期(2015—2016年)

基本完成"一轴一带一环一心两翼"的商贸服务业布局建设,建成商业面积累计超过500万平方米,实现地方财税收入15亿元以上,实现就业10万人。

三、保障措施

(一)坚持规划引领

在对新区商贸服务业发展规划进行细化研究和专家论证的基础上,尽快完成新区分区规划调整方案的编制和报批工作,确保用科学规划引领新区商贸服务业发展。进一步发挥新区规划管理工作联席会议的作用,加强与规划主管部门的沟通协调,严格审批程序,确保新区商业用地落到实处。

(二)实施项目带动

坚定不移地实施项目带动战略,全力做好以国际商贸基地为代表的一批大项目的实施工作,抓紧策划一批大体量的重点商贸服务业项目,建立专项数据库,实现建设一批、储备一批、开业一批的项目建设格局。

(三)强化招商引资

加强策划包装、推动品牌招商,力争再引进3~5家全国知名的商业地产开发商。实行定向招商、专业选商、以商引商,依靠大商、名商支撑新区商贸服务业发展规划的高效实施。制定商贸服务业发展扶持政策,为招商引资创造条件。

(四)加快产业升级

加强对现有商贸服务业资源的普查和摸底,认真研究产业规律和发展趋势,积极引入企业总部和现代服务业,使商贸服务业布局科学合理,结构更加优化。对已形成的五金机电、食品、酒店用品市场等,重点搞好产业升级和产业链的延伸,扩大经营规模,提升服务档次,形成品牌效应,增强区域商贸服务业综合竞争力。

(五)加强组织领导

成立大兴新区商贸服务业发展规划实施领导小组及其办公室,统筹新区商贸服务业发展的落实、管理与服务工作,为入区企业营造最佳的投资发展环境。建立大型商贸服务业项目听证制度,通过规范的审核和征询程序,更好地引导和调控大型商贸服务设施的布局、建设和发展。

西安大兴新区"大城管"模式的探索与实践[*]

一、前言

伴随我国城市化进程的快速推进,越来越多的城市城区尤其是老旧城区都面临着功能调整、产业转型、空间重构等任务,对其实施综合改造既有必要,也是大势所趋。城市综合改造具有时间短、任务重等特点,实施过程中往往面临保护、拆迁、建设等同时存在的困难局面,给相应的城市管理工作带来十分复杂的局面。在此背景下,原有城市管理模式容易造成管理与建设脱节,导致重建设轻管理、重发展轻服务等不良局面,既影响到改造区域的价值提升,也给后续管理工作带来不便,因而不再适用。为此,积极探索并构建与城市综合改造区及其可持续发展相匹配的城市管理模式,十分必要。

大兴新区综合改造是西安市首个城市规模化综合改造、工业企业搬迁改造项目,首个自下而上、以区为主、准开发区体制实施的改革和改造,也是一项涉及企业搬迁、城市建设、环境整治、社会发展的系统工程。按照各级领导的指示精神,大兴新区把城市管理纳入区域发展总体战略,针对新区作为城市综合改造区的特点与要求,确立了"大城管"管理理念,坚持"独立运行、大胆创新、做大做强、确保实效"的发展思路,不断完善新区城市管理体系,积极探索新区城市管理新模式。

作为新区城市管理的主体单位,城市管理综合执法局(以下简称城市管理局)对国内外现代城市管理模式进行了较为深入、系统的比较研究,通过明确政府主导地位,构建了包括政府部门的组织支撑体系、相关机构的专业支撑体系、关联企业的服务支撑体系和市民参与的社会支撑体系在内的城区管理体系;全面贯彻监管分离、联合执法、标准化执法等原则,重点突出统一指挥、前置管理、规范执法等要素,围绕城市运行和发展进行决策引导、规范协调、服务经营,有效推动了新区城市管理和区域可持续发展局面的初步形成;做到了专业队伍全面发展、市容环境跨越

---

  * 2011年6月起,受西安大兴新区城市管理综合执法局时任负责人邀请,笔者组织实施了新区调研课题"城市综合改造区'大城管'模式探索与实践——以西安大兴新区为例"的研究工作,负责课题报告提纲拟定、全文统稿、定稿等工作,主要合作者包括田红波、陈文丽、东小东等。本文主要提供了课题报告的正文部分,并和《西安大兴新区发展反思》《西安大兴新区商贸服务业发展思路》这两篇文稿,构成笔者针对西安大兴新区社会经济发展研究的三部曲。

提升,树立起市容环境综合管理良好形象,提升了新区形象、改善了人居环境,助力招商引资顺利开展。

本调研课题旨在进一步总结大兴新区城市管理工作的已有实践,对其中规律性的做法和成功经验予以概括提升,以利总结工作、统一认识,并为在后续工作中加强研究、持续创新奠定基础、创造条件,从而为新区城市综合改造提供更加成熟和有效的城市管理工作保障。

二、创新体制,开创城市管理新局面

(一)应对挑战、认真调研,明确管理工作方向

大兴新区综合改造实施以来,原有城市管理工作取得了一定成绩,但存在的缺陷也日趋明显:管理方面,相关职能部门条块分割、自成体系、缺乏统筹协调,人、财、物和信息等资源的利用率较低;执法方面,对拆迁改造项目中建筑工地的监管力度较弱,缺乏工作标准;服务方面,重管理、轻服务,导致服务能力有限;社会参与方面,工作开展限于相关职能部门,缺乏有效途径引导社会组织和公众的参与。此外,大兴新区辖区面积有限,大而全的城市管理模式也不适合新区的管理实际。

面对上述挑战,城市管理局先后组织赴杭州、北京等地的学习考察,对杭州市"数字化城市管理模式"、北京市崇文区"联合执法模式"及东城区"万米网格单元模式"等进行实地调研。经过分析比较和充分论证,确定了大兴新区城市管理工作的基本方向,即在指导思想上,既考虑当下,也着眼未来,要形成可持续的城市管理与服务体系,使城市管理工作具有良好的适应性;在具体操作上,要理顺关系、整合资源,建立新的城市管理工作体制,要组建高素质的工作队伍,建立严格规范的考评制度,要引入社会力量,通过市场化运作提供优质服务。

(二)理顺关系、分类整合,创新管理工作体制

梳理关系、整合业务。为打破条块分割、增进资源共享,大兴新区管委会专门成立"城市管理工作联席会议领导小组"(以下简称领导小组),组长由管委会专职副主任担任。领导小组针对各部门在城市管理工作中的职能特点,确定了主体部门(城市管理局)+扩展部门(规划分局、规划建设局、国土房管局、纪检组)+辐射部门(企业搬迁和城中村改造办公室、土地储备交易中心、宣传推广中心、警务特派室和交警莲湖大队红庙坡中队)的部门工作关系,在此基础上,分类整合城市管理的业务职能。其中,城市综合执法、市容、环卫、园林、市政等属城市管理核心业务,由城市管理局负责开展;规划、建设、土地、社会稳定等管理工作与城市管理关系密切,由相关扩展部门共同配合开展;宣传推广、土地储备、警务等工作与城市管理有一定关联性,由相关辐射部门共同配合开展。

统一指挥、职责稳定。领导小组作为决策机构,通过整合与城市管理业务有关的各个职能部门,形成统一指挥、统一调度的城市管理格局。城市管理局作为城市管理主体部门,下设综合执法、市容环卫、绿化养护、市政维护 4 个部门,负责实施城市管理的日常工作,同时设立监察科作为任务发现、派遣机构。各扩展部门和辐射部门的原有职能不变,同时依据本部门涉及的城市管理职责,在领导小组统一指挥下,参与并配合好新区的城市管理工作。

注重协调、形成合力。领导小组在城市管理局设立办公室,负责各市级专业部门的对接与协调等工作。城市管理工作联席会议每月召开一次,听取月度运行情况分析报告,针对尚未解决的跨区、重大问题等制定工作方案,检查上次会议决定的执行情况,对于重大或紧急的城市管理问题,联席会可随时召开。由街办、公安、工商、卫生、建设、环保等城市职能部门通过抽调、派驻人员的方式,建立大兴新区城市管理联合执法队进行联合执法,既缩短工作环节,也形成部门联动,大大提高了工作效率。将经济发展研究中心、区内居民等社会团体和公众纳入工作范围,实现专业技术支持、群众广泛参与,协助城市管理工作健康发展。

通过明确城市管理工作的基本方向,尤其是随着领导小组的适时成立,大兴新区的城市管理从起始阶段就确立了"主体部门＋扩展部门＋辐射部门"的工作格局,以联合执法为标志的部门协作,迅速开创了新区城市管理的崭新局面。

三、流程再造,构建城市管理新机制

大兴新区城市管理局作为新区城市管理工作的主体部门,在"多方参与、共同治理、动态协调"的原则指导下,以构建适合新区发展的一整套运行通畅的城市管理机制为目标,以为新区群众创造良好的生活环境为宗旨,通过流程再造,对工作程序进行优化设计,建立起科学的组织和人员结构,实现由面向管理向面向治理服务并重转变,较大程度提高了新区城市管理工作效率。

(一)管办分离,突出城市管理工作主线

城市管理局坚持管办分离原则,突出城市治理职能,主动成立城管服务公司,积极引入相关服务机构,在局、公司、机构之间,通过对话、协调、合作等方式,充分调动各方的积极性,最大程度动员社会资源,实现了各利益主体的互利共赢。

在具体实施中,城市管理局调适职能权限,剥离城市管理服务业务由城管服务公司承担,并在市容环卫、绿化养护、市政维护等城市基础设施管理方面,以市场化运作为手段,引入社会力量实现提供主体和提供方式多元化,通过服务质量考核,提升城市服务水平。

在机构设置轻量化的基础上,城市管理局得以强化管理职能,在全面把握城市管理职能要求的基础上，全力实施城市管理发展定位、目标制定、模式探索、业务流程设计协调以及工作结果检查考核等工作。

(二)监管分离,保障事件处置高效落实

事件的发现与办结,是单项具体城市管理工作的开始与结束,需要实施全程监督。城市管理局以监察科等部门为基础,通过引入社会力量,降低事件漏报率,监督事件处理进度,保障了事件办理的高效落实。

城市管理局依据监管分离原则,设立了具有独立监督职能的监察科。监察科负责对城市管理事件的前期发现,通过多方收集事件线索,保障领导批示、社情民意等能够畅通地上传下达,同时通过每日工作巡查,将发现问题汇总,城市管理工作职责分工,以发放督办单的形式督促各部门限期处理,并依据各部门督办结果回复以及现场查看验收确保事件落实效率及质量;在每月月初将上月事件处理情况、质量进行汇总,形成月度城市管理工作运行报告,提交领导小组;通过新闻媒体定期公布城市管理状况,接受公众舆论监督。

(三)规范处理,实现案件办理快速文明

在案件办理方面,城市管理局将标准化执法贯穿于案件处理全过程,在巩固新区现有标准化执法运用水平基础上,重点做好对自由裁量权的规范与运用,落实执法主体的审查权下移制度。通过建立城市管理综合执法案件审理委员会,下发案审会工作制度,建立案件分级管理制度以及采用多元化工作处理手段,增强标准化执法的分级管理及长效管理,消除执法中推拉撕扯、口气生硬等不文明行为,赢得了群众认可,提高了群众自觉遵守城管法律法规的意识。

针对非法用地、违法建设案件查处存在的多头执法、重复处罚等问题,新区充分发挥"市级协调,区级管理"的体制优势,通过从规划、国土、建设、警务特派室等部门抽调专门人员,成立城市管理联合执法队,并由城市管理局实行统一管理。根据行政处罚权,对涉及多部门的案件进行联合执法,由相应的行政主管部门做出处罚决定或采取强制措施,并由参加联合执法的该部门执法人员具体实施。联合执法有效预防了部门之间推诿扯皮现象的产生,实现了新区开发建设秩序的规范化管理。

新区城市管理局通过管办分离、突出重点,形成工作层层分工、层层负责的良好局面;通过对事件的发现、督办,保证城市管理工作有始有终;通过标准化执法、联合执法,实现城市管理执法的公开公平公正。对城市管理具体工作的流程再造,为新区整体城市管理服务工作的顺畅运行打下了坚实基础。

四、保障有力,树立城市管理新标杆

为建设现代城市管理体系,新区城市管理局在确立科学工作体制及顺畅工作机制的基础上,进一步采取切实有效的工作措施,着力构筑"人员队伍、素质培训、考核评估、市场运作、信息科技"五大保障体系,全面支撑新区城市管理"大城管"模式的运转实施。

(一)立足新区需要,积极组建三类城管队伍

组建队伍是城市管理工作开展的前提与基础。城市管理局通过引入社会力量参与,共组建了城市管理、城市执法和城市服务三类队伍。

城市管理队伍,由城市管理局管理人员组成,以保障城市管理工作顺畅运行为目标。工作职责包括任务检查督办,工作运转与考核;探索城市发展规律,为领导统筹规划城市管理工作提供参考等。

城市执法队伍,由综合执法大队与联合执法队两支队伍组成,以维护新区市容环境正常秩序为目标。工作职责包括建筑工地管理,市容环境管控,违法用地、违法建设、违规设置户外广告查处等。

城市服务队伍,由新区城市管理服务公司和外包公司——大智公司,瑞馨源物业公司及环美保洁公司组成,以保障并不断改善市容环境为目标。工作职责包括道路清扫保洁、野广告清除、零星垃圾清运、基础市政设施维护、绿化养护等。

(二)加强素质培训,不断提高城管服务质量

城市管理局通过入职培训、参观学习、业务培训、专家讲座、模拟办公等多种形式,对城市管理工作人员进行城市管理、综合执法、市容环卫、市政维护、绿化养护等方面的专业知识培训,增强城市管理、执法、服务队伍遵纪守法、服务城管事业的主体意识,不断提高员工整体素质。

城市管理局与省警官学院建立用人渠道,先后招聘40余名优秀学员作为执法大队骨干力量,每日定时定量进行军事化训练,培养执法队员令行禁止的军事作风,提高队员纪律观念。通过办公住宿一体化制度,保证人员在位率,遇到紧急情况可以保证人员足额、及时到位,达到提高城管执法执行力,实现城市管理全天应急保障的目的。

城市管理局要求城市管理服务公司、外包公司定期组织员工进行服务技能培训,通过把技能培训与员工等级挂钩,将技能考试成绩作为员工的晋升依据之一。各公司也通过组织竞赛、工作比拼、鼓励先进、鞭策落后等形式定期或不定期进行考核,检验员工的培训效果。

此外,城市管理局还实行了年度中队长竞岗、执法队员轮岗制度。四个执法中队的中队长、副中队长候选人需接受队员评议,并经全体队员选举产生。各中队长、副中队长经选举产生后,要根据队员日常表现及相互沟通交流情况,按计划选择本中队人员依次轮岗。通过实施竞岗、轮岗制度,增强了大家的竞争意识,优化了中队人员组成,进一步提高了队伍的凝聚力。

(三)明确目标责任,有力保证任务层层落实

为确保城市管理的效率、质量,城市管理局建立了一套科学的目标责任制度,保障监管机构的监督工作有章可循。城市管理局与新区管委会每年签订工作目标责任书,城市管理局内设7个部门将局任务分解后,与局签订部门工作目标责任书,并将任务分解至个人,确保任务层层落实。同时,城市管理局制定奖惩办法,根据奖励先进、警示后进的奖惩原则,将城市管理工作与经济挂钩,只有达到目标的工作队伍和工作人员,才能根据考核评分等级获得相应报酬。

在具体工作中,城市管理局各部门按季度提交目标任务进展报告,城市管理局对进展情况进行评估考核、检查验收,并对工作进展缓慢的部门进行督促,对工作质量有瑕疵的部门限期整改。城市管理局通过日、周、月、半年、全年纪实考核与民主测评对员工进行评估考核,并将考核结果与绩效工资挂钩,奖励合格的工作人员,对不合格人员进行诫勉谈话。此外,城市管理局还对各公司进行服务质量监督与检查,将检查结果与合同续签挂钩,督促各公司提高服务意识,按期按质按量履行合同约定。

(四)实施项目管理,顺利达成多方共赢局面

新区城市管理局在充分借鉴全国其他地区经验基础上,把年度目标任务划分为多个项目,并委托城市管理服务公司进行具体管理。城市管理服务公司再将项目进行分类,并将部分项目通过招投标的方式承包给其他专业公司。中标公司负责承包项目的具体实施工作,对城市管理服务公司负责,城市管理服务公司除做好本身项目的组织实施外,对外包项目进行监督检查,并将所有项目管理情况及时报送城市管理局,服从城市管理局的统一安排。城市管理局根据各项目进展情况进行调控,控制项目总体进度,保持城市管理工作平衡发展。

根据政企分开原则,城市管理局对城市管理服务公司指导不包办,引导不干涉,充分尊重公司的经营自主权,既保证了公司自主经营,又保证了项目的服务质量。通过城市管理服务公司的市场化运作,不仅把政府从具体的琐碎事务中解脱出来,也调动了公司积极性,发挥了专业机构在服务和管理上的优势,实现了政府、公司和服务对象的多赢。

(五)利用高新科技,理性搭建城管指挥平台

新区城市管理局结合区域的实际情况和自身特点,选择利用北京等发达地区的数字化、网格化城市管理技术，继承其先进经验，依托莲湖区数字化城市管理监督指挥平台，按照区级子平台的定位思路进行建设，充分共享现有软硬件资源，着力打造新区城市管理监控、评价信息平台和指挥、协调平台。与此相对应，城市管理局构建监督与指挥两个"轴心"分离的监管体系，梳理城市管理业务流程，建立科学合理的综合考评体系。

借助数字化城市管理信息平台，城市管理局将实现城市管理从粗放到精细、从静态到动态、从分散到集中的转变，全面提高城市综合管理水平。目前，平台正处于建设过程中，有待于进一步发展完善。

总之，新区城市管理局立足城市发展需要，从队伍建设入手，组建了职能相对独立的城市管理、执法和服务队伍，通过加强理论和服务技能培训、完善目标责任制、引入市场化运作机制、利用数字通信和网络技术，树立了具有大兴特色的城市管理新标杆。

五、涌现亮点，展示城市管理新形象

大兴新区的城市管理工作经历了从无到有、逐步壮大的发展过程。虽然工作开展时间不长，但新区的城市管理有序进行，执法规范快捷，通过高起点定位、高标准要求、高效率决策以及决策快、人员到位快、工作开展快等手段，新区城市整体环境有了较大改善，涌现出许多管理、执法和服务亮点。

（一）树立三高标准，打造新区特色城管

自 2010 年 3 月大兴新区城市管理局正式成立起，全局按照"市级协调、区级管理"的职能特点，提出了"坚持高起点定位，高标准要求，定位和标准起到示范效应"的发展目标，并被区上确定为探索相对集中执法权的试点单位。在综合执法、市容环卫、市政维护、绿化养护等方面，坚持行业高标准。以打造城管平台为重点，通过对城市管理案件进行及时有效的派遣、处理和反馈，切实提高城市管理效率，提升城市管理水平，增强城市管理服务能力。

在城市管理局成立一年多的时间里，先后顺利完成西安国际商贸基地启动仪式、市区领导检查调研、创模工作检查、世园会等 82 次重大应急保障任务，形成了新区城市管理、执法、服务"高定位、高标准、高效率"的特色。

（二）形成三快作风，推进工作高效落实

根据新区管委会领导指示，城市管理局确定了"先行启动、分步实施、全面到位"的工作推动思路。围绕人员、装备 2 个关键环节，不断组建队伍，扩充力量。人员方面，由最初的 6 人快速发展至现有的 91 人，全局下设办公室、法宣、督察 3 个保障部门以及执法大队、市容环卫、绿化养护、市政维护 4 个业务部门。装备方面，建立起拥有 2 辆水车、2 辆机扫车、2 辆洗扫车的专业车队，以及完善的建筑工地远程监控系统。

在人员、装备快速到位的同时，城市管理局自 2010 年 5 月 1 日起，就按照计划逐步对新区的有关事权进行接收，将区域内道路清扫保洁、建筑垃圾管理、门前三包、综合执法、绿化养护及市政维护等事权全面纳入管理，形成了"决策快、人员到位快、工作开展快"的工作特点。

(三)治理重点顽症，凸显文明执法形象

城市管理局通过规范化的程序、严整的着装、文明的用语使队伍的形象得到了执法相对人的认可，减小了执法阻力，公众对城管执法的认同程度得到了提升。通过各部门间的联合执法，提高了行政执法效力，又降低了行政执法成本，同时还提供了优质的政府公共服务管理。

一年多来，执法队员累计出勤 9 000 多人次，出动执法车辆 2 000 余台次，开展集中整治 63 次，开展联合执法行动 21 次。在短期内彻底取缔梨园路违规经营夜市、早市，丰禾路东口非法营运摩托聚集点，丰禾路大规模占道夜市，西斜三路占道经营等多处长期性、影响恶劣的重点顽疾。通过对重点区域持续性的清理整治，起到了良好的示范带动作用，新区沿街秩序管控工作有突破性进展。

在历次的执法过程中始终坚持文明执法，从未出现执法队员与相对人的恶性冲突事件，在广大群众中树立了文明执法良好形象。

(四)狠抓管理难点，净化美化城区环境

建筑工地市容环境卫生管理是新区城市管理的重点和难点。城市管理局通过采取"提高标准，提前服务，建档评级，强力监管"4 项措施，狠抓建筑工地扬尘污染防治等管理难点。

一是制定下发《大兴新区建筑工地市容环境卫生管理办法》《大兴新区建筑工地市容环境卫生管理办法实施细则(试行)》等文件，提出建筑工地"六个到位，三个强化"，高标准要求建筑工地市容环境卫生工作的软硬件配备，共规范不达标点310 余处，下发督办单共计 150 余份。二是以服务建设项目为工作出发点，提前介入，缩短了建设筹备周期。三是对建筑工地实行"建档—评级—奖惩"分级管理，共推选 3 家文明工地，对考评较差的 7 家建筑工地责任单位下发通报 15 份，罚款告知书 4 万元。四是加强建筑垃圾清理清运的监管，出动队员 9 000 余人次，查处违规渣土车 400 余次，规范辖区工地渣土车 2 000 余车次，暂扣准运证 500 余本。

上述措施的有力落实，使建筑工地管理取得明显成效。蔚蓝青城等一批模范工地在"创模""双十乱"整治检查中，得到了市、区领导的充分肯定。

六、展望

大兴新区城市管理局通过理顺管理体制,创新工作机制,形成具有大兴新区特色的"大城管"模式,组建城市管理、执法和服务队伍,加强人员素质培训,明确目标责任,引入市场化运作,利用高新科技手段,为城市发展提供优质高效服务;采取三高标准,形成三快作风,以清理重点顽症,狠抓管理难点为重心,为新区市民打造美好家园创造条件,为新区顺利开展城市综合改造提供可靠保障,为改造后的新区在城市管理、发展、建设事业奠定基础。

虽然,大兴新区城市管理工作已取得初步成效,"大城管"格局初见成效,但仍有诸多方面需要继续努力;理论研究方面,加强与高校等机构的联系,多方听取和采纳适合新区实际情况的意见和建议,总结新区城市管理经验,不断适应新区城市管理需求;城市管理方面,进一步完善城市管理联席会议机制,发挥城市管理协调作用;城市执法方面,在现有基础上继续加强联合执法,同时要注意防止人力资源浪费,避免联合执法机构臃肿;城市服务方面,推进非基本公共服务市场化改革,社会提供主体和提供方式更加多元化,增强多层次供给能力,满足群众多样化的需求;硬件建设方面,继续加大对城管数字平台的投入,提升数字平台的质量和水平;社会参与方面,广开渠道,鼓励更多的社会团体和个人参与到城市管理的全过程中。

系统理论视野下的商业街区研究[*]

一、研究背景

(一)城镇化与城市商业发展

20世纪90年代以来,随着"建立社会主义市场经济体制"目标的确立,中国的城镇化进程逐步加快,城镇居民消费水平也同步提高。按照国家统计局的公开数据,中国城镇化率在1992年、2002年、2012年分别达到27.46%,39.03%,52.57%,二十年间实现了年均1.26%的增速,净增城镇人口超过3.9亿;与之相应,中国城镇消费品零售额在1992年、2002年、2012年分别达到5 386亿元、25 898亿元、182 414亿元,二十年间增长近33倍,城镇居民人均消费品零售额也从1 674元增长至25 626元。这些数字表明:城市、城镇的持续建设和发展,促进了城市(镇)商业的成长繁荣;城市商业的不断兴旺,吸引着更多人口进入城市生活工作。

(二)城市商业街区的重要性

街区是构成城市的基本单元,城市中的商业街区是实现城市商业功能、满足居民消费的基本载体。因此,城市商业街区是联系城镇化进程与城市商业互动发展的最佳表征。发达国家和中国内地发达地区的实践也表明,合理建设各类商业街区,积极发展街区经济,是城市主城区特别是中心城区实现产业升级和转型发展的有效途径。根据商务部流通发展司的数据,截至2010年底,中国县级以上城市的存量商业街区超过5 000条,其总长超过3 000千米,经营面积超过2.5亿平方米。可以预见,在"城镇化"成为中国的全局性工作后,无论新建的城镇、城市新区,还是城市中原有老旧城区的更新改造,商业街区都会在其中扮演重要"角色"。

(三)城市商业街区的系统界定

从已知的国内文献看,针对商业街区的研究大体集中在概念与形态[1-4]、规划设计[5-8]、评价体系[9-10]、发展对策[11-12]等方面,从系统视角出发的整体性研究还不多见。本文结合系统分析方法和复杂性理论观点,在对商业街区进行系统界定的

  * 2011年6月至2012年5月,受洪增林博士邀请,笔者参加了由其主持的"街区经济发展研究"课题攻关工作,主要承担了课题中基础概念辨析、街区经济系统分析等部分的研究及写作工作,本文是对笔者所承担课题研究及写作内容的进一步修改和完善。

基础上,全面解析这一动态发展的开放系统,重点研究其环境目标、要素结构、驱动力组成及运行与发展等问题。本节先给出。

商业街区的系统界定:由各类经济主体及其相关行为活动等共同构成的一类集合,是一种具有众多组成要素和特定动力机制的动态开放系统。商业街区系统的内涵:以城市经济作为存在依据及发展环境,以持续产生经济社会效益为发展目标,城区是系统运动及变化的基本空间范围,系统要素包括商业街区(物理意义)、商家(产业)、市场、政府等,系统动力机制主要是市场自组织与政府他组织的结合,系统特征包括规模、特色、影响力等(见图1)。

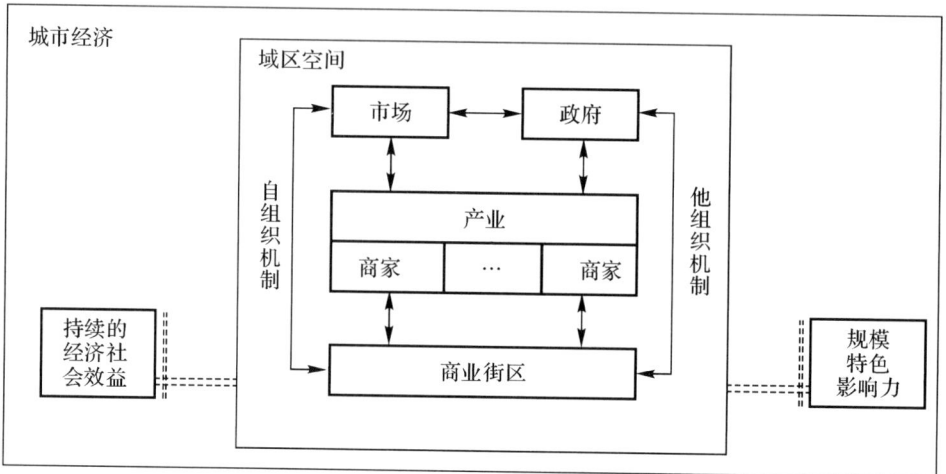

图 1 商业街区的系统解析

二、商业街区系统的环境与目标

(一)系统环境

任何系统都存在于一定的环境当中,其存在和发展必须适应客观环境[13]。商业街区系统的出现也是适应环境的结果,其环境主要涉及五方面:自然环境,即街区所在城市的地理条件、气候特征、区域区位、资源禀赋等;经济环境,即街区所在城市的经济规模与结构、人均生产总值、主导产业、企业发展状况、居民收入水平等;社会环境,即街区所在城市的居民的价值观念、生活方式、消费习惯、受教育程度以及该城市的人口状况、商业氛围等;政策环境,即街区所在城市的政府所提供的治理能力、法制水平、服务绩效,以及基于社会经济管理体制的各种法律法规、制度规范等;文化环境,即街区所在城市的历史文脉、文化传统、历史文化遗存,以及可为城市所应用的科学技术、信息渠道、管理手段等。

（二）系统目标

任何系统都具有一定的功能，而社会经济系统也总有一定的"目的性"。商业街区系统所面临的环境，影响了其存在的目的和发展的目标，即持续产生经济社会效益、推动区域发展。具体包括：消费者作为市场需方主体，实现交换、享受服务等经济利益；投资商、开发商、运营商、经营户等市场供方主体，实现销售利润、投资管理回报以及成长发展等经济社会利益；各类中介机构通过其专门服务，实现相应的经济社会利益；政府实现经济增长、产业发展、就业增加、人民生活水平提高、城市形象提升等经济政治利益；城市实现经济、社会、文化共同持续发展的整体利益。

三、商业街区系统的要素与结构

本部分以商业街区系统的内涵解析为基础，结合商业街区整体发展及其建设、管理等实践，对系统的要素、结构进行分析。

（一）系统要素

为便于分析论述，从主、客二分的角度，将商业街区系统要素分为主体要素与客体要素两类。

1. 主体要素

（1）市场供方主体：投资商、开发商、运营商与经营户。包括参与商业街整体（或单个商业项目）开发建设的投资商、开发商，负责项目运营管理的运营商，承担商铺日常经营管理的经营户，及受雇于投资商、开发商、运营商和经营户的雇员群体。

（2）市场需方主体：消费者。指进入商业街区并有购物消费意愿和行为的顾客群体，可分为当地消费者、邻近地区消费者和游客消费者三类。

（3）政府。政府是商业街区发展所需重要资源和要素如土地、规划、政策等的提供者，也是街区基础设施等环境及配套建设的主要投资者，在街区商业开发项目中往往发挥主导作用，能够对市场的自组织机制进行干预和补足，组成上包括与街区建设管理相关的全部职能部门和专门管理机构，在建设管理各环节的作用，突出表现为制定相关规划、优惠政策、法律规章、管理制度以及投入资金、行政执法等。

（4）中介机构。商业街区的健康发展，需要商会、律师事务所、房地产评估、市场调查、管理咨询、专业代理等各类中介机构组织及其提供的专门服务。在整个街区或单个商业项目的开发建设过程中，融资是必需的环节，因此以银行为代表的金融机构，成为商业街区系统中不可缺少的一类中介要素。

2.客体要素

(1)作为空间载体的商业街区。

商业街区是区域商业得以开展的物理载体和活动空间,这里侧重对其物理意义上的分析,主要包括商业街区配套设施、商场和商铺。

商业街区配套设施主要包括通行街道与路面铺砖,沿街商业建筑及辅助设施(停车场,室外咖啡座、售货亭,电话亭、无线互联网等),座椅、雕塑、小品、垃圾箱等城市家具,以及绿化、亮化、水景景观等。商场指在商业街区两侧或周边布局的规模较大的综合性经营场所,一般为多层商业建筑,每层设置不同的购物主题,且多分隔成若干独立经营的铺面。商铺既包括商场中独立的经营铺面,也包括商业街区内独立经营的小店铺。

(2)特色。包括特定商业街区系统中,街区空间环境的建筑特色,街道街景容貌的文化特色,经营商品的门类档次特色,服务水准的专业化、人性化特色,以及购物消费环境的舒适化、新奇化特色等。

(3)品牌。包括特定商业街区系统中,投资商、开发商、运营商的品牌,经营户所经营和销售商品的品牌,以及系统整体所形成的商业运营、区域形象等品牌。

(4)商品、资金与信息。商品、资金、信息,是贯穿商业街区运行、实现各主体及相互间行为功能的主要载体,是构成商业街区系统的一类重要客体要素。

(二)系统结构

结合对商业街区系统要素的全面分析和对商业街区的系统解析,图2给出了商业街区系统结构(即系统要素间关系)的示意图。如果以商业街区的建设、管理等主要实践活动为线索及区分依据,可以将商业街区系统细分为建设子系统、管理子系统、融资子系统等。

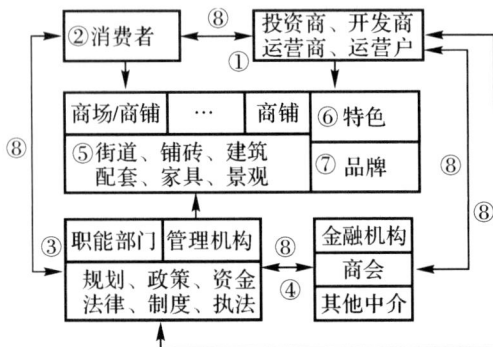

图2 商业街区系统结构图示

系统主体要素:①市场供方主体;②市场需方主体;③政府;④中介机构

系统客体要素:⑤商业街区(物理意义);⑥特色;⑦品牌;⑧商品、资金、信息

四、商业街区系统的复杂性

(一)认知复杂性

目前,对于什么是商业街区等基础性认知问题,在学术界和业界还存在着较大差异。比如在业界,作为国内贸易行业标准的《商业街管理技术规范》对商业街的界定,在学理上仍不尽完善;即将出台的《商业街分类指导规范》,所提商业街分类存在着划分标准过多且不自洽、划分子类过于简单等缺陷。相应地,学术界对商业街区的研究讨论更加多元、宽泛,难于找到一套相对权威和得到公认的概念及研究体系。

(二)环境复杂性

商业街区系统的环境要素众多,涉及自然、经济、社会、政策、文化等方面,在事实上又构成了一个商业街区系统的环境系统,其要素数量达 30 个左右,其中的一些要素,如区域区位、经济规模与结构、生活方式、消费习惯、治理能力、制度规范、历史文脉、科学技术等,无不呈现出各自学理向度上的复杂性,从而形成商业街区环境系统的复杂性。

(三)结构复杂性

商业街区系统涉及的八类要素,包括了不同层级、数量众多的行为主体以及硬件、流动性与软性要素,其在商业街区建设、发展过程中,又处在不同的地位或起到不同作用。对这些要素的全盘把握和融会贯通,必须要在时间、空间、主体、客体、层级、秩序等多重维度的审视下,才可能完成。

(四)建设管理复杂性

在商业街区发展过程中,最为复杂的问题就是其建设和管理问题。在建设阶段,交通规划、空间维度设计、定位及店铺组合、特色营造、景观设计、商业街管理制度等实际问题[14],给政府、投资商、开发商、运营商等行为主体带来巨大压力,做出各种相关决策要考虑的因素关系复杂、过程复杂。

在管理阶段,如何协调"繁荣"与"市容"这对基本矛盾,是一个公认的难题,因为它涉及了众多政府职能部门的权力与利益配置。其他如规划管理与项目引进、"人流"与"客留"、街区管理规范、相关数据统计、街区特色保持、商会作用发挥等,都在考验政府部门、市场主体以及商会等组织的管理智慧。

综上所述,商业街区系统的确是一类复杂的社会经济系统,在对其的认知、系统环境、系统结构,特别是系统的建设管理方面,都存在着不同程度的复杂性。这些复杂性相互耦合,共同构成了商业街区系统的特殊复杂性,即"认知多观点、环境多变量、要素多层级、建设多主体、管理多部门"。

五、商业街区系统的动力组成

区域经济发展动力的典型观点,可归纳为"三因说"[15]、"四因说"[16]、"五因说"[17]和"六因说"[18]。综合分析这些观点,作者认为区域经济发展动力主要包括自然力、经济力、社会力、政策力和文化力五方面,这也是进行商业街区动力分析的重要基础。

(一)自然催生力

商业街区系统的自然催生力,主要来自于系统所在城市的气候特征、资源条件,以及系统所处的区位等。如加拿大蒙特利尔地下城的出现,主要就是由于该城市每年都有 4~5 个月的冬季,这种气候特征促成人们建设地下城,并在其中常年开展商业和社会文化活动。

而街区经济系统所处的地理空间区位,则是最为重要的推动系统发展的自然力组成。无论美国纽约的第五大道、英国伦敦的牛津街、法国巴黎的香榭丽舍大街,还是日本东京的银座、韩国首尔的明洞大街,抑或是北京市的王府井、上海市的南京路、西安市的钟楼商圈,所有这些著名的商业街区,无不是凭借自身所处的优越城市区位,吸引了当地和其他地方的消费者源源而至,使得整个街区人流不息、商气聚集。

(二)经济带动力

商业街区系统的经济带动力,主要来自于系统所处城区、城市的整体经济发展,也就是说,城市经济的不断发展与演进,推动着城区经济的持续转型与升级,正是在城区经济要素与结构的变化中,催生了商业街区,并带动了商业街区的发展。

从近代工业化以来的城市化进程来看,工业化是城市兴起和发展的基本动力,此后伴随工业化的不断深入,城市一般都会经历城市增长与扩张、郊区化与空心化、城市复兴等发展阶段。相应地,以商业为代表的第三产业在城市经济中的地位日益重要,直至成为整个城市特别是中心城区的支柱产业。正是在工业和第三产业渐次发展、各自演进、逐步更替的大背景下,才能更好地理解商业街区系统的经济带动力的内涵。

(三)社会原动力

商业街区系统的社会原动力,主要指系统所处城区、城市的居民,在整体上所表现出来的购买意愿与购买力。工业化、城市化是全球经济发展的必然,在此过程中,社会分工与专业化程度越来越高,城市居民只能通过购买的方式来获得生活必需品及其他商品和服务。正是在这个意义上,我们把城市居民的购买力等作为商业街区系统的社会原动力。此外,不同国家、不同地区的城市居民,存在着不同的生活方式、消费习惯,这些因素也构成了商业街区系统的社会原动力。

(四)政策驱动力

商业街区系统的政策驱动力,主要指系统所在城区、城市的政府,通过法律、法规、政策、制度规范、管理服务等手段和途径,对商业街区发展起到的引导和调控作用。这在中国城市商业街区的发展中表现得尤为突出。比如,为了促进当地商业街区的健康、有序和快速发展,不少城市政府都制定了相关的管理办法,由城区政府出台的相关管理办法更为多见。此外,我国相当多的商业街区都成立了专门的管理机构,有力促进了相应街区的建设和发展。

(五)文化推动力

商业街区系统的文化推动力,主要指系统所在区域的历史文化积淀和遗存,以及可为系统所应用的科学技术、管理手段等,对系统整体起到的推动和提升作用。

区域的历史文化积淀和遗存的挖掘、弘扬及传承,对商业街区发展的推动作用最为直接。如青岛市市北区啤酒街的所在地登州路,就是青岛啤酒的诞生地,当地政府依托这一宝贵的商业品牌与文化资源,做出了打造名街的科学决策,在短时间内使青岛啤酒街名誉全国。先进科学技术的应用、管理理念方法的不断创新,也可以积极助推商业街区的发展。如位于北京市朝阳区的世贸天阶,其天幕动用了全球最先进的技术,为整条街带来了梦幻色彩和时尚品位的声光组合,让世贸天阶成为北京市民和各地游客的必到之地。

六、商业街区系统的运行与发展

(一)系统运行特点

日本学者石原武政提出的买卖集中原理,深刻分析了商业街区形成及运作的内在规律,也是理解商业街区系统运行机理的重要理论依据。[19]这里重点阐述商业街区系统的整体运行特点。

市场主体先行,政府规范引导,中介协同配合。商业街区的发生、发展,都要依靠各类市场主体及其力量,满足、引导并创造消费需求,这是商业街区建设的原动力。商业街区的科学发展和有序管理,需要政府各职能部门积极引导,通过政策、制度等对各类主体的行为予以规范。在商业街区建设管理中,银行、商会等中介机构,从项目融资、行业自律等方面对商业街区的可持续发展给予协同和配合。

街区规划先导,项目硬件承载,文化特色提升。城市经济发展中,规划是第一生产力。商业街区作为城市经济的重要组成,其规划水平与品质是商业街区能否成功的根本前提。各种商业项目和商业街区的硬件建设,为发展商业街区提供了支撑载体和动力源泉,也是落实商业街区规划的必然要求。文化内涵与个性特色,承载着商业街区建设者、管理者的发展理念和精神追求,是商业街区在激烈竞争中脱颖而出的必需选择。

(二)系统发展关键

基于我国目前市场经济的实际情况,结合现有的商业街理论,商业街区发展的一般机理可归纳为多元控价机理、创新发展机理和学习模仿机理。[20]。这里重点阐述影响商业街区系统发展的关键因素。

2001 年,麦肯锡公司在为上海南京路的改造做整体定位策划时,通过对一批国际著名商业街区的考察分析,归纳提出了国际一流商业街区必须具备的六大关键要素。这些要素包括渊远的历史,独特的景观和商业模式,多重功能,不断更新的支柱商家,方便的基础设施和良好的环境,大力推动街区发展的管理组织。[21]

对上述要素重新归类后发现,本质上还是三类因素在影响商业街区的发展,即环境、功能、管理:“环境”对应前述渊远的历史(街区文化)、独特的景观、方便的基础设施和良好的环境,是吸引消费者前来购物的外在条件;“功能”对应多重功能、商业模式、不断更新的支柱商家,是吸引消费者前来购物的内部因素;“管理”对应大力推动街区发展的管理组织,是对街区外在环境与内部功能的支撑与维护。由此可以归纳,商业街区发展的“环境、功能、管理”三因素,其核心仍在于街区对消费者的吸引力。

七、结语

本文以对中国未来城镇化与城市商业发展具有指标意义的商业街区为对象,选取独特的系统理论视角,对其进行系统界定和系统分析,并对商业街区系统的复杂性、动力组成、运行特点、发展关键等进行探讨,旨在为商业街区的理论思考和实践发展提供一种较为新颖和完整的基础框架,以期为相关研究和实际工作提供有益的参考及借鉴。

参考文献

[1] 保继刚. 主题公园的发展及其影响研究——以深圳市为例[D]. 中山:中山大学,1995.

[2] 刘旭. 城市特色街区建设与发展探析[J]. 红旗文摘,2008(8):21 - 23.

[3] 王兴平,崔功豪. 大都市专门化街区研究[J]. 规划师,2003(6):76 - 83.

[4] 黄清明. 传统商业街的形态研究[D].武汉:武汉理工大学,2008.

[5] 宋祎. 基于创意理念的合肥市特色街区设计[J]. 大众科技,2009(4):198

－199.

[6] 姬强,阎海瑞,吕晓京.解读浙江省台州市开元路商业街总体设计[J].甘肃科技,2010,12(26):137－138.

[7] 赵仁冠.城市旧商业街区的改造与更新[J].城市建筑,2005(8):20－23.

[8] 程红楼.城市步行街区规划探讨[J].科技情报开发与经济,2008,10(18):220－221.

[9] 沈燕峰.城市商业街的评价体系研究——基于苏州市山塘特色商业街的实例分析[D].苏州:苏州大学,2007.

[10] 马小琴.构建商业街评价体系指标探索性研究[D].长春:吉林大学,2007.

[11] 于洁.城市特色街区的发展趋势与开发策略[J].中国对外贸易,2010(12):152.

[12] 周媛媛."一品天下"美食商业街发展战略研究[D].成都:西南交通大学,2007.

[13] 王众托.系统工程引论[M].北京:电子工业出版社,2006.

[14] 汪旭晖.我国城市中心商业街改造建设的系统性思考[J].经济前沿,2006(10):16－20.

[15] 施祖麟,我国区域经济发展特点、动力及竞争力研究[EB/OL].http://wenku.baidu.com/view/2d7ebe13cc7931b765ce150c.html.

[16] 谷国锋.区域经济发展的动力系统研究[D].长春:东北师范大学,2005.

[17] 夏沁芳,冯艳.北京经济增长动力的量化分析研究[EB/OL].http://www.bjstats.gov.cn/tjxh30zn/cgzs/201007/t20100726_179836.htm/.

[18] 王艳明.我国经济增长动力机制与模式研究[EB/OL].http://www.ahdc.gov.cn/dt2111111204.asp?DocID=2111133108/.

[19] 施晓峰.中心商业街区魅力要素的研究[D].长春:吉林大学,2008.

[20] 余永红.商业街区若干影响因素及分类探究[D].天津:天津大学,2009.

[21] 仲进.麦肯锡再造南京路[J].商务周刊,2002(3):52－54.

西安市莲湖区劳动路街区的
定位、命名和产业发展*

一、街区的定位

首先,应该站在西安建设国际化大都市和莲湖全域跨越发展的高度,来认识劳动路街区。

1. 关于国际化大都市的发展趋势

刚刚发布的《国际城市发展报告(2012)》提出了"国际城市 2.0"的概念,指出当前国际城市运行的一些基本环境和指导理念正在发生重大变化,"城市发展正从依照国际通行标准提升城市水平和配置城市功能的 1.0 版本,进化到以挖掘和发扬自身特点为基点,谋求在世界城市之林中差异化发展的 2.0 版本"。

按照这个研究结论,西安建设具有历史文化特色的国际化大都市的发展定位,既包含"国际城市 1.0 版"的内容(在功能空间上,包括设立中央商务区、大型住宅社区、科技园区、工业园区、综合交通枢纽和城市轨道系统等;在建筑单元上,包括开发高星级酒店、国际连锁超市、大型综合商城、会展中心、博物馆、剧院和美术馆等;在软环境上,包括推广市民规范、双语标识、口岸服务和国际社区),也指向"国际城市 2.0 版"的趋势(寻找新的驱动力与发展模式,即创新驱动与智慧发展,体现为倡导"巧实力"(smart power)、"理性增长"(smart growth)、"智慧城市"(smart city)有机统一的"3S"战略)。

相应地,莲湖区要建设成为国际化大都市的中心城区,也应该遵循这种定位和策略。

2. 基于莲湖全域跨越发展的街区定位

劳动路街区全段(劳动南路—劳动路—劳动北路及其北延伸段的相关区域),南接西安高新区(南二环),北至汉长安城遗址区(北二环),未来必将成为承担西安中心城区南北交通的主要道路,其改造、建设在莲湖区内部,直接涉及土门地区、大

---

* 2012 年 2 月 13 日,笔者受邀参加了由西安市莲湖区人民政府组织召开的"劳动路文化产业街区"发展座谈会,本文为笔者在此次会议上的发言稿。

兴新区等经济板块以及相关街办,因此必须统筹考虑,整体规划。

为实现国际化大都市中心城区的发展目标,劳动路街区的规划设计、改造建设等,必须做到高起点、高标准。在软硬件方面,既要具备国际城市的水平和功能,又要挖掘、体现自身特色,注重差异化发展。

基于以上背景,提出对劳动路街区的整体定位是,西安二环内城区南北纵贯线,汉唐文明与工业文明交汇地(或简单表述为西安主城区南北纵贯线,汉唐与工业文明交汇地)。

其中,"纵贯线"的定位,主要针对劳动路街区的交通功能;"交汇地"的定位,主要基于以下考虑:

(1)在劳动南路区域(丰镐东路以南,特别是丰庆路以南),已经有大唐西市项目,既作为区域经济发展的龙头,也部分恢复了唐长安城的恢宏记忆;

(2)在劳动路区域(丰镐东路以北,陇海线以南),既分布有陕鼓西仪、玉林汽配市场、中联西北工程设计研究院等推动工业文明进程的企事业单位,也蕴含着像"劳动路""陇海线"以及"铁路专用线"等承载工业文明发展的历史具象;

(3)在劳动北路北延伸段区域(陇海线以北,北二环以南),以大兴东路十字为中心,大兴新区一方面正在着力打造"新汉风"城市特色,一方面也在策划包装"西安大兴文化综合体"项目。

按照以上定位,劳动路街区及其南北延伸,将依次呈现出如下的城市意向:科技高地—盛唐气象—工业文明—大汉遗风—汉城沧桑。

二、街区的命名

根据对街区定位的全面分析,建议该街区命名为"劳动路文化产业街区"。这样做,既可以实现对街区的通盘考虑和完整规划,也在产业层面明确了街区的产业定位,同时也与区政府的工作部署一致。

这里要强调的是,整个街区定位为文化产业街区,有下述现实依据。

首先,大唐西市已经是"国家文化产业示范基地""国家级非物质文化遗产生产性保护示范基地"和"国家4A级旅游景区",也是市委、市政府确定的全市"八大重点行业、八大文化板块、三大街区"文化产业发展格局中重要的街区之一(大唐西市文商旅街区)。另外,大唐西市周边还有西北工业大学、西安市城市规划设计研究院、西安市城市发展研究中心等科研单位,可以延伸发展设计、咨询、培训等辅助业态。

其次,在大庆路、劳动路十字周边,汽车汽配贸易、汽车服务等行业已初具规模,客观上具备了进一步聚集发展和改造提升的基础。比如玉林汽配市场,拟升级

改造为"西安玉林国际汽车文化广场",目前正积极准备立项。陕鼓西仪办公楼
("飞机楼")已被市规划局课题组确定为西安市重要的工业建筑遗产,未来保护利
用的可能性较大。考虑到该区域的产业基础和"飞机楼"的资源特色(前东德援
建),该建筑可策划为以汽车产品设计为主题的"中德工业设计中心"加以利用。这
样,该区域就能形成以创意设计为主题、以汽车产品展销及服务为主线的文化产业
功能片区。

再次,正在编制中的《大兴新区文化产业发展规划》(2011—2015年),在大兴
东路、劳动北路(延伸段)十字的西南角位置,策划包装了"西安大兴文化综合体"项
目,拟引进享誉台湾的诚品书店、威秀影城并同步建设数字出版中心等项目,通过
"书城＋影城"的特色发展模式,打造城西地标性文化综合体,构建"文化＋科技＋
金融"的文化产业格局。

三、街区的产业发展

1. 关于功能分区

结合街区的定位、命名和实地调研,我们提出劳动路文化产业街区的功能分区
为"一线三心五片",其中:

"一线",指劳动南路—劳动路—劳动北路及其北延伸这一发展轴线;

"三心",指大唐西市、中德工业设计中心＋西安玉林国际汽车文化广场、西安
大兴文化综合体;

"五片",指丝路文化功能片区(劳动南路转盘至丰庆路十字)、休闲娱乐功能片
区(丰庆路十字至西稍门十字)、创意设计功能片区(西稍门十字至陇海线)、文化欣
赏功能片区(陇海线至大兴东路十字)、文化体验功能片区(大兴东路十字至北二
环)。

2. 关于国际化因素的引入

在丝路文化功能片区,主要依托"大唐西市文商旅街区"的建设发展和扩张辐
射,以西安大唐西市文化产业投资有限公司为主体,在各级政府的支持和协助下,
积极引入国外特色商品专卖店、免税店等业态,建设丝绸之路风情街、国际奢侈品
一条街等。

在创意设计功能片区,可以就"中德工业设计中心"项目,以区经贸局、大兴新
区经发局、招商局等为主体,在上级政府部门的指导和帮助下,与德国著名的汽车
厂商研发中心等进行前期接触,研究项目落地的可能性与可行性。

在文化欣赏功能片区,可以就"西安大兴文化综合体"项目,以大兴新区经发
局、招商局等为主体,在上级政府部门的指导和帮助下,与台湾诚品股份有限公司、

台湾威秀影城股份有限公司等进行前期接触,研究项目落地的可能性与可行性。

四、关于街区申报市级服务业综合改革试点的建议

目前,全市共有6家国家级服务业综合改革试点聚集区(曲江新区文化产业聚集区、国际港务区物流产业聚集区、浐灞生态区金融商务产业聚集区、高新区生产性服务业聚集区、高新区服务外包产业聚集区、西安碑林区动漫产业聚集区),市发改委也正在组织各区县、各开发区申报市级的试点聚集区,截止时间为4月20日。

考虑到"大唐西市文商旅街区"已被市委、市政府确定为全市重点建设的"三大街区"之一,也考虑到西安市"十二五"规划中,明确提出"大力提升中心商业区功能,开发建设二环商业带,加快大兴路等商圈的规划建设,使商圈经济成为西安市扩大内需、拉动消费的重要途径",为此建议:

1.把劳动路文化产业街区整体申报为市级试点聚集区

由区发改委牵头,联合西安大唐西市文化产业投资有限公司、区经贸局、大兴新区经发局等单位,共同申报市级服务业综合改革试点聚集区。同时建议采取"整体规划、分片建设、同步实施"的开发策略,继续支持"大唐西市文商旅街区"(丝路文化功能片区)的开发建设和扩展辐射,积极引导休闲娱乐功能片区的业态调整,加快推进创意设计功能片区和文化欣赏功能片区重点项目的前期准备工作。

2.把"大兴路商圈"整体申报为市级试点聚集区

按照西安市"十二五"规划的具体要求,由大兴新区经发局牵头,在《大兴新区商贸服务业发展规划思路》《大兴新区文化产业发展规划》(2011—2015年)以及《大兴新区创建省级低碳试点园区实施方案》等的基础上,组织申报市级"商贸服务业聚集区",以此来增大莲湖区成功申报试点的可能性。

西安市莲湖区商贸业"十三五"发展思路[*]

加快商贸服务业发展,是莲湖区在经济社会转型发展关键时期和全面深化改革攻坚时期的一项重大发展战略。科学编制和有效实施商贸服务业"十三五"发展规划,对引导和推动莲湖区经济社会转型发展,打造国际化大都市中心城区,实现"实力莲湖、品质莲湖、幸福莲湖"具有重要意义。

一、莲湖区商贸业"十二五"发展回顾

(一)"十二五"时期商贸业发展的主要成效

1. 商贸业发展总体平稳,招商工作取得新成绩

按照"稳增长、扩内需、促消费、惠民生"的工作思路,加快市场体系建设,优化商业网点布局,提升行业发展水平,以大唐西市为代表的新商圈不断涌现。"十二五"期间,全区社会消费品零售总额累计完成 1 382.02 亿元,新增限额以上商贸企业 24 户。积极参加省、市招商活动,实现"大招商、招大商",成功引进香港新世界、新加坡 GIC 以及万科地产、富力地产、龙湖地产、金辉地产等品牌企业投资莲湖,全区实际引进内资完成 113.97 亿元,实际利用外资完成 2.261 4 亿美元。

2. 商贸业能级提升、布局优化,区域形象与品牌得到展现

皇城现代商贸聚集区、大兴新区商贸服务业聚集区、土门国际商务聚集区分别被列为国家、省、市服务业综合改革试点,初步形成涵盖"都会级商业中心、区域级商业中心、社区商业和商业街区、地铁商业、专业市场"的商业网络体系。大唐西市英文官网与联合国教科文组织官网实现互联,西大街"中国著名商业街"称号通过复评验收,大唐西市丝路风情街、太奥广场城市综合体等特色商业项目建成开放。商务部认定的中华老字号企业达到 6 家,陕西省电子商务示范企业达到 2 家,"网上丝绸之路"项目启动建设。

3. 商贸业资源持续汇集,集聚效应初步显现

全区现有各类商贸法人企业 4 901 户,限上企业数量年均增长 10% 以上。大兴新区综合改造稳步推进,龙湖星悦荟、梧桐坊等商业项目开业运营,老城根

---

* 2015 年 3 月起,受西安市莲湖区经济贸易局邀请,笔者主持承担了"西安市莲湖区商贸服务业'十三五'发展规划"的编制工作。本文为规划研究的阶段性成果。

GPARK、鑫苑·大都汇等项目启动建设，大兴东路沿线商贸服务业集聚效应初步显现，累计商业开业面积50万平方米。土门地区综合改造加快推进，确定了"一心六轴、八区多点"的国际商务区发展布局，以"四村"连片综合改造为载体的中央活力区核心区等3大重点项目顺利推进，阳光新业大庆路广场项目顺利启动。实施了历史文化街区有机更新保护，48处历史文化遗存管理保护得到加强，开通3条电瓶车精品旅游线路，建成"皇城商贸智慧购"项目，成功举办"马来西亚清真美食节"等活动。

4.政府管理服务不断加强，营商环境持续改善

出台了《加强企业服务促进经济发展的若干意见》《加快服务业发展的实施意见》《推进商贸企业升级发展奖励办法》等政策文件，积极发挥中小企业专项扶持资金、商标战略专项扶持资金的政策引导作用，扶持个体工商户、中小企业及专业市场转型升级。充分发挥区政务服务中心、区中小企业服务中心、区融资服务中心、区公共法律服务中心等平台作用，建立企业联络员和项目跟踪制度，政务服务效能不断提升，全区营商环境持续改善。

(二)"十二五"期间商贸业发展存在的主要问题

"十二五"期间，全区商贸业在取得显著进展的同时，仍然存在着一些制约因素和突出问题。

1.产业发展总体设计薄弱，整体统筹不足

对促进商贸、旅游、文化、科技、金融融合发展重视不够，相关政策的设计引导、定向扶持作用不足，造成商贸业发展缺少"高度"。高效的工作体制机制没有理顺，缺少国土、规划、财政、建设等相关部门的协调联动，导致商贸业发展没有"力度"。

2.板块开发分立，招商资源分散

西大街、劳动路、大兴新区、土门地区、桃园开发区、历史文化街区等重点板块的开发建设相对分立，在发展定位、功能发挥上合力不足，导致全区商贸业蓝图不够清晰。区经贸局、各板块招商部门以及企业的招商力量间沟通、协调、协作不充分，导致全区商业资源配置不够优化。

3.商业开发的专业能力不强、建设品质不高

在部分重点板块的综合改造中，从事商业开发的地产商多为省内企业，在发展视野、商业理念、开发经验、设计投入、资本运作、资源整合、管理模式等方面，与国内外一流的商业地产开发商存在显著差距，出现项目建设与经营脱节、市场定位和业态布局不合理等情况，造成人气不足、商业氛围不浓等问题，一定程度上影响了重要地段的价值兑现。

4.商业业态不理想、功能不完备

由于受到历史遗留、发展阶段、土地资源、开发能力、消费水平、考核压力等主客观因素的限制,部分商圈、商业街区普遍存在着业态零乱、功能缺失、设施老旧等突出问题,与"吃住行游购娱、商养学闲情奇、品享通学汇动"的新商业业态和功能标准相比,差距很大,也制约了全区商贸业的快速发展。

二、"十三五"期间莲湖区商贸业发展面临的形势

(一)发展机遇

"十三五"期间,全区商贸业发展面临着全面深化改革、丝绸之路经济带建设、消费升级等诸多良好机遇。

1.全面深化改革的机遇

"十三五"时期,我国将进入全面深化改革的新阶段,涉及财税体制、投融资体制、商事制度改革以及简政放权、创新驱动等方面,将进一步发挥市场主体作用,激发大众创业热情,释放经济增长活力,为商贸业发展提供了更大作为的空间。

2.丝绸之路经济带建设的机遇

国家"一带一路"战略的提出和省市建设丝绸之路经济带新起点的战略部署,带来西安建设内陆型改革开放新高地的重大历史机遇,莲湖区依托大唐西市"五丝工程"和历史文化街区有机更新,将进一步发挥自身历史文化资源优势,加快内外贸易融合发展,顺势打造丝绸之路经济带起点区和具有历史文化特色的国际化大都市中心城区。

3.消费需求升级的机遇

莲湖区经济发展已步入人均GDP破万美元、产业转型升级的新时期,居民人均可支配收入已达 37 757 元。"十三五"时期,原有生存型消费将加速转向享受型消费和发展型消费,"互联网+"也促进消费方式更多从"线下"走到"线上",信息、休闲旅游、文化娱乐、医疗、教育、养老等方面消费占比将大幅攀升,消费升级将为商贸业发展提供更大的市场空间。

4.交通快速发展的机遇

西安—兰州、西安—成都等高速铁路的建设,进一步放大了同城效应,带动城市间商旅文消费及相关行业的快速发展。西安地铁多条线路投入运营,进一步凸显中心城区的区位优势,为发展交通枢纽型商业创造了更好机遇。

5.棚户区改造的机遇

随着中央持续出台支持棚户区改造及稳定房地产发展相关政策,大兴新区、土门地区综合改造及区内棚户区改造将加快实施,能够带动一批高档商务楼宇和大

体量现代商业设施的开发建设，有利于改善全区商贸业经营环境，同时为引进高端商贸企业创造了条件。

（二）面临挑战

在看到有利因素的同时，也要清醒地认识到莲湖区商贸业发展还存在着下述不确定因素。

1.电子商务带来的挑战

电子商务正在无情地重塑着商业发展格局与版图，一方面传统商贸业正在经受电子商务的巨大冲击，批发、零售业的生存空间被挤压，竞争压力陡增，全区社会消费品零售总额增速必然显著放缓；另一方面实体商场主要依靠店铺租金盈利的传统经营模式也受到挑战，区内商场物业持有者能否和相关品牌供应商联手，通过分担方式来降低店铺经营者的租金成本，将成为实体商场可持续发展的关键。

2.区域竞争带来的挑战

经济发展新常态下，新城、碑林、雁塔等中心城区都在加快转型升级的步伐，并把商贸业作为产业发展的重中之重，解放路商圈、东大街商圈、小寨商圈的商业能级正不断提升，由此而来的竞争压力不言而喻。此外，高新、经开、曲江、沣东等周边城市板块的快速发展，正催生着一批现代化、多功能商业综合体的持续出现，而目前区内可以和大唐西市比肩的大型商业项目仍然缺乏，更加凸显出莲湖区不进则退的严峻竞争态势。

3.城市发展空间有限带来的挑战

作为中心城区，未来莲湖区可供开发的土地空间资源将十分有限。在此背景下，全区上下能否凝聚共识、形成合力，拿出建设丝绸之路经济带起点区的气度和魄力，以成都宽窄巷子、西安永兴坊和武汉汉街万达广场、大华·1935等精品商业项目为标杆，既花大力气解决历史文化街区有机更新、西大街和大兴东路商业氛围提升等重点问题，也在大兴新区第二板块和土门地区整体的综合改造中，做到高起点、高标准，实现新突破、新形象，将成为最为核心的挑战。

三、莲湖区商贸业"十三五"发展的指导思想和目标

（一）指导思想

全面贯彻落实党的十八大和十八届三中、四中全会精神，以建设丝绸之路经济带起点区为契机，按照商贸业布局优化、提档升级、业态创新的总体要求，坚持以提升定位撬动商业能级和辐射力，以优化资源配置拓宽商业发展空间，以商旅文结合推进功能拓展，以内外贸融合扩大流通规模，以引育国内外知名企业增强商业核心竞争力，以推进全面深化改革优化营商环境，实现莲湖商贸业跨越发展。

(二)规划原则

1.创新驱动

创新发展理念,积极推进业态创新、管理创新、制度创新和营销创新,引进体验消费、定制消费、品牌消费等新兴业态,着力提升商业的现代化水平和综合竞争力。

2.统筹发展

注重商贸服务业与旅游业、文化产业、房地产业相融合,注重改造提升传统服务业与发展现代服务业相结合,注重商贸服务业发展的品牌化、集约化与国际化。

3.开放合作

坚持开放合作,大力引进具有先导性、引领性的国内外核心企业和优势品牌,以发展总部经济、楼宇经济和街区经济为支撑,构建高集聚和强辐射的制高点。

4.市场导向

发挥市场配置资源、政府引导监管的合力作用,促进企业合理布点、错位经营、差异化发展,形成市场导向、企业主体、政府调控的商贸业良性发展机制。

(三)发展目标

1.发展目标

总体目标:力争到 2020 年,形成布局合理、功能完善、特色突出、产业融合,与国际化大都市中心城区和丝绸之路起点区发展相适应的现代商贸业体系,打造全省最具特色和活力的商贸业强区。

具体指标:到 2020 年,全区社会消费品零售总额突破 1 000 亿元,年均增长达到 12%左右;新增限额以上商贸企业 50 户;实现 90%以上大中型商贸企业建立电子商务,知名商业网站达到 50 家;创建国家级特色商业街区 2 条,省级特色商业街区 4 条。

2.发展策略

"十三五"期间,全区商贸业发展坚持国际化、集聚化、差异化、网络化和融合化策略,突出"新定位、新地标、新业态、新体验、新动能"发展路径,力争实现全区商贸业又好又快发展。

坚持国际化发展,扩大商业对外开放,积极引进、消化和吸收国际先进业态,提高国际化水平;坚持集聚化发展,发挥重点商圈集聚效应,以点带面提升全区商业能级;坚持差异化发展,注重与周边区域差异化定位,区域内各商圈互补发展,形成各具特色的商业功能区域;坚持网络化发展,统筹规划,合理布局,逐步完善全区商业体系,形成多元化、多层级、功能齐全的商业消费服务网络;坚持融合化发展,在商旅文产业融合的基础上,形成以文兴旅、以旅带商、以商促文的产业联动和协同发展机制。

附:《西安市莲湖区商贸服务业"十三五"发展规划》第四、五部分研究提纲

四、莲湖区商贸业"十三五"发展重点

(一)优化提升商业网点布局

1.推进商贸服务业改革试点建设

(1)国家服务业综合改革试点:皇城现代商贸聚集区。

(2)陕西省服务业综合改革试点:大兴新区商贸服务业聚集区。

2.推动重点商圈综合提升

(1)钟楼商圈。

(2)土门商圈。

(3)大唐西市商圈。

3.打造10条特色商业街区

(1)北院门回坊文化风情街。

(2)大唐西市丝路风情街。

(3)环城西苑历史文化休闲街。

(4)欣集古镇。

(5)桃园路百姓美食街。

(6)杏园路关中风情街。

(7)汉城路医药健康主题街。

(8)丰镐路都市时尚商业街。

(9)团结南路丝路国际商业街区。

(10)昆明路滨水休闲风情街。

4.加快大型商品交易市场改造升级

5.全面发展社区商业

6.积极发展地铁经济

(二)大力发展"互联网+"

1.加快发展"互联网+商贸"

2.加快发展"互联网+文化旅游"

3.加快发展"互联网+餐饮娱乐"

4.加快发展"互联网+物流"

(三)培育消费热点

1.稳定住房消费

2.提升旅游休闲消费

3.扩大教育文化体育消费

4.加快养老家政健康消费

(四)大力推动商业创新

1.推进商业模式创新

2.推动商业技术创新

3.坚持商业营销创新

(五)加快内外贸融合发展

1.搭建进出口商品交易平台

2.加强商旅互动

3.发挥行业协会组织作用

五、莲湖区商贸业"十三五"发展的保障措施

(一)加快完善商贸业促进政策

(二)建立规划落实联动机制

(三)深入推进商业品牌发展

(四)加快实施人才强商计划

(五)完善商贸服务业统计体系

(六)科学系统分解规划任务

第四部分:城区转型与城市治理

西安市碑林区转型与突破发展的基本思路[*]

改革开放以来,我国大城市中心城区为城市的飞速发展做出了突出贡献。但在现阶段,它们大都面临地域面积狭小、建筑相对破旧、布局已经成型、改造成本较高等共性问题,城市发展受到严重制约。碑林区作为西安市中心城区,经过多年的快速发展,经济社会各项事业取得了巨大成就,同时也面临着上述一些共性问题。随着省市共建大西安和西安国际化大都市建设的深入实施,板块发展格局在空间上不断强化,碑林区要保持率先发展并继续走在全市前列,转型与突破发展显得尤为紧迫和关键。

一、转型与突破发展的优势与条件

(一)发展基础及优势

1.从经济总量看

西部大开发以来,碑林区国民生产总值逐年增长,2011 年达到 436.71 亿元,是 2000 年的 5.7 倍;地方财政收入大幅稳定增长,2011 年达到 26.76 亿元,是 2000 年的 11 倍,年均增长率达到 24.48%。对比城三区经济总量年均增速,碑林区除 2005 年略低于新城及 2008 年略低于莲湖外,其他年份均高于新城和莲湖,年均增速高达 17.21%,居城三区之首,表明碑林区经济总量不断扩大、发展速度逐年加快,目前仍保持"高基数、高增长"的态势。

2.从产业结构看

(1)整体情况。产业结构逐年优化。第一产业于 2001 年全部退出,第三产业所占比例在 2000—2005 年呈快速递增态势,2006—2011 年相对稳定,基本在 76%~81% 区间浮动,其中 2008 年为历年最高,达到 81.55%。对比城三区数据,第二、三产业增加值都在逐年上涨,其中莲湖二产增加值遥遥领先、新城次之,碑林区二产增加值约为莲湖区的一半(2000 年除外);碑林区三产增加值独占鳌头,远超

———————

* 2012 年 9 月,受西安市碑林区人民政府研究室时任负责人邀请,笔者参加了由该处室组织的"碑林区转型与突破发展"主题座谈会;会后,邀请方发来 2.3 万余字的《中心城区转型与突破发展基本思路研究》文稿(作者为陈改清、邱丽清、陈晓玲、周建刚),请笔者修改;在和对方深入交流的基础上,笔者用了近一个月时间,对原稿进行了调整删减和修订,使最终的文稿得到了完善和提升,并得到区政府分管领导的肯定和好评;本文即笔者提交邀请方的改后文稿,限于篇幅,此处将最为核心且体现了总体设计思想的第一、二部分内容完整列出,对第三、四部分则只给出新的提纲。

新城和莲湖。数据表明碑林区第二、三产业比重具有一定的稳定性,产业布局已经率先实现了向第三产业的转移,第三产业占据优势主导地位。这是碑林区的区位特色和"退二进三"长期发展的结果。

(2)各次产业情况。碑林区第二、三产业各项增加值都在逐年增长,但占国民生产总值的比重在每一时期不尽相同。

1)第二产业。

工业。2000年至2008年,工业增加值所占比重迅速下降。2009年开始,工业增加值比重快速上升。究其原因,一是2008年以前,碑林区积极推行"退二进三"战略,大量占地面积大、产出效率低的工业企业迁出,东区新型工业企业尚处于培育期,因而工业占国民生产总值比重不断下降。二是2008年以来,依靠西北电网的支持,规模以上工业增加值增长迅速,占到全区经济总量的7%。三是2009—2011年,东区工业企业蓬勃发展,实现产值大幅增长,带动全区工业总产值迅速增加。

建筑业。2005年至2011年,建筑业占生产总值比重稳步上升,年均增速达49.17%。这主要得益于城中村和棚户区改造,以及城区街容街貌综合治理等,拉动建筑及相关产业持续增长。至"十一五"末,碑林区共拆除22个城中村,改造拆迁总面积476万平方米,棚户区拆迁总面积68.85万平方米。

2)第三产业。

得益于区位优势、社会事业发展与进步以及金融业发展壮大,形成第三产业的重要支撑。但第三产业门类众多,内部发展很不均衡。从增速看,从高到低依次是:非营利性服务业(居民服务和其他服务业、教育、卫生、社会保险和社会福利、文化体育和娱乐业)、交通运输、仓储、邮政业、房地产业、批发和零售业、金融业、住宿餐饮业和营利性服务业(包括信息传输、计算机服务、软件业等),其中最低与最高行业增幅的最大波动值为52.93个百分点。从比重看,从高到低依次为:非营利性服务业、批发和零售业、金融业、营利性服务业、交通运输、住宿餐饮业和房地产业。

分行业来看:

非营利性服务业年均增速位居第一,2005年起增加值占到国民生产总值的近1/3,成为第三产业蓬勃发展的重要力量,也是碑林区有别于其他城区的优势产业,对经济社会发展的贡献很大;

交通运输、仓储、邮政业所占比重逐年上升,年均增速位居第二,对碑林区经济有一定拉动作用;

房地产业年均增速位居第三,原因是碑林区优越的地理位置和大幅改善的城市面貌,居住生活环境更加优化,吸引了大量商户及业主的购买,实现增速不断增长；

金融业自 2005 年成为碑林区国民生产总值的重要组成部分，表现出强劲的发展势头，年均所占国民生产总值比重在 12％以上，年均增速达到 12.99％；

批发零售业在"十五"和"十一五"时期是碑林区经济发展的主导力量之一，但是随着产业结构的不断优化，比重在逐年下降；

住宿餐饮业在各行业中年均增速较低，所占比重逐年下降，说明碑林区住宿餐饮业产出效益较低，还停留在低端水平；

营利性服务业年均增速处于末位，原因是碑林区计算机行业大多为 IT 产品销售，真正科技含量高附加值大的计算机服务、软件业所占比重较小，对经济贡献小。

3. 从财税贡献看

"十一五"以来，碑林区第三产业主要行业地税完成额逐年增加。其中：

传统行业部分，交通运输、仓储、邮政业占地税比重不断上升，年均增速达到 38.97％，对碑林区经济发展有一定推动作用；批发和零售业占地税比重呈连续小幅下降趋势，但贡献仍然较大；住宿和餐饮业占地税比重在 2006—2009 年呈逐年下降趋势，2010 年有所回升。

其他行业部分，金融业地税收入逐年增加，所占比例大幅上升，年均增速达到 61.4％，对碑林区经济发展贡献呈上升态势；房地产业的税收收入较高，所占比例呈上升态势，年均增速达到 40.57％，对碑林区经济发展起到一定的拉动作用；非营利性服务业占地税比例不断上升，2010 年达到 21.4％；租赁与商务服务业是碑林区重要税源，地税收入总量与占比均高丁其他行业，但其增速趋缓，所占比例从 2006 年的 25％下降到 2010 年的 20.77％，作为具有较大发展潜力的行业，其优势作用还未发挥，有待进一步加强；信息传输、计算机服务、软件业在地税收入中所占比例较小，位居倒数第二，但所占比例不断增大，年均增速高达 58.27％，位居第三，有很大的发展潜力。

对比 2010 年碑林区与新城区各行业增加值，可以看到新城区工业和营利性服务业增加值高于碑林区，建筑业、房地产业与碑林区基本持平；碑林区交通运输、仓储、邮政业、批发零售业、金融业和非营利性服务业高于新城区，其中非营利性服务业增加值是新城区的 3.45 倍。此外，碑林区第二产业的拉动地位，将被西北电网改制、建筑业"在地法人统计"改革等新的变化打破，对全区的经济总量带来较大影响。

综上，第三产业已经成为拉动经济增长的主导力量，也是碑林区税收的主要来源，但内部发展并不均衡，表现在：交通运输等传统服务业总量增长趋缓，对经济发展的贡献率呈相对下降态势,但增加值和对税收贡献仍然较大,对经济发展仍起主导作用;金融业等现代服务业的增加值和税收贡献率相对不高,但增速较快、发展潜力大,应该成为重点培育和发展的对象。

4.从城市建管、社会民生及政府建设看

(1)城市品位大幅提升。

2000年以来,碑林区坚持市场化运作和政府融资相结合,高标准实施旧城改造,精细化推进城市管理,城区建管水平不断提升,区域承载能力日益增强。城市建设力度加大。先后完成了9条支干线的拆迁、15条支干线道路的拓宽和144条背街小巷的修整治理工作,"四横十一纵"的道路格局初步形成。城中村改造成效明显。提前两年完成22个城中村拆迁任务,在全市率先成为无城中村城区。城市设施日趋完善,管理水平大幅提升。积极开展"五个三""六创""四城联创"和"城市建设管理提升年"等创建达标活动,城区面貌明显改观,城区品味大幅提升。实施城管"标准化执法",推行"城管+商户"共建共管模式,城市管理精细化水平明显提升。绿地覆盖面积大幅提升,城区绿化率达到39.9%。

(2)人民生活持续改善。

2000年以来,碑林区始终坚持把改善居民群众生活作为政府工作的出发点和落脚点,认真办好为群众承诺的实事、好事,居民群众幸福指数不断提升。人均可支配收入持续增长。从2000年到2011年,人均可支配收入翻了三番,2011年达到27 025元,年均增长率为12.13%。就业再就业工作成效明显。大力开展全民创业,不断完善就业、创业服务体系,拓宽就业渠道,增加就业岗位,解决就业难题,城镇登记失业率控制在4.5%以内。社会保障体系日趋完善。社会保险覆盖面进一步扩大,养老、医疗、失业、工伤、生育五大保险参保和扩面人数均超额完成指标任务,居全市前列。

(3)社会事业全面发展。

2000年以来,碑林区更加注重经济社会协调发展,不断强化公共服务,创新社会管理,社会各项事业取得新进步。精神文明建设扎实推进。进一步加强公民思想道德建设,大力实施精神文明建设八大工程,以创建文明城区为契机,广泛开展"讲文明 树新风"活动,提升公民思想道德素质和科学文化素质。坚持教育优先发展。推动教育教学改革,注重学生全面发展,不断提高教师生活水平。各项教育惠民政策全面落实,在全省率先通过"双高普九"评估验收。全区教育质量和水平始终走在全省前列。社区卫生事业健康发展。全区建成9个社区卫生服务中心和14个社区卫生服务站,社区卫生服务覆盖率达到100%;积极落实社区卫生服务"五免"政策,开展社区卫生服务中心与各大医院"双向转诊"活动,推进全科医师团队进社区工作,荣获"全国社区卫生服务示范区"称号。社区建设扎实推进。加快社区硬件建设,不断完善社区服务中心设施、便民利民服务网络、信息服务平台建设,加强"1+X"社会养老服务体系建设,建成 26 个社区居家养老服务站。积极推行社区工作体制改革,社区标准化、规范化建设达到 65%,荣获"全国和谐社区建设示范区"称号。

(4)政府自身建设不断加强。

按照行为规范、运转协调、公正透明、务实高效的要求,以软环境建设为重点,积极改进政府工作,努力建设有作为、负责任、人民满意的政府。在全市率先实施"一厅式办公、一站式服务"工作模式。自觉接受各方监督,及时办理省、市、区人大代表建议和政协委员提案,办结率、满意率达 100%。深入开展"三五""四五""五五""六五"普法工作,全面推行政务公开,增强了法制观念和政府工作的透明度。狠抓党风廉政建设责任制落实,加强用地、工程招投标等领域的监察,加大政府投资项目的审计监督力度,切实做到廉政勤政。

(二)发展机遇与挑战

1.难得的历史机遇

经过多年发展,碑林区已经积累了比较雄厚的物质基础,在建设国际化大都市的格局中,正迎来许多难得的发展机遇。

(1)西安建设具有历史文化特色的国际化大都市有利于皇城复兴计划推进。

2009 年 6 月 25 日,国务院批复的《关中—天水经济区发展规划》明确赋予西安建设"具有历史文化特色的国际化大都市"的新定位。碑林区地处西安市核心城区,在明城墙区域内,拥有众多历史文化遗存,如能整体连片开发改造,必定能完善城市功能,彰显历史文化特色,成为皇城复兴的开山之作,带动整个皇城复兴计划的实施。

(2)陕西省可持续发展实验区的设立为科技资源的价值兑现提供了难得机遇。

2009 年,碑林区被陕西省科学技术厅确定为陕西省可持续发展实验区,并明确指出要充分发挥科技的支撑和引领作用,支持实验区的探索与实践工作,使实验区真正成为统筹科技资源的载体和平台,进一步提升科技对经济发展的支撑作用,促进转型与突破发展。

(3)社会主义文化大发展大繁荣有利于激活文化资源。

十七届六中全会审议通过的《中共中央关于深化文化体制改革推动社会主义文化大发展大繁荣若干重大问题的决定》为碑林区文化大发展提供了难得的历史机遇。碑林区若能整合开发丰富的历史文化资源、演艺资源及传媒资源,大力发展文化产业,使其成为碑林经济发展新的增长点,就能实现城区综合实力的大幅提升。

(4)全市产业体系"错位发展"功能定位为我们指明了方向。

市第十二次党代会明确提出,中心城区在未来发展中的定位是现代服务业。西安市"十二五"规划也明确碑林区的定位是"打造最具人气和商业价值的历史文化中心和商业区"。碑林区要牢牢抓住这一机遇,同时继续用好西安被列为国家服务业综合试点区域的产业发展机遇,进一步发挥商贸业比较优势,强化商圈建设和业态布局,形成西北地区商贸业高地。

2.严峻的现实挑战

在看到发展机遇的同时,也要充分认清当前碑林区发展面临的一些突出矛盾与问题。

(1)在经济发展方面,高位高速增长面临巨大压力。

一是地理空间和资源约束进一步加剧,土地资源制约日益凸显。"十二五"时期碑林区旧城综合改造将全面完成,依靠基础投资方式拉动区域经济增长的速度将趋缓。由于土地供应匮乏,产业培育和业态布局受限,影响碑林区实体经济的发展,保持高速增长面临很大压力。

二是优势资源尚未形成经济优势。科技资源与市场结合不够紧密,成果就地转化率不高。高校、科研院所等丰富的科技资源与地方经济"两张皮"的问题还没有很好解决。文化资源优势转化为文化旅游产业优势不足。碑林区历史文化古迹众多,而且文艺演出队伍庞大,传媒出版业聚集。但丰富的文化资源,还没有形成强有力的文化旅游品牌竞争优势。

三是高端服务业总量不足。楼宇经济存量空置,增量有限。商务楼宇受规模、硬件设施、周边环境等条件限制,对品牌企业吸引力较弱。据统计,目前碑林区还有 22.986 万平方米(2009 年数据)的空置待租楼宇,楼宇产出效益不佳,至今没有一栋亿元楼宇,严重影响了碑林区楼宇经济快速发展。

(2)在社会管理方面,社会管理和服务压力增大。

一是人口密集,社会服务压力大。碑林区常住人口 614 710 人,人口密度为27 971人/平方千米,这给碑林区承载能力和顺畅运行带来严峻挑战,教育、卫生、治安等资源供求失衡,交通拥堵、住房拥挤、环境污染等"城市病"日益凸显。

二是管理手段单一,社会维稳压力大。多年来,社会管理一直强调党委领导、政府负责、公众参与的格局,但社会管理主要靠政府,各类社会组织亟待发展。

(3)在城市建设与管理方面,基础设施和管理还不适应大都市核心区的要求。

一是城市建设二元结构问题日益突出,基础设施供给不足。碑林作为西安市中心城区,辖区既有鲜明现代化特色的区域,又有相对落后的老旧区域,尤其是东关南街、柏树林、长乐坊等区域的背街小巷,集中成片、布局零乱、人口众多,水、电、暖等基础设施尚未完全到位,城市管理难度增大。受中心城区土地利益最大化的驱动,开发商在开发时不愿意预留公共设施如垃圾压缩站、公厕等土地。公共设施的不足造成城市脏乱差,管理成本加大。

二是城市管理服务意识不强,管理体制机制不顺。部分执法部门观念陈旧,工作方法以"控制、干预和运动"为主要模式,"以人为本"的服务理念不强。部分行业无法可依的现实依然存在,如城市流动商贩管理没有法律支持,长效机制没有建立,造成摆摊人员到处流动,管理难度加大。管理过程中,还存在职能交叉、职责不清、协调不力的情况,行政效能大大降低。

综上,碑林区既处在经济转轨、社会转型、体制转换的重要时期,又处在突破传统发展模式的关键时期。只有认真分析所面临的机遇与挑战,变压力为动力,才能加快转型与突破发展。

二、转型与突破发展的总体构想

未来几年,我国仍将处在大有作为的重要战略机遇期,我省处在全面建设西部强省的上升时期,我市处在加快建设具有历史文化特色的国际化大都市的起步时期。碑林区必须把握大势、抓住机遇,寻求新定位、树立新目标,加快科学发展、实现率先发展。

(一)发展定位:建设彰显历史文化特色的国际化大都市文明强区

在建设国际化大都市的背景下,借鉴国内外城市发展的成功经验,结合碑林区区情,将碑林转型与突破发展的奋斗目标定位为:"建设彰显历史文化特色的国际化大都市文明强区"。这样定位,既与西安建设具有历史文化特色的国际化大都市的定位相呼应,也与碑林"五宜城区"建设阶段性目标相衔接,而且体现了更高的发展要求。

"历史文化特色":展示中华文明、具有西安气派、体现碑林特质;

"国际化":在世界范围内,形成对外开放的战略高地,并具有强大的国际影响力;

"文明":物质文明、精神文明、政治文明、制度文明、生态文明并举;

"强区":既指建设"经济强、科教强、文化强"的国内强区,又指以"五个文明"为抓手,不断增强区域综合实力,实现碑林经济社会与人的全面发展。

1.新的定位呼应省市发展大局

未来五年,全省发展新目标是"全面建设'三强一富一美'的西部强省",全市奋斗新目标是"建设具有历史文化特色的国际化大都市"。随着省市共建大西安的新部署,碑林区作为西安市中心城区,基于区位优势、资源禀赋及发展基础,理应先行先试,实现科学发展,率先发展,局部突破,努力成为省、市经济社会发展的先进示范区。

2. 新的定位是对既有定位的传承与提升

经过近年来的快速发展,碑林区经济社会取得巨大成就,位居全市前列,并连续四年获得"陕西省五强区"称号,已具备良好的发展基础,全区已步入全面上升通道。"建设彰显历史文化特色的国际化大都市文明强区",既与建设"五宜城区"一脉相承,又体现阶段性新要求。

3. 新的定位顺应全区人民的殷切期盼

"建设彰显历史文化特色的国际化大都市文明强区",是在"五宜城区"建设的基础上,更加强调社会管理、城市管理、文明程度和幸福指数的提升。其最终目的是不断提高经济发展的质量和效益,努力建设人与自然和谐共生的生态环境,让广大人民群众享受到更多改革发展的成果,让全区人民生活更舒心、更幸福、更有尊严,这是全区人民的共同愿望。

(二)发展思路

"建设彰显历史文化特色的国际化大都市文明强区",要以科学发展观为统领,以城市系统工程理论为指导,将城区环境、经济、社会、制度、文化等核心资源要素有机融合,并从战略高度和长远视角加以统筹谋划和优化利用,实现碑林区经济社会的可持续发展。

1. 坚持规划引领

"规划是第一生产力",政府最大的资源就是规划,要切实做到用规划来引领、推动和保障碑林区的发展。一是坚持高标准。当前,国际城市发展已进入 2.0 时代,即在重视依照国际通行标准提升城市水平和配置城市功能的同时,更加强调以挖掘和发扬自身特点为基点,谋求在世界城市之林中的差异化发展。为此,规划工作要坚持宽视野、高起点、前瞻性,把体现"国际城市 2.0 版"的"巧实力"(smart power)、"精明增长"(smart growth)、"智慧城市"(smart city)等最新理念加以掌握应用,既牢牢把握实际工作的主动权、主导权,也精细掌控每项任务的时间表和路线图。二是坚持因地制宜。放大、突出比较优势,坚持有所为、有所不为,有进有退、有加有减、去劣存优,通过采取市场化手段有效整合城区的自然资源、再生资源、无形资源及人力资源,实现城区资源在容量、结构、秩序上的最大化与最优化,保障城区的竞争力提升和可持续发展。三是坚持统筹兼顾。充分认识碑林发展条件,因地制宜找准突破口,在总揽全局的基础上统筹规划,在立足当前的基础上着眼长远,在全面推进的基础上重点突破,在兼顾各方的基础上综合平衡,不断优化社会资源布局,深化规划发展内涵,全面推动区域经济社会协调、均衡、优质发展。

2.强化改革创新

改革提供动力,创新激发活力。只有在工作中进一步强化改革和创新的极端重要性,新的格局才能形成、新的路径才会展现。一是走在前列。围绕在"转变经济发展方式、增强经济综合实力、推进城市建设管理、提升人民幸福指数、维护社会大局稳定和营造发展和谐氛围"等六个方面始终走在前列的目标任务,大胆探索、勇于改革,在自我加压中抢抓机遇,在攻坚克难中破浪前进,努力把碑林建设成为全市、全省乃至全国的先进示范区。二是探索新路。要把自身发展放在全国发展的大格局中去审视,积极探索中心城区经济社会发展的新路子,把产业融合发展和创新发展作为突破口,努力破解土地、资金、人才等发展瓶颈,主动赢得区域竞争的领先地位。三是构建体系。坚持把科技进步和自主创新作为加快转变经济发展方式的重要支撑,进一步发挥区内科研院所众多、人才智力密集的资源优势,深入实施科技资源统筹发展,加快构建区域创新体系,推动科技成果在区内产业基地就地转化。

3.体现发展特色

"建设彰显历史文化特色的国际化大都市文明强区",具体表现为四个鲜明特征,即"精致、智慧、人文、幸福"。

"精致",就是秉承精益求精的建设与管理理念,以经典设计、精良施工提升城市建设品质,让每项工程都成为精品之作;以精细管理、精心服务提升城市生活品位,让每位市民都感受到城区的活力与温馨。

"智慧",就是让信息、知识、智力、智能等各类智慧元素,充分融入城市建设管理、经济发展与社会进步,逐步形成数字化的城市建设管理体系、智本化的经济成长创新体系和学习型的社会社区网络体系。

"人文",就是在尊重历史文化、传承历史文脉、保护历史风貌的同时,顺应时代发展和人民群众生产生活的现实需要,让碑林的自然环境、历史传统、现代风情、建筑风格、经济发展、精神文化等诸多要素和谐共生,既具有历史神韵,又富于时代节奏。

"幸福"就是强调社会个体的内在体验和感受,多办顺民意、解民忧、增民利的事,不断提高碑林居民的幸福感和满意度,实现经济社会发展与人的全面发展相统一。

总之,"精致"注重城区经济社会发展理念,"智慧"注重城区经济社会发展内涵,"人文"体现城区经济社会发展特色,"幸福"反映城区经济社会发展目标。四者相互依存、相互促进、浑然一体,共同体现了"彰显历史文化特色的国际化大都市文明强区"的鲜明特征。

（三）发展路径

碑林区转型与突破发展的路径,可概括为"紧盯一个目标、突出两轮驱动、打造三大优势、发展四状经济"。

1. 紧盯一个目标

通过研讨、宣传、推广等传播手段,在全区上下、区内区外直至国内国外,唱响"建设彰显历史文化特色的国际化大都市文明强区"的碑林主旋律,使之成为全区领导干部和全体居民群众的共识和奋斗目标。

2. 突出两轮驱动

加快实施"存量提升、增量扩张"两轮驱动战略,不断壮大经济发展总量。

存量提升:就是正确分析现有产业经济发展的优势(存量),做好资源调查(容量)及其确认,综合区位、产业、城市功能、人居环境等要素,做好软环境投资建设,吸引更多技术含量高、创新能力强的企业和科研机构入驻,不断形成新的竞争优势。

增量扩张:一是以空间拓展和市场集聚来实现经济增长。首先是在城区有机更新改造过程中,通过拆旧建新、拆低建高,向空间要效益。其次是通过发展飞地经济向外延要效益,形成聚集和品牌效应,实现飞地经济跨越发展。二是以扩张企业数量来实现经济增长。按照区域产业布局,扩张发展总部型、品牌型和创新型等占地少、环境资源损耗小、效益高、竞争力强的企业。三是以提高单位产值效益来实现经济增长。发挥优势产业在产业链、价值链中的突出地位,延伸产业链,提高附加值,把有限资源最大限度用于发展品牌佳、税收高、效益好、实力强的企业。四是以壮大经济总量来实现经济增长。集聚高端要素,纳优吐劣、迎强扶弱,导入世界品牌、引导国际资本融入,构建布局合理、各具特色、功能互补、多点支撑的特色经济发展格局。

3. 打造三大优势

积极打造经济、科教、文化三大发展优势,对"三强"城区的建设形成有力支撑。

经济优势:就是在保持碑林目前经济发展总量大、结构优、效益好等明显优势的基础上,以创新为动力,以创富为目标,加快经济发展方式转变,加快产业升级与转型,加快市场主体培育及引进,继续保持碑林在全市的经济优势地位。

科教优势:就是把区内众多高校、科研院所的科技、智力资源优势、众多优质中小学教育资源优势,有计划、有步骤地进行通盘的摸底、分类、结合、整合进而转化利用,使之成为区内科技资源统筹、产学研结合的加速器及吸引人才、资本的"聚宝盆"。

文化优势：就是进一步挖掘、保护、整合、开发碑林区的历史文化资源及遗存，形成完整的碑林历史文化景区体系及游览线路建设，设计开发专营化、品牌化、系列化的旅游商品。

4.发展四状经济

大力发展四状经济，不断增强特色优势。一是点状经济（即发展城市综合体）。总结李家村万达广场、骡马市兴正元广场、东二环立丰购物广场等城市综合体发展的先进经验，力争在未来5年内，再打造10个业态高端集聚、功能高度集成、工作生活便利的城市综合体，形成新的点状经济增长极。二是线状经济（即发展特色街区）。在巩固提升16条特色商业街区的同时，加大引导培育力度，着力打造长安路商业街区、竹笆市综合商业街、西安快时尚商业街区、西荷路餐饮一条街、星光一路动漫街区、西北运动商城、西北黄金珠宝一条街、西安中贸广场商业步行街、建国路餐饮一条街、兴庆路西北厨具一条街等10条新兴商贸、餐饮、旅游和休闲特色街区，不断提高线状经济的独特竞争地位。三是柱状经济（即发展楼宇经济）。要加强对重点楼宇的科学规划，改善楼宇设施，提高楼宇档次，打造甲级写字楼，引进总部型企业、品牌型企业和创意创新型企业入住，加快形成以南大街—长安路、和平路—雁塔路两条主干线向东西辐射，以东大街—东关正街为中心逐渐聚集的"两线一面"商务楼宇集群态势。力争在未来5年内，转化或新建商务楼宇10栋，新培育5 000万元经典商务楼宇和亿元品牌商务楼宇各10栋，进一步巩固柱状经济在产业发展中的主体地位。四是块状经济（即现代服务业聚集区）。加强规划引导和政策扶持，优化区内城市空间和产业布局，精心选择构筑区域内特色经济板块。

三、转型与突破发展的战略重点（提纲）

（一）产业发展重点

1.提升生活性服务业

（1）商贸服务业。

（2）旅游业。

2.培育生产性服务业

（1）金融服务业。

（2）高技术服务业。

3.激活壮大文化产业

4.布局新兴都市工业

（二）社会事业发展重点

1.加强公共服务能力

2.推进社会管理创新

3.统筹人才资源开发

4.加快信息化建设

(三)城市建设管理重点

1.提升生态环境

2.完善基础设施

3.实施精细管理

四、实施转型与突破发展的重大项目(提纲)

(一)有序开发四大商旅文板块

1.东大街商圈

2.唐皇城文化旅游体验区

3.八仙宫文化旅游区

4.大唐东市文化综合体

(二)集中打造三大核心街区

5.长安路CBD

6.友谊路综合商业带

7.文艺路演艺基地("西安百老汇")

(三)加快建设两大产业园区

8.碑林环大学科技园区

9.碑林飞地产业园区

(四)积极整合一个数字平台

10.城市街区网格化工程

西安市碑林区建设现代化美丽城区的内涵及支撑体系研究[*]

全球金融危机爆发以来,整个世界的政治、经济、金融、科技、社会等重大领域均在发生深刻变革;G20 风头压过 G8;TPP,TTIP 浮出水面;第三次工业革命呼之欲出;美国梦与中国梦并行不悖;等等。在此种大变局之下,新一届中央领导集体清醒认知环境、准确把握大势、果断做出决策,以实现中华民族伟大复兴为共识,以属于每个国人的中国梦为感召,以"打造中国经济升级版"为战略,以"新型工业化、信息化、城镇化和农业现代化"为路径,开始了中国道路的新征程。

转型已经开始,转型正在发生!

2013 年 5 月 3 日,中共陕西省委书记赵正永撰文指出:加快建设"富裕陕西、和谐陕西、美丽陕西",为实现"中国梦"做贡献。时隔一周,中共西安市委书记魏民洲撰文强调:以优化生态环境为突破口,扎实推进美丽西安建设。而在 2013 年年初召开的碑林区第十二次党代会,即明确提出了全区"建设核心功能彰显、人民生活幸福的现代化美丽城区"奋斗目标。

要让相关文件转化为具有启发性的工作方案,还需要进行较为客观和全面的科学研究。本调研课题在此背景下应运而生,主要回答三个问题:①对碑林而言,"现代化美丽城区"的内涵是什么;②对应"现代化美丽碑林"的评价指标体系如何建立;③碑林建设"现代化美丽城区"的一种可行方案是什么。

一、"现代化美丽城区"的内涵解析

城市是一个区域的经济、政治、科技和文化中心,人们因为"更好的生活"来到城市。中心城区是一座城市的核心部位,不仅要体现交通发达、服务便利、产业高

* 2013 年 5 月,受西安市碑林区人民政府研究室时任负责人邀请,笔者承担了由该处室负责的"碑林区建设现代化美丽城区的内涵及支撑体系"调研课题攻关工作,在历经近半年的调研交流和研究写作后,笔者和合作者杨琳、冯涛等在 2013 年 11 月向邀请方提交了课题报告"碑林区建设现代化美丽城区的内涵及支撑体系研究",并得到好评。此外,该报告先后刊发于碑林区人民政府研究室主办刊物《政务研究》2013 年第 9 期和西安市人民政府研究室主办刊物《西安发展研究》2013 年第 46 期,并得到碑林区人民政府卢光文区长、侯学东副区长的批示和肯定。此处提供了报告全文,并将笔者基于此课题完成的 2014 年国家社科基金项目申请书作为附件,以供交流。

端等基础功能,还应体现科技、金融、人才等资源聚集和文化、生态、人居等环境支撑的综合功能,从而为其可持续发展奠定系统性架构。

现代化美丽城区,是中心城区城市化的高级阶段,是其经济社会发展水平与生态人居环境质量的同步提高。建设现代化美丽城区,是在所属城市开始进入城市化高级阶段时的一种自觉和前瞻,其中"现代化"是基础和核心,"美丽"是导向和表征。

(一)城市与城区的现代化

现代意义上的城市,是人类社会工业化进程的核心产物和基本载体。说到现代化,一定离不开对城市的探讨。尤其在全球超过一半人口生活在城市、中国城镇化率已超过 50% 的条件下,现代化进程与城市发展的关系更加密不可分。由此课题组认为:研究现代化,很大程度上就是在研究城市的现代化;而要理解城市的现代化,也必须把现代化吃准、搞透。

"现代化"的提出及相关研究,早在 20 世纪 30 年代的中国即已开展,而西方知识界的现代化理论则诞生于 20 世纪 50 年代。可以说,"现代化"是中国现代化运动从自身实践中提炼出的概念和观点。自洋务运动以来,实现现代化一直是我国历代仁人志士的不懈追求。新中国成立后,在第三届全国人大一次会议上,周恩来根据毛泽东同志的建议,首次提出了"四个现代化"奋斗目标,意义重大、影响深远。此后,邓小平同志提出的"三步走"战略,江泽民同志提出的"有条件地区率先基本实现现代化",胡锦涛同志提出的"2020 年基本实现教育现代化",以及习近平同志提出的"民族复兴是中国最伟大的梦想",都是不同时期对我国实现现代化战略的相应部署。

那么,现代化理论的内容,有哪些可以用来指导现代化城市及城区的建设和发展呢?课题组对此进行了整理和归纳[*]。

(1)现代化代表了现代文明的世界前沿以及达到世界前沿的行为过程,具体含义指在达到工业化、城市化、民主化的基础上,积极谋求更高层次的知识化、信息化、绿色化发展,进而实现从工业经济、工业文明向知识经济、知识文明的全面转型。

(2)在现代化进程中,要高度关注创新这一关键因素和核心命题,既要突出技术创新、知识创新、制度创新和观念创新,也要注重对传统文明的利用和文明创新体系构建,并在深刻理解创新驱动、创新扩散、创新溢出内涵基础上,实现知识、制

---

[*] 整理和归纳的材料,主要来自中国科学院何传启研究员所带领团队做出的《中国现代化报告》系列成果。

度、技术"三元创新"的融合。

（3）现代化的实现有其特色性和多样性，但主要应体现为劳动生产率和生活质量提高、社会进步、政治民主、文化多元、生态优化和人的全面发展等。

结合本课题研究，可从以下方面把握城区现代化的内涵：

（1）现代化城区的核心内涵，是要持续建设并努力保持一种处于国际前沿的现代文明形态。在建设现代化城区的整个过程中，各级政府管理及决策者要树立起国际化的比较视野，并践行个性化的本土路径。

（2）建设现代化城区，要以可持续发展理念特别是科学发展观作为根本指导。尽管"现代化"是一门复杂的综合性学科，但它所指向的发展目标就是一种"现代文明形态"，其在国际范围内较好对应了"环境—经济—社会"三位一体的可持续发展理念，在我国则可以呼应"经济—政治—文化—社会—生态"五位一体的科学发展观和大文明发展格局。

（3）"经济发达、政治清明、文化繁荣、社会和谐、生态优美"，是建设现代化城区的总体方向。建设现代化城区，需要把握经济发展与创新、城市建设与管理、人民生活与人居环境、社会事业与社会管理、政府自身建设等方面内容，同时要强化和落实民主理念、法治思维和市场机制。

（二）美丽城区

党的十八大报告提出，"把生态文明建设放在突出地位，融入经济建设、政治建设、文化建设、社会建设各方面和全过程，努力建设美丽中国。"赵正永提出"美丽陕西"是实现"陕西梦"的重要支撑，其要义是人与自然相和谐，实现全省绿色、循环、低碳可持续发展。魏民洲提出建设"美丽西安"是全市人民共同愿望，其中发展之美是核心、人文之美是灵魂、生活之美是目的、生态之美是基础。从以上论述可以看出，"美丽"的核心在于强调生态环境与人居环境，关键是如何更好处理人与自然的关系。

建设"美丽中国""美丽陕西""美丽西安"，转变经济发展方式和人们的生活消费方式至关重要。因为个人生活形态、经济发展形态，本质上都从属于一种文明形态，先进的、文明的生产生活方式就是"美"，滞后、落后的生产生活方式相对就是"丑"。所谓美丽，本质上代表了一种现代文明，是现代化的另一种表达。从这个意义上讲，现代化即美丽，美丽就是要实现现代化，美丽与现代化是表与里的高度统一。

结合中心城区发展实际，建设美丽城区就是把生态文明建设融入其经济、政治、文化、社会建设全过程，着力推进绿色、低碳、循环发展，通过调控开发强度调整空间结构与布局，形成生产空间集约高效、生活空间宜居适度的新型城市化格局，展现出"精致、智慧、魅力"的鲜明特征。

"精致"就是秉承精益求精的建设与管理理念,以经典设计、精良施工提升城市建设品质,以精细管理、精心服务提升城市生活品位;"智慧"就是让信息、知识、智力等智慧元素充分融入城市建设管理、经济发展与社会进步,逐步形成数字化城市建管体系、知本化经济成长创新体系和学习型社会社区网络体系;"魅力"就是在尊重历史文化、传承历史文脉、保护历史风貌的同时,让城区的自然环境、历史传统、现代风情、建筑风格、经济发展、精神文化等要素和谐共生,既具有历史神韵又富于时代节奏。

(三)现代化美丽碑林

在西安建设具有历史文化特色的国际化大都市背景下,建设现代化美丽碑林,就是要将碑林打造成一个文明强区,一个核心功能彰显、人民生活幸福的国际化大都市文明强区。针对现代化碑林,要特别注意工业化、城市化、民主化与知识化、信息化、绿色化的协调推进;针对美丽碑林,要更加关注生态环境与人居环境的齐头并进,从而全面推动碑林从工业经济和工业文明时代向知识经济和知识文明时代的历史性跨越。

在建设现代化美丽碑林的进程中,还应对国际上城市发展的一些新理念保持敏感,如"两硬两软"。硬条件与硬标准:在功能空间上,具备中央商务区(CBD)、大型社区、科技园区、综合交通枢纽、城市轨道系统等硬条件;在建筑单元上,达到高星级酒店、大型商城、博物馆、剧院、美术馆等一应俱全的硬标准。软环境与软实力:在软环境上,构建市民规范、双语标识、国际社区等要素;在软实力上,推广城市品牌、文化符号、旅游形象等内容。

总之,现代化美丽碑林的内涵可以解读为,经济社会发展的知识化、信息化,城市建设的绿色化、低碳化,城市治理的民主化、法制化,其中产业与科技、人才、金融、文化的高度融合是关键,人居与生态环境、社会公平与正义的不断提升是根本。

(四)碑林区建设现代化美丽城区的意义

建设现代化美丽城区,是碑林区委、区政府在党的十八大后做出的前瞻性重大决策,是碑林全区上下今后一个时期的总体发展目标,对提升碑林的经济社会发展水平、城市建设管理能力和品位形象,以及居民生活的舒适度与幸福感等,意义重大、影响深远。建设现代化美丽城区符合碑林的区位特点和功能定位,有利于保障和改善民生,有利于全面推动碑林科学发展。

二、建立导向明确的现代化美丽城区评价指标体系

现代化是目标与过程的统一,它既是经济、政治、社会、文化、生态相互促进、协

调发展的历史过程,又是某一发展时期的阶段性状态,因而在不同发展阶段,现代化的内涵及实现程度应该有所不同。

评价现代化的客观标准,主要有四种观点:一是以亨廷顿、阿尔蒙德、阿普特等为代表的政治标准中心论;二是以罗斯托、弗克兰等为代表的经济标准中心论;三是以英克尔斯、麦可勒兰德等为代表的人文标准中心论;四是以哈贝马斯、吉登斯及我国学者胡传胜等为主的可持续发展或生态标准中心论。其中,英克尔斯等人提出的10项现代化标准,具有简明、可操作性强等特点,因而博得了国际社会的广泛青睐。

基于现代化美丽城区内涵的多样性特征,要客观监测、评价建设现代化美丽城区的进程,就必须构建一套科学且具有内在联系的评价指标体系。基于这种认知,并在第一部分研究及其他已有相关评价研究基础上,将"现代化美丽碑林"的评价归为五方面内容:经济发展国际化、社会民生人性化、城市建设信息化、历史文化特色化和生态环境协调化。

(一)评价指标体系的设计原则

1. 综合性与系统性

城市社会是一个复杂的有机整体。城市现代化评价标准必须体现这种综合性与系统性,各分类指标要形成有机、有序的联系,从多方面反映城市与城区的综合实力与整体水平。

2. 世界性与地域性

衡量实现现代化的标准应当是世界性的、与国际接轨的标准,而非降低要求的标准。同时,不同国家、不同功能的城市与城区,应当在共有标准的基础上,具备反映自身发展特色及要求的指标。换言之,评价指标体系的构建要符合共性、突出个性。

3. 可持续发展

城区的现代化发展是一个持续演进的过程。在城区现代化评价指标体系中,必须把环境质量指标摆在重要位置,处理好人的社会经济活动与自然环境之间的协调发展。因此,污水处理、垃圾处理、大气污染治理等应当作为城区现代化考察的重要指标。

4. 以人为本

人的全面发展是城市现代化的主题。建设现代化美丽城区,既要满足人的衣、食、住、行、学、医等生存需要,也要满足人的生态环境、精神心理、价值实现等需求。评价城区现代化水平的指标体系,必须体现以人为中心的思想。

5. 简明实用和可度量

城区现代化指标体系,应尽量简单明了、易于理解、有可操作性,同时便于收集和计算分析,对城区发展研究、战略规划等具有实用价值。为适应外向化发展趋势,还应尽量使指标和资料的口径、范围与国际接轨,以便进行比较研究。

(二)评价指标选取的依据

"现代化"的指标选择,国际上通常采用美国现代问题专家阿历克斯·英克尔斯研制的现代化标准,主要包括人均国民生产总值(3 000 美元以上)、农业产值占国民生产总值比例(低于 12%~15%)、服务业产值占国民生产总值的比例(45%以上)、非农业劳动力占劳动力的比重(70%以上)、识字人口比例(80%以上)、大学入学率(10%~15%以上)、每名医生服务人数(1 000 人以下)、平均寿命(70 岁以上)、城市人口占总人口的比例(50%以上)、人口自然增长率(1%以下)等。这些指标对于制定现代化评价的框架标准,具有一定的参考价值。

中国城市发展研究会出版的《中国城市年鉴》(2000 年版),在参照国内外各类指标体系,并征求部分国内学者意见基础上,提出了五大类(经济发展、人口素质、生活质量、环境保护、基础设施)共 30 项城市现代化指标体系。该指标体系更为重视环境因素,对制定现代化美丽城区评价指标体系具有一定参考价值。

(三)评价指标体系的建立

根据全面建设小康社会的指标体系,参照北京、上海、江苏、广东、浙江等地的现代化指标体系,以及陕西省的经济社会发展要求和西安国际化大都市指标体系标准,依据科学性、代表性、可获得性、特色性原则,按照基准指标和特色指标两大类,设置了五类(经济发展国际化、社会民生人性化、城市建设信息化、历史文化特色化、生态环境协调化)共 45 项指标,作为评价现代化美丽碑林的基准。

1. 经济发展国际化指标

反映区域综合经济实力,是建设现代化美丽城区的基础与核心,是整个区域全面发展的首要条件。设置指标:地区生产总值增长率、人均 GDP(美元)、第三产业占 GDP 比重、外贸依存度、研究与开发投资、世界 500 强企业分支机构数量、外国金融机构数量、年举办国际会议次数、年海外游客入境人数。

2. 社会民生人性化指标

生活水平与社会发展是经济发展的延伸。提高人民生活水平和人口素质,促进社会进步是建设现代化城区的根本目的。设置指标:人文发展指数(HDI)、人均住房使用面积、高等教育毛入学率、每十万人口高等院校平均在校学生数、信息化水平综合指数Ⅱ、恩格尔系数、主要劳动年龄、人口平均受教育年限、领军型科技创业人才数、每万劳动力中研发人员数、每万劳动力中高技能人员数、城镇新增就业、城镇登记失业率、新增小额担保贷款、社会治安满意率、文化产业增加值占GDP比重、人均拥有公共文化体育设施面积、城镇基本医疗保险参保率、建设老年餐桌点、新建改扩建标准化幼儿园。

3.城市建设信息化指标

城市基础设施建设是城市发挥服务功能的基础条件。设置指标：无线网络覆盖率、户均网络带宽、每百户计算机拥有量、智能电网技术和装备应用、政务网络年均访问人次。

4.历史文化特色化指标

反映城市历史文脉传承，具有独特性、不可复制性，在世界范围内有较强吸引力。设置指标：文化源脉影响度、城市肌理保存度、自然环境依存度、文物古迹丰富度、国家级文保单位数量、博物馆百万人拥有数量、旅游业产值占第三产业产值比重、动漫占第三产业产值比重。

5.生态环境协调化指标

良好的生态环境是城市不断创新和保持社会可持续发展的重要条件。设置指标：单位GDP能耗、空气污染综合指数、绿化覆盖率/人均公共绿地面积、可再生能源利用率、污水集中处理率、生活垃圾分类收集覆盖率。

三、科学构建现代化美丽碑林的支撑体系

当前，碑林区经济社会发展整体表现出经济发展态势良好、城市品位大幅提升、人民生活持续改善、社会事业全面发展、政府自身建设不断加强等喜人特征，同时面临高位高速增长面临巨大压力、社会管理和服务压力与日俱增、基础设施水平和管理方式不能适应大都市核心区要求等突出挑战。在此背景下来建设现代化美丽碑林，就要以科学发展观为统领，以城市系统工程理论为指导，将城区环境、经济、社会、制度、文化等核心资源要素有机融合，并从战略高度和长远视角加以统筹谋划和优化利用，实现碑林经济社会的可持续发展。

（一）把握利用八个机遇

1.丝绸之路经济带建设为中心城区发展呈现新远景

2013年9月7日，国家主席习近平在哈萨克斯坦纳扎尔巴耶夫大学演讲时，提出了建设丝绸之路经济带的战略构想。围绕这一战略构想，陕西省委提出要努力把陕西打造成丝绸之路经济带的新起点和桥头堡，西安市委提出西安要争当共建丝绸之路经济带的排头兵。碑林作为陕西省的五强区和西安市中心城区，要紧密结合省委、市委工作要求和自身特点，用战略眼光全面审视"建设丝绸之路经济带"中的新机遇，特别是要在赵正永同志提出的"文化科教交流核心区"这一命题上开动脑筋、寻求突破,从而在建设丝绸之路经济带上有所作为、走在前列。

2.省市共建大西安为中心城区转型发展提供新动力

省市共建大西安是陕西省委、省政府着眼西安长远发展做出的重大决策,是贯彻落实十八大精神的具体实践。碑林要更加自觉地把区域发展融入大西安的格局当中,进一步明晰自身在大西安建设中的发展定位,提升并完善既定发展思路,从而发挥比较优势、增强带动辐射作用,走在大西安建设前列。同时要最大限度争取上级政府在产业发展、城市建设、公共服务、生态建设、社会管理等方面的政策和资金支持,真正把政策效应转变为实实在在的发展动力。

3.西安被列为国家智慧城市试点示范城市

2013年10月,科技部、国家标准委把西安等20个城市列为国家智慧城市试点示范城市。此项工作以智慧城市技术和标准的试点示范为重点,强调加强技术研发和产业化应用,对增强产业核心竞争力、全面提升社会发展和管理水平等具有重要意义。碑林要把智慧城区建设作为智慧西安和自身城市精细化管理的重要内容,依托区内城市管理指挥中心建设,整合区域各类资源,加大项目包装力度,积极争取资金支持,探索建立智慧技术高度集成、智慧政府规范高效、智慧服务便民利民的城市管理新模式。

4.美丽陕西与美丽西安建设

美丽陕西建设,强调关中平原的园林化发展,以及绿色、循环、低碳等发展模式。美丽西安建设,强调把优化生态环境作为切入点,并实现"发展、人文、生活、生态"的"四美融合"。作为西安的中心城区,碑林要高举生态文明建设的旗帜,选择绿色、低碳等作为美丽城区的发展主题,以建设"天蓝、水碧、地绿"美好家园为目标,下大力气做好市容市貌、绿色空间、人文特色等的建设与塑造,把生态与人居环境、主导产业、城市建设有机结合起来,积极承担起中心城区在美丽西安建设中的历史责任。

5.西安国际化大都市建设有利于推进皇城复兴计划

2009年6月25日,国务院批复的《关中—天水经济区发展规划》明确赋予西安"建设具有历史文化特色的国际化大都市"的新定位。碑林地处西安核心城区,在明城墙区域内,拥有众多历史文化遗存,如能整体连片开发改造,必定能够完善城市功能、彰显历史文化特色,成为皇城复兴计划的开山之作,推动整个皇城复兴计划的有序实施。

6.市域产业体系"错位发展"有利于区内产业转型升级

西安市第十二次党代会明确提出,中心城区在未来发展中的定位是现代服务业。西安市"十二五"规划也明确碑林的定位是"打造最具人气和商业价值的历史文化中心和商业区"。碑林要牢牢抓住这一机遇，并继续用好西安被列为国家服务业综合改革试点区域产业发展机遇，主动顺应国内外产业转移需求，做好承接我国东部相关产业转移和西安市"退二进三"工作，进一步发挥商贸业比较优势，强化商圈建设和业态布局，形成西部商贸业高地。

7.省级可持续发展实验区的设立有利于激活全区科技资源

2009年，碑林被陕西省科技厅确定为全省可持续发展实验区，并明确指出要充分发挥科技的支撑和引领作用，支持实验区的探索与实践，使实验区真正成为统筹科技资源的载体和平台。为此，全区上下要进一步凝聚共识、形成合力，在碑林环大学创新产业带这一战略性工作布局中，敢试、敢闯、敢干，充分整合、调动、利用好国外国内、区外区内、政府市场等资源条件，全面提升科技对区域经济社会发展的支撑作用，促进全区转型发展。

8.《西安市旅游发展总体规划（修编）》的颁布有利于整合全区文旅资源

西安市政府近期发布的《西安市旅游发展总体规划（修编）》，对全市至2020年的旅游发展进行了总体部署，也是各区县和相关单位对旅游业发展进行引导、服务、规范和指导的依据。规划提出的西安主城区"一核"引领、古城旅游集聚区等空间布局，特别是皇城历史慢步游、历史文化慢品游、中国书法西安游、海外游客西安修学游等旅游品牌，都为碑林整合历史文化资源、打造有影响力的国际性旅游品牌提供了难得机遇。碑林必须趁此东风，进一步激活区内的历史文化、演艺传媒等独特资源，大力发展文化、旅游及相关产业，使其成为碑林经济发展新的增长点。

(二)巩固提升三种优势

近年来，碑林不断抢抓发展机遇，产业结构持续优化，第三产业与现代服务业已成为全区支柱产业和发展亮点，以唐皇城、碑林、小雁塔等为代表的区域历史文化旅游品牌的影响力与日俱增，而碑林环大学创新产业带也正呼之欲出。这些既有和潜在的经济发展优势，需要在新环境、新形势下不断予以巩固和提升，以便为现代化美丽城区建设提供坚实保障。

1.巩固特色经济优势

按照街区经济、楼宇经济、园区经济齐头并进的整体思路，进一步巩固碑林的特色经济优势。

发展特色街区。以碑林被评为"全国商业街建设先进集体"为契机，在巩固提升东大街、南大街、雁塔路IT一条街、德福巷等现有特色商业街区的同时，加大引导培育力度，着力打造长安路CBD、竹笆市综合商业街、西安快时尚商业街区、西荷路餐饮一条街、星光一路动漫街区、西北运动商城、西北黄金珠宝一条街、西安中贸广场商业步行街、建国路餐饮一条街、兴庆路西北厨具一条街等多条新兴商贸、餐饮、旅游和休闲特色街区,不断提高街区经济的竞争优势。

做强楼宇经济。以《碑林区发展楼宇经济扶持奖励办法》为基础,加强对重点楼宇的科学规划,制定碑林区楼宇经济发展系统导则;加快长安国际3号写字楼、中贸广场写字楼等一批5万平方米以上的楼宇项目建设进度,引导西部电力大厦、中财金融大厦等现有楼宇调整完善功能,引进总部型企业、品牌型企业和创意创新型企业入住,扩大优质楼宇资源的比重;加快推进产业聚集,形成以南大街—长安路、和平路—雁塔路两条主干线向东西辐射,以东大街—东关正街为中心逐渐聚集的"两线一面"商务楼宇集群态势,进一步巩固楼宇经济在全区产业发展中的主体地位。依托西安"十二五"期间打造全国先进制造业基地的定位,结合碑林区实际,注重与渭北工业区等协同发展,积极引进汽车、电子信息、纺织食品、生物医药、新材料新能源等行业企业总部,将企业的研发、销售等环节留在碑林,形成"2.5产业"总部城区。

加快建设现代服务业聚集区。不断推进陕西动漫产业平台、环大学创新产业带、"两宫一市"等特色主题板块建设,创新统筹科技资源"校地合作"新模式,强化产学研合作联动,加强科技成果转化服务平台建设,加大对动漫及软件服务外包产业的扶持力度,优化区内城市空间和产业布局,构筑区内特色经济板块联动新局面。

2. 放大区域品牌优势

聚焦以东大街商圈为代表的区内商贸品牌提升。东大街商圈是目前西安最为繁华的综合性商贸功能区,核心街区东大街被评为"西北商业第一金街"。商圈宜结合旅游区位优势和传统文化优势,通过整体规划、综合改造和详细的城市设计,提升发展定位与品牌形象,吸引国内外一线、高端的精品、名品入驻,成为文化底蕴深厚、建设风格独特、商业布局合理、基础设施完备的全国著名商圈,并以此带动、整合区内商业网点的优化布局和品牌打造。此外,针对雁塔路IT一条街,宜结合街区内商场、商铺及配套设施升级改造,特别是沿街地铁线的建设开通,尽快启动该街区的重新策划包装,使其品牌效应达到北京中关村、深圳华强北等国内著名电子、IT类专业化街区的水平。

撬动以碑林为代表的区内文化及旅游品牌爆发。"碑林"是碑林区最为独特、最具特色的一座文化资源宝库,亟须发挥其品牌效应。联系日前河南卫视推出的汉字英雄、央视推出的汉字听写大会及其所取得的热烈反响,碑林区完全可以依托"碑林"这个享誉海内外的金字招牌,联合陕西卫视、央视或凤凰卫视等传媒平台,尽快策划发起"汉字书写大会"等一系列国际、国家层面的赛事,使碑林这一静寂了多年的品牌适时爆发。此外,联系《富春山居图》电影作品的票房斩获,还可以进一步挖掘碑林博物馆内与众多碑藏紧密关联的历史、人物故事,使之尽快走上荧屏,为碑林文化品牌的爆发再添一把火。以此为基础,统筹旅游资源,整合区内其他如关中书院、小雁塔、兴庆宫、八仙宫、大唐东市等众多历史文化遗存,建设文化创意中心、文物展览鉴定中心、古玩字画交易中心、城市博物馆等,将全区的文化产业、旅游产业推向一个新的高度。

此外,区内诸如交大科技园、西工大科技园以及西工大附中等科技、教育品牌,也值得进一步提升整合,为全区的经济社会发展做出新的贡献。

3.挖潜科教资源优势

目前,碑林区内共有17所高校和131家科研机构,科技资源丰富、科技人才汇集、科技成果众多,是碑林凝聚核心竞争力、谋求转型发展的枢纽所在。充分发挥"智慧城区"在统领全区科技资源中的"牛鼻子"作用,构建智慧人才库和智慧技术库,为智慧城区建设提供坚实保障。积极促进"校地合作",加强科技资源统筹,与高新区、沣东新城等开发区共同搭建科技成果转化服务平台,合作建设碑林知识产权交易(分)中心,以此增强企业自主创新能力、提高区域核心竞争力。制定系列扶持政策,在全市范围内打造"没有围墙"的大学科技产业园区,形成人才就地创业、成果就地转化、企业就地孵化的环大学创新产业带。牢牢把握十八届三中全会提出的"推进丝绸之路经济带建设"重大机遇,以大学、科研院所和企业为载体,加强与丝绸之路沿线城市的人员往来及科技、文旅合作,以长安路CBD为载体,提前谋划与"贸易畅通"相匹配的金融基础设施布局建设。

(三)持续打牢三个支撑

1.提升社会治理水平

深化和谐社区建设,按照"1546"社会管理创新模式,继续创新管理措施,实现由防范、控制型管理向人性化、服务型管理的转变,提高人民群众对社会服务的满意度。深化平安碑林建设,加强公共安全执法监管,加快安全生产管理体制改革,建立隐患排查治理体系和安全预防控制体系。做好网络舆情监测、研判,提高危机处理和公共管理能力,拓宽和畅通社情民意表达渠道和利益表达机制,着力构建多元化大调解工作格局。

发挥社团、行业协会和中介组织等各类社会组织提供服务、反映诉求、规范行为的作用。探索流动人口、特殊人群、"两新组织"等群体的社会管理新机制,实现社会管理信息资源共享,提高社会管理与服务的整体效能。

2.加强公共服务能力

始终把人民群众利益放在首位,以社会保障、社会事业为抓手,坚持以人为本,不断加大投入,继续完善以社会保险、社会救助、社会福利为基础,以基本养老、基本医疗、廉租住房、最低生活保障制度为重点的社会公共服务保障体系,让广大群众特别是困难群体的基本生活得到更好保障,为建设"现代化美丽碑林"奠定坚实的群众基础。进一步转变政府职能,深化行政审批体制改革,提高审批效能;延伸政务管理服务,发挥区政务服务中心和区政府门户网站作用,及时准确公开政府信息,集中办理行政审批、投资服务、便民服务等事项,接受公众监督。

3.优化人力资源素质

搞好教育、医疗卫生、信息网络、科技馆、博物馆、文化馆等社会文化设施建设;满足人们衣、食、住、行、学、娱等生存需求和精神需求,不断提高居民的生活质量和整体素质,实现物质文明与精神文明全面提高,使人得到全面发展,为"现代化美丽碑林"奠定坚实的能力基础。进一步发挥区域科技、教育、人才资源优势,着眼人才与经济、社会互动发展,重视培养领军型、复合型人才,做好全区人才公共服务体系建设,打造西部人才强区和高科技人才聚集区,建设区域人才中心。

(四)加快实施三类建设

1.尽快落实绿色建设

绿色代表着生机,给人以愉悦,也是绿色文明、知识文明的一种象征和标识。具体到碑林,可以从以下几个层次来分步推进。一是按照市上的考核要求,加大屋顶绿化、垂直绿化等的实施力度,为城市增绿。二是进一步调整、完善城区规划,增加城市绿地比重,在城市公共空间中加大绿植、绿地的覆盖率。三是针对有条件的旧建筑和在建及新建建筑,尽快按照"绿色屋顶"要求及规范("绿色屋顶"与屋顶绿化不同,是一种全新的建筑设计,因承重、吸纳雨水等对建筑结构提出新要求,在屋顶冷却、雨水吸纳、空气净化以及建筑节能、隔音、减少热岛响应、提供生物栖息地等方面具有显著功效),通过税费减免等方式作为激励,引导业主实施相关建设,从而为碑林的城区建设增添一道更为靓丽的风景线,也为居民提供更多的休闲空间。

当然,要完全实现绿色建设,需要从根本上对市政设施、建筑产业等进行一场变革,以达到低能耗、低污染、低碳排等的要求。在这个过程中,需要碑林的政府部门、区内企业、居民等共同配合,通过参与式治理,不断改善市容市貌、提升人居环境。

2.有序推进低碳建设

在低碳经济成为全球永续增长最新课题的背景下,低碳城市也成为赢得区域竞争的重要命题。低碳城市在以低碳经济为发展方向的同时,更加强调低碳生产、低碳消费,通过树立低碳生活理念和行为特征,全力构建低碳社会。在此领域,碑林可从以下几方面开展相关工作。

一是关注国际上关于气候变化、低碳发展等的最新动态,积极与世界自然基金会（WWF）、气候组织（TCG）等国际组织建立联系，掌握其可能为区上发展所提供的信息、技术、资金、项目、媒体等机遇和资源。如 TCG 正在开展的"青年绿色创业计划""中国再设计""气候融资"等项目活动，区上都可以接触了解、选择评估，为自身建设低碳城市创造更加有利的外部环境。

二是转换观念，把区上大力提倡的商贸、文化、旅游等产业，以及环大学创新产业带、长安路 CBD、两宫一市等城市板块所承载的建设发展任务，和"低碳经济、低碳城市、低碳生活"的宣传口径和推广形象实现"无缝对接"，从而既展现出区域经济社会发展所达到的文明高度，又为国际社会和发达地区理解进而支持区上发展提供了便利条件。

三是在土地利用、交通出行、建筑节能、生活消费等实践层面，加快相关领域变革及行业革新，如政府的土地管理、城市规划等部门，需要以实现土地节约集约利用、城区紧凑式发展为导向，加快城区分区规划的新一轮调整；在改善公共交通设施及其管理的同时，引导居民公交出行，鼓励油气混合及电动汽车的使用，公务车辆采购应向新能源汽车倾斜等；大力推广绿色建筑、智能建筑，对在新建建筑中使用环保立面材料、太阳能等节能环保设施的企业进行奖励；通过媒体宣传和教育引导，对居民的购物、外出就餐、日常消费等行为朝低碳方向予以规范，等等。

此外，区上的教育管理部门，可以研究在区内中小学开设环境教育的科普类课程的可行性，并联合相关部门和单位，共同为中小学生提供参与环保和低碳城区建设的实践场所。

3.研究布局 TOD 建设

TOD 是英文"Transit‐oriented Development"的缩写，字面意思是"公共交通导向的城市发展"，本源上是指"以公共交通为中枢的综合发展的步行化城区"的一种开发模式，已在美国 100 多座城市以及香港、东京等国际化都市中得到成功应用。TOD 战略鼓励提高公共交通节点（公交、地铁和轻轨站点）周边地区的建筑密度，以便居民和上班族步行 10 分钟左右就能安全、便捷地搭乘公共交通。

应用推广 TOD 模式的核心策略包括：制定积极的土地开发政策，授权或鼓励在公交站点周围开发高密度房地产项目；将土地开发权与公交系统挂钩，引导地产商会修建连接公交系统的步行通道；限制在公交站点附近停车，加强对周边地区的城市设计，如增设零售店、餐厅和自行车存车点等；对公交站点附近的居民和上班族，发放地铁乘车打折卡等。

具体到碑林，可以着手研究在下一阶段（未来 10～20 年）城区内相关片区的综合改造或二次开发中，对 TOD 节点的示范应用和推广布局，以便进一步统筹和优化区内的轨道交通发展与地产开发，真正实现对土地资源的节约集约利用和面向低碳发展的紧凑式开发模式。在这一过程中,应该同时重视对智能交通系统的积极应用,从而既减少交通拥堵和碳排放,也提高流动性和安全性。此外,营造一个更加安全、更令人愉悦的步行和骑行环境,也是十分必要和有益的。

(五)集中实现三项创新

碑林区既是西安的中心城区,也是西安的老城区,所面临的城市建设与管理任务十分繁重。在当前西安建设国际化大都市的关键时期,碑林必须进一步解放思想、深化改革,加快体制机制创新、加速释放创新红利,为现代化美丽城区建设奠定技术、制度和相关工作的扎实基础。

1.以技术创新带动数字碑林建设

以碑林被评为"陕西省县级电子政务示范区"为契机,紧紧抓住西安被列为国家智慧城市试点示范城市的机遇,满足现代化美丽城区发展的信息化与低碳化要求,扩大城区信息化覆盖面积,着力打造区、街道、社区三位一体的信息反应联动机制;坚持部门资源共享,建立标准化的公共服务体系,继续深化电子政务平台,提高政府办公效率;坚持与现代信息技术发展相融合,通过与相关企业、院校合作,积极探索物联网等前沿技术,广泛融合已有互联网、电信网、广电网、无线宽带网平台,均衡而有效地提高城区运行和管理效率,持续推进智慧城区建设。

重点将社区三维仿真系统、数字城管系统、智能交通系统、公安天网工程系统打造成为四网合一的数字碑林系统,实现对公共服务、民生保障、社区服务、综合治理、灾害应急等社会事务网格化管理,提升城区综合管理服务水平,促进城区智慧发展。

2.以制度创新推进城市精细化管理

城市管理精细化是城市发展现代化的重要体现。要以系统思维整合行政管理资源,针对"四不"和"四个没人管"等突出问题,探索建立运转高效、监督有力的城市管理长效机制。健全精细化管理机制,实现信息化指挥、网格化管理、精准化操作。

深化完善"大城管"体系,建立城市管理协同指挥系统,全面推行网格化管理和层级化管理,切实加强城管标准化执法,努力实现城市精细化管理全覆盖。

健全社会矛盾纠纷排查化解体系,推动网格化管理向宽领域、动态管理升级,不断完善管理服务体制机制,创新社会管理方式,为全区科学发展、跨越发展、和谐发展营造安全稳定的社会环境。

3.缓堵与治霾工作创新

(1)抓好缓堵保畅工作。交通是城市的"大动脉",是现代化美丽城区建设的基础,交通畅通无阻,城市运转才能正常有序。碑林作为西安中心城区,区内重要路口多、流动人员多、人流车流量大,为此必须做好缓堵保畅工作。要在做好针对性预警、现场式服务、重点性约谈、强制性执法等工作基础上,综合采取"疏、堵、限、管、教"多种措施,优化重点区域交通组织,强化交通拥堵点管理,加强停车场建设,开展车辆停放专项整治,深化文明交通宣传教育,确保重点路段时段不失控、不漏管,改善交通环境,提升市民生活幸福感。

（2）做好治污减霾工作。治污减霾,优化生态环境,不仅是重大的民生民心问题,也是重大的社会政治问题,直接关系到人民群众的健康福祉,关系到社会和谐稳定,关系到现代化美丽城区建设的成败。做好治污减霾工作,要以市上下达的各项目标任务为着力点,集中精力和人力,抓重点、抓具体、抓反复,抓出成效、抓出亮点。要把社区作为抓好治污减霾的重要阵地,充分利用各种媒体和宣传手段,大力宣传我区治污减霾的要求和措施,大力普及环保知识,全面提升市民环境意识。

（六）重点谋划三大突破

针对"两宫一市"、长安路CBD、碑林环大学创新产业带三项全区重点工作,按照从易到难、由近及远的工作思路,相应梯次实现城市综合改造经济管理权限、科技金融服务跨越发展及载体管理模式创新、区域整体发展纳入国家新近战略三大突破。

1. 城区经济管理权限的突破

当前,板块带动仍然是我市经济发展的突出特点与优势所在。但在主城区中,目前只有莲湖的大兴新区、土门地区及灞桥的纺织新区通过市区两级共同推动,使得这些板块在各自区域的城市综合改造中享受了较为充分的市级经济管理权限。对比来看,"两宫一市"的区域综合改造,与人兴新区初期发展面临的环境条件较为相似。为此,区委、区政府应以市政府近期原则通过《关于进一步简政放权完善城市管理体制的意见》为契机,并在充分调研大兴新区等板块建设发展经验基础上,加强与市委、市政府及市级相关部门的细致沟通,力争把"两宫一市"所在区域作为一个整体项目打包推动,一次性获得土地、规划、项目、市政等核心市级经济管理权限的下放。从而既在"两宫一市"主体工作上,获得先机与优势,也为后续环大学创新产业带的建设开发工作向市上争取授权奠定基础。

此外,在具体工作推进中,还可以考虑引入曲文投、陕文投等资金实力雄厚、开发经验丰富的文化企业集团与之合作,实现开发速度、建设成效的双突破。

2. 城区重点部位发展与管理模式的突破

针对长安路CBD的建设开发,首先要解决其建设定位问题。结合陕西省加快促进"科技和金融结合"工作要求、碑林环大学创新产业带发展需要,建议区委、区政府研究将长安路CBD定位成陕西科技金融服务示范区、西安科技金融商务街区的可行性。在确定长安路CBD围绕"科技金融"的新定位后,区上可成立专门的科技金融服务公司,并以之为主体进一步引入北京中关村科技创业金融服务集团有限公司等国内一流科技金融服务企业作为战略联盟,共同推动"长安路科技金融商务街区"的策划包装和推广招商。

此外,在未来长安路CBD的具体建设及管理模式上,可参照北京王府井建设管理办公室以及西安西大街综合管理委员会等街区专门管理机构的运作经验,实现对长安路CBD区域内市容环卫、市政建设、城市执法以及对企业经营管理与服务的一体化。

3.城区整体发展融入国家近期战略的突破

在完成前述两项工作突破的基础上,可以进一步操作以下工作突破:完成市政府对碑林环大学创新产业带经济管理权限的下放,并在适当时候将此产业带升级为西安(碑林)环大学创新产业带,以增强该区域的辐射带动作用;获得省政府对长安路CBD"陕西科技金融服务示范区"的命名。同时可以操作的内容还包括陕西省对碑林区"陕西省低碳试点城区"的命名等。

在此基础上,碑林将拥有国家级服务业聚集区(陕西省动漫产业平台)、陕西省低碳试点城区、陕西科技金融服务示范区、陕西文化科教交流示范区(作为陕西建设丝绸之路经济带"文化科教交流核心区"的组成部分)以及科技部国家火炬计划"西安环大学科技研发特色产业基地"(以西安(碑林)环大学创新产业带为基础进行申报)等一系列国家和省部级发展平台。

结合国务院发展研究中心近期提出的、在未来极具可行性和可能性的"加快科研、人才、户籍、教育、金融、城市建设等综合改革,在全国形成若干个企业创新活跃、创新服务业发展较快的创新资源集聚区"发展策略,碑林必须未雨绸缪、大胆前瞻、果断决策、先行先试,在新一轮国家层面的区域战略布局中拔得头筹,为区域整体发展实现新的突破创造最为有利的政策环境和发展条件。

附:《现代化和美丽视域下中心城区转型发展的路径与评价研究》项目申请书

一、本课题国内外研究现状述评,选题的价值和意义

十八届三中全会后,现代化和美丽成为城市转型发展关键词。在我国,行政建制和空间地域意义上的中心城区,处在城市核心部位、承载城市主体功能,面临土地资源缺、人口密度大、经济增速降、服务期望升等治理压力,转型任务繁重,因此

有必要对其转型发展的目标内涵、路径选择、管理评价等进行系统研究。

(一)国内外研究现状述评

(1)现代化与可持续发展。现代化：国外研究兴起于 20 世纪五六十年代，基本命题是"经济发展促进民主化"[1]，前沿是强调系统化生态创新及其扩散的生态现代化[2]，目前涵盖帮助后发国家制定转型政策的一组理论[3]；国内研究强调坚持现代化的民族性和自主性[4]，提出现代化科学、第二次现代化理论等成果[5]。可持续发展：国外已发展出可持续性科学新学科，特征是行动导向、综合评估和多学科性[6]，并有能值分析、能量利用评价、生态足迹和生态信息分析等定量刻画方法[7]；国内进展集中体现为十八大报告对生态文明和美丽中国的阐述。评价研究：国外以英克尔斯的现代化指标体系、UNDP 的人类发展指数为代表；国内以中国现代化指数[5]、中国可持续发展能力综合评估[8]影响较大，此外江苏省在全国率先发布"基本实现现代化指标体系"。综合看：国内外对现代化、可持续发展的内涵有基本共识，相关评价多集中在国别、省域和城市层面，但现代化城区、美丽城区如何界定，中心城区建成现代化美丽城区如何评价，仍有待探索。

(2)城市与城区转型。城市转型：国外研究关注应对气候变化和低碳社会建设中的策略形成、政策能力等议题[9-10]，通过"城市转型实验室"提供城市治理新架构[11]，结合统计测度揭示城市标度规律(创新创富、基础设施等城市属性是城市人口规模的幂函数)[12]；国内研究多集中在资源型城市转型，一般研究方面，认为城市转型是城市生命周期不同阶段的转换及城市战略调适[13]，是城市发展道路及模式的变革[14]，是多领域、多层次的综合转型[15]，转型方向包括生态城市[16]、创意城市[17]、知识城市[18]、创业城市[19]，转型路径有发展现代服务业[20]、文化创意产业引领[21]、城市规划变革[22]等。城区转型：国内的城区、中心城区大体对应国外的 downtown，urban center，但城区作为一级行政建制在国外并不多见；目前国外研究已深入到社区可持续性评价[23]，国内研究尚处起步阶段，且集中于典型个案[24]。综合看：国内外城市发展阶段不同、转型重点有别，国内城市转型研究各有侧重、尚无系统方案，尤其中心城区转型的路径研究亟待突破。

(二)选题价值和意义

(1)选题价值。学术价值：中心城区是城市基础组成单元，作为研究对象具有普适性；物理—事理—人理系统方法论(WSR 方法论)是有国际影响的东方系统管理方法论[25]，立足它的研究框架具有适用性；采用的主要理论方法处学科前沿，保障研究结论具有前瞻性。应用价值：结合国家改革发展方向，转型目标拟定为现代化美丽城区，具有引领性；结合中心城区发展阶段判定，转型路径选择具有针对性；转型管理评价以现代化评价为基础，结合中心城区特性及省市、国家层面考核、评价内容,具有兼容性。

(2)选题意义。在市级政府强调事权下放、工作重心前移条件下,中心城区政府面临超常的工作压力,谋求转型发展意愿强烈,从而课题具有较好的现实意义;中心城区转型发展是城市转型发展中的局部问题,但因其在城市整体中的功能地位有着全局影响,从而课题对城市顺利转型的实践具有先导意义;当前国内缺乏城区转型共性规律研究,系统研究框架、转型管理评价体系有待建立,从而课题在这些方面具有探索意义。

二、本课题研究的主要内容、基本观点、研究思路、研究方法、创新之处

(一)主要内容与研究方法

(1)中心城区转型发展的目标内涵与研究框架。把现代化美丽城区作为中心城区转型发展总体目标,以文献分析、理论梳理、概念界定、案例比较为基础,结合典型城市中心城区社会调查与发展规划文本挖掘,归纳现代化美丽城区的内涵、分类与特征;立足 WSR 方法论建立中心城区转型发展的三维系统研究框架。

(2)中心城区转型发展系统分析。结合现代化、可持续发展、城市生命周期等理论,揭示中心城区转型发展的系统过程本质,系统分析其环境目标、要素结构、层次阶段、运行机理、管理规律及特殊复杂性,建立中心城区转型发展的"环境—经济—社会—制度—文化"系统架构。

(3)中心城区转型发展阶段测度。以城市标度规律为理论前提,结合公开、购买及实地采集的大规模统计数据,采用最小二乘法对国内城市及对应中心城区中人口规模与相关城市属性间关系进行实证分析,预期分析结论符合或接近城市标度规律,据此以"规模经济""收益递增"等标准[12],区分相应城区所处发展阶段,提出其面临的主要问题。

(4)中心城区转型发展路径选择。以(2)为基础,建立中心城区转型发展的"环境—经济—社会—制度—文化"五维路径体系,对既有城区、城市转型研究特别是实践创新中的路径、方式等进行归纳推理,提出中心城区转型发展的一般路径模式;以(3)为基础,选择其中部分中心城区开展个案研究,依据所处发展阶段、主要问题及资源禀赋、决策偏好等,制定适用的转型方案,作为个性化路径选择的示范。

(5)现代化美丽城区的管理评价体系。以(4)中的五维路径为架构,以现代化美丽城区为指向,采用模糊综合评价法建立中心城区转型发展管理评价体系,包括现代化评价共性指标提取,中心城区个性指标设置、省市考核指标、国内排名评价指标的兼顾兼容,及指标的数据准备和权重计算等;结合(4)中的部分中心城区应用评价体系并做修正,建立评价体系与相应转型方案间的内在联系,促进实际工作开展。

(二)基本观点

(1)中心城区转型发展是一项复杂的城市系统工程,宜采用东方系统管理方法论加以研究。中心城区转型发展的实质是其作为一个动态、多维和现实系统的优化演化,影响因素多,机理过程复杂,和人的关系密切,采用 WSR 方法论来建立研究框架必要且适宜。

(2)中心城区转型发展的总体目标是现代化美丽城区。现代化城区的内涵是建设并保持处于国际前沿的现代文明形态,美丽城区的内涵是形成生产空间集约高效、生活空间宜居适度的新型城市格局,美丽与现代化是表与里的高度统一。

(3)中心城区转型发展的现实路径选择,需要科学理论依据、客观阶段判定和路径模式集合共同支撑,其持续管理评价要建立体现共性、个性和兼容性的指标体系,也要在指标体系和转型方案间建立工作联系,实现应用研究和应用实践良性互动。

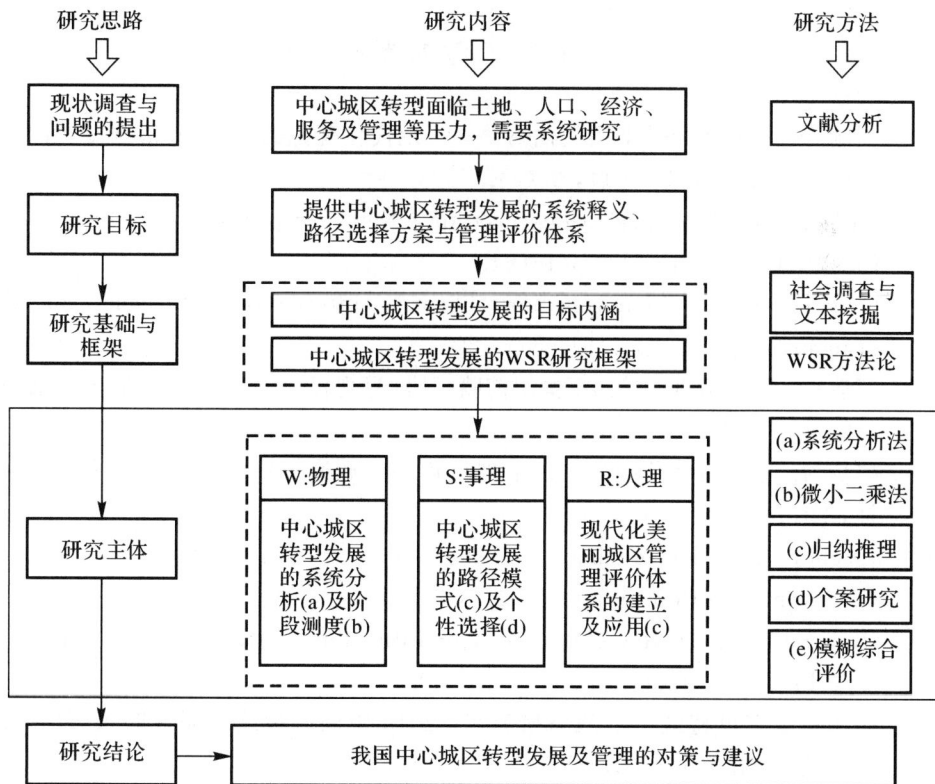

图 1　课题研究思路、内容及方法

(三)研究思路

课题研究主体遵循 WSR 方法论基本思路,重点对中心城区转型发展的物理、事理、人理等进行研究(见图 1)。

(四)创新之处

(1)系统研究视角与基于 WSR 方法论的研究框架。国内城区转型研究处在个案探讨阶段,缺乏系统视角的一般研究和系统研究框架的建立,课题研究对此进行补足。

(2)结合中国城市/中心城区新发展对"城市标度规律"进行实证。国外"城市标度规律"研究采用了 2002 年中国 295 个城市的统计数据,课题将应用 2010—2012 年的统计数据开展实证,测度相应城市/中心城区所处发展阶段。

(3)建立中心城区转型发展管理评价的"包容性"指标体系。课题建立的管理评价体系涵盖现代化共性指标、中心城区个性指标及省市考核指标等,并在指标体系和转型方案间建立工作联系。

主要参考文献

[1] 刘瑜. 经济发展会带来民主化吗?——现代化理论的兴起、衰落与复兴[J]. 中国人民大学学报,2011,25(4).

[2] Jänicke M. Ecological Modernisation:New Perspectives[J]. Journal of Cleaner Production,2008,16(5).

[3] Gwynne R N. Modernization Theory. International Encyclopedia of Human Geography[J]. Elsevier,2009.

[4] 罗荣渠. 20 世纪回顾与 21 世纪前瞻:从世界现代化进程视角透视[J]. 战略与管理,1996(3).

[5] 何传启. 中国现代化报告 2011:现代化科学概论[M]. 北京:北京大学出版社,2011.

[6] Joachim H. Spangenberg. Sustainability Science:A Review [J]. Environmental Conservation,2011,38(3).

[7] Kharrazia A,et al. Advancing Quantification Methods of Sustainability [J]. Ecological Indicators,2014,37(A).

[8] 中国科学院可持续发展战略研究组. 2013 中国可持续发展战略报告[M]. 北京:科学出版社,2013.

[9] Romero P,Dodman D. Cities in Transition [J]. Current Opinion in

Environmental Sustainability，2011，3(3).

[10] Khan J. What Role for Network Governance in Urban Low Carbon Transitions? [J]. Journal of Cleaner Production，2013，50（Special Issue）.

[11] Nevensa F，et al. Urban Transition Labs [J]. Journal of Cleaner Production，2013，50(Special Issue).

[12] Bettencourt L，West G. A Unified Theory of Urban Living[J]. Natur，2010，467.

[13] 侯百镇. 城市转型：周期、战略与模式[J]. 城市规划学刊，2005(5).

[14] 李彦军. 产业长波、城市生命周期与城市转型[J]. 发展研究，2009(11).

[15] 魏后凯. 论中国城市转型战略[J]. 城市与区域规划研究，2011，4(3).

[16] 仇保兴. 追求质量型城镇化必须向生态型城市转型[J]. 中国发展观察，2013(4).

[17] 厉无畏. 发展创意产业 推动城市转型 建设文化强国.[J] 上海经济，2013(7).

[18] 王志章. 知识城市：中国城市转型的路径选择[M]. 北京：人民出版社，2012.

[19] 顾朝林. 城市转型发展和创业城市综论[J]. 城市问题，2013(11).

[20] 李程骅. 服务业推动城市转型的"中国路径"[J]. 经济学动态，2012(4).

[21] 刘平. 文化创意驱动城市转型发展的模式及作用机制[J]. 社会科学，2012(7).

[22] 仇保兴. 城市转型与重构进程中的规划调控纲要[J]. 城市规划，2012，36(1).

[23] Sharifi A，Murayama A. Neighborhood Sustainability Assessment in Action[J]. Building and Environment，2014，72.

[24] 陈安杰. 创新：百年老城区成功转型之源——上海市杨浦区发展振兴的实践与思考[J]. 求是，2010(7).

[25] 顾基发，唐锡晋. 物理—事理—人理系统方法论：理论与应用[M]. 上海：上海科教出版社，2006.

"现代化美丽碑林"经济社会发展重点工作实施设计[*]

一、经济发展重点工作的实施设计

针对国家"丝绸之路经济带"发展战略,陕西省委、省政府提出要把陕西打造成丝绸之路经济带新起点,促进与沿线城市在产业、科研、教育、文化、旅游等多方面的交流与合作。碑林作为西安市中心城区和文教强区,在建设现代化美丽碑林的进程中,必须抢抓"建设丝绸之路经济带"战略机遇,加快创新发展。

作为大西安中心城区,面对有限的空间资源条件,碑林的经济发展不能简单追求产业的规模效应,而应更多谋求产业的高端价值链所在,实现产业高端价值链的集聚效应。作为中心城区,碑林必须紧抓科技人才聚集、文化资源丰富及城市中轴地理区位三大优势,做好科技创新、文化旅游及商贸服务三大产业。

1. 立足实际,更新全区产业定位

省委书记赵正永同志在 2013 年曾撰文指出,要努力把陕西打造成为丝绸之路经济带的"文化科教交流核心区"。时隔一年,赵正永书记再次撰文,强调陕西要"释放科教潜能,建设科技创新新起点",并详细列举"陕西拥有 80 所普通高校、102 万在校大学生、1 000 余所科研院所、22 万科技人员"等科技资源优势。

在此背景下,作为拥有 17 所高校、23.13 万在校大学生、131 家科研机构、3 万余名科研人员和 10 个国家重点实验室、6 个国家工程技术中心、113 个省部级重点实验室和工程中心的碑林区,必须奋发有为、果敢前行,最大限度发挥区域科技人才智慧,最大程度实现区域科技成果产业化,才能真正在科技创新驱动区域经济社会发展的新一轮竞争浪潮中,抢得先机,挺立潮头!

在这个进程当中,碑林环大学创新产业带的快速成长和跨越发展,是重中之重,具有决定性作用。为此,需要从更新全区产业定位、激活科技资源优势、健全产

---

[*] 在 2013 年承担完成"碑林区建设现代化美丽城区的内涵及支撑体系"课题攻关任务后,笔者在 2014 年 3 月继续受到西安市碑林区人民政府研究室时任负责人邀请,参与了"现代化美丽碑林的管理评价体系构建与重点工作实施设计研究"课题工作,主要承担其中社会发展部分的研究任务,同时协助了经济发展部分的研究任务(负责人为王新文博士,他同时也是本课题的负责人)。本文提供了课题报告中有关经济、社会发展重点工作实施设计的相关内容,它也和"西安市碑林区转型与突破发展的基本思路""西安市碑林区建设现代化美丽城区的内涵及支撑体系研究"一起,构成了笔者针对碑林区转型发展研究的三部曲。

228

业支撑体系、打造碑林创新创业品牌等角度,尽快布局、落实相关工作。关于科技研发业,主要针对区上的环大学创新产业带,而在该产业带的产业规划当中,则主要是发展研发服务、工程科技服务和创意设计。

此外,碑林的优势资源还体现在文化遗产资源丰富,全区范围之内共有国家重点文物保护单位 5 处,省级文保单位 8 处,市级 5 处。且多为古建筑类遗产,既具有很高的历史价值,又具有突出的艺术价值,是发展文化旅游事业最有利条件。从大西安的整体格局来看,碑林作为历史城区,长安路沿线是大西安的中轴线,交通路网密集,可达性好,是发展高端服务业的最佳区位。

综合来看:碑林区的适宜产业定位应该是"3+3"的大服务业格局,即"商贸服务、旅游业、文化产业+研发设计、工程咨询服务、商务服务",以此来突出生活性、生产性服务业并重,集中发展大服务业的格局意识。

2.激活科技资源优势,加速建设环大学创新产业带

对此,碑林环大学创新产业带管委会已在今年做了大量工作,包括以下几方面:初步建立了市、区、校联动机制,体现在建立了市政府层面的产业带建设联席会议制度、区政府层面的协调议事机制和重点建设项目协调推进机制;一批建设项目进展顺利,体现在启动了西北工业大学创新科技大楼等 6 个项目的规划建设,并都列入 2014 年市级重点建设项目,其中中铁一局综合服务楼投入使用,西北工业大学创新科技大楼年底封顶;创新创业特别社区开始运行,体现在建成了西部电力国际商务中心创新创业特别社区,并被中国旅游景区协会授予"中国旅游商品研发基地",与西安交通大学合作的"基于创意设计的 3D 打印一体化平台"已在科技部立项,同时还在筹建西安工程大学时尚文化创意中心等 4 个创新创业特别社区;公共服务平台体系开始搭建,体现在搭建了高端数控设计加工等 6 个专业技术公共服务平台,目前已引入科技中介、金融、法律等 15 家服务机构,西安设计联合会的筹备工作也正加快推进等。

据此,课题组建议:要在前四个方面继续加大工作力度,真正解放高校和科研院所的科技人员并释放他们的创业热情,同时实质性切入区内重点单位的建设项目以"为我所用",通过合作机制、投入机制的创新,撬动高校、科研院所、民间资本与管委会一道建设创新创业特别社区这一重要载体。

(1)从"市、区、校"联动到"部、省、市、区、校"联动。创新创业的主体是人,如果失去科技人员的踊跃加入,创新创业特别社区的建设不可能顺利。关键一步,是要首先做到五方联动(部—省—市—区—校),至少是四方联动(省—市—区—校)。即区委、区政府要说服市委、市政府,以西安市的名义,向省上要"创新创业特区"的特殊政策,从年度教研考核、职称晋升条件等方面,先为省属高校的教师群体"松绑",让省属高校的教师特别是青年教师群体,敢创业、能创业、想创业,以此形成示范和带动,真正释放出科技人员的创业激情。进而,通过市委、市政府来说服省委、省政府,让省上去向中央(教育部、工信部、人社部等)要政策,真正把陕西变为"创新创业特区",让在陕的所有高校教师、科技人员都无创业的后顾之忧,这样,才能真正实现省委书记赵正永同志所构想的"释放科教潜能,建设科技创新新起点"。

(2)创新合作、投入机制,加快建设、运营一批创新创业特别社区。创新合作机制、投入机制,以最小的成本撬动一批特别社区的建设和运营。可积极探索政府投入作价入股,从而培育中小企业创业;建议产业带管委会深入研究"科技地产"的发展规律与政策支持,通过与本土地产发展商、金融资本以及高新区、经开区等实力雄厚的开发区强强联手,做实自己的公司平台和服务体系,快速整合、建设并运营好一批产业带内的创新创业特别社区。

3.依托城市中轴区位,打造长安路中央活动区(CAZ)

近年来,碑林依托长安路城市中轴区位条件,积极规划建设长安路中央商务区,力图充分发挥中心城区金融商贸、科研开发、信息传送、文化教育、旅游休闲等功能优势,为整个城市乃至区域经济发展提供典型示范作用;更力图对中心城区土地资源进行重新整合开发,优化城市的整体空间布局,进一步增强西安城市功能,提升城市形象。

同时,课题组注意到当前国际大都市中,以商务活动为主的传统中央商务区(CBD)正在向包括商务、商业、文化、休闲、旅游活动在内的、具有复合功能的中央活动区(CAZ)发展,一些高能级的中央活动区(CAZ)已经成为各国际大都市最重要的核心功能区和战略区域。这一发展趋势对于碑林长安路CBD建设颇有启示。

一般来说,CAZ具有以下特点:中心化的区位交通环境、复合化的商务核心区、集聚化的公共活动设施、多元化的文化活动组合、高质量的娱乐体验品质、高档次的服务设施等级。考虑到长安路沿线已形成的小寨商圈,以及省图、省体、省美术馆等提供的高品位文化产品,长安路已初步具备了建设中央活动区(CAZ)的条件,为此,急需展开科学的调查研究,推动长安路CAZ建设。

考虑到未来城市的发展优势主要体现在城市作为消费机器的能力上,以消费为导向的城市设施,和以此为基础开展的城市场景,对于吸引高级人力群体扮演着重要角色。城市娱乐文化设施组合形成了城市场景,城市场景与城市生活舒适性、便利性直接相关,进而影响着高级人力资本的迁入或撤离。作为打造"消费城市"核心功能区的重要途径,碑林还必须加快打造以休闲娱乐、旅游、零售商业为主的、设施集聚的综合性功能区域——城市游憩商业区(Recreational Business District,简称RBD),作为城市旅游和本地居民游憩的集中承载空间。为此,可在南大街、东大街地段开展 RBD 规划建设研究工作。

4. 承接西京医院溢出效应，在东关地区培育发展健康服务业

众所周知，第四军医大学附属的西京医院，在国内权威部门发布的全国医院综合排名中，综合实力已跻身全国 5 强，院名也被国家工商总局认定为中国驰名商标。2013 年，西京医院门急诊量达到 341.2 万人次，住院收容量为 14.7 万人次，手术量 8.5 万台次，单日最高门急诊量 14 691 人次。

在此背景下，如何积极承接西京医院在医疗卫生服务行业的溢出效应，利用好相应人流，在其前、后端分别延伸相应产业链条，就成为我区发展服务业新业态的一个重大课题。而抓住国务院近期发布《关于促进健康服务业发展的若干意见》（国发[2013]40 号，2013 年 9 月 28 日）所带来的产业机遇，无疑是兑现西京医院溢出效应的最佳选择。另外，西京医院位于东关地区，从而其综合改造可成为培育发展健康服务业的最佳空间载体。

所谓健康服务业，是指以维护和促进人民群众身心健康为目标，包括医疗服务、健康管理与促进、健康保险以及相关服务在内的新兴产业，涉及药品、医疗器械、保健用品、保健食品、健身产品等支撑产业，覆盖面广，产业链长。为此，应结合东关地区综合改造，将健康服务业作为该区域改造后的城区主导产业之一，通过相应的空间物理载体建设，为健康服务业的兴起和发展预留空间。

具体而言，应以出入西京医院的相应人流为基本消费群体，在东关地区积极培育健康体检、咨询等健康服务，同时推动发展专业、规范的护理服务；结合全区医疗卫生体制改革，进一步优化医疗服务资源配置，加快形成多元办医格局，同时推进医疗机构与养老机构等加强合作，大力发展社区健康养老服务。此外，要研究发展健康保险服务，通过丰富商业健康保险产品，发展多样化的健康保险服务；结合八仙宫的道家文化底蕴，全面发展中医药医疗保健服务，既提升中医健康服务能力，也推广科学规范的中医保健知识及产品；融合环大学创新产业带建设，以飞地经济的方式，培育发展健康服务业的相关支撑产业，如自主知识产权药品、医疗器械和的研发制造等。

总之，承接利用好西京医院的溢出效应，把握开启在我区培育发展健康服务业的重要机遇，将为碑林区服务业的大发展带来全新格局。

5. 巩固特色经济优势，积极探索地下空间开发

对于全区而言，要进一步巩固传统特色经济优势，包括发展特色街区、做强楼宇经济等。充分发挥商务楼宇商会作用，优化楼宇业态，提升楼宇品质。着力吸引总部机构、研发中心、结算中心等高端业态集聚。对雁塔路等特色街区的基础设施，创新管理方式，突出主导业态，引导符合街区定位的商家入住，提升街区的整体

形象。加快推进竹笆市特色街、南郭路音乐街、白庙路"西安·台湾风情街"等特色街区建设。

碑林区是西安建设国际化大都市的核心区域,但是区域面积最小、人口密度最大,城市发展面临空间限制非常大。2014 年 3 月,西安市人民政府常委会审议通过了《西安市城市地下空间利用体系规划》及《西安市主城区地下空间开发利用规划设计导则》。在这样的发展背景下,加快地下空间的开发利用将有效推动碑林城市经济的持续发展。中心城区地下空间开发的基本原则是以改善空间环境为中心,以地下交通为重点,通过地上、地下空间的协调,使中心城区真正做到三维发展。地下空间总体开发布局以地铁 4,5,6 号线和城市主干道网络为骨架和轴线,以中心商业区、交通枢纽、城市绿地、广场、主干道交叉点、大型公共设施以及旅游景点等为开发的节点,结合城市建筑物的地下空间开发,逐步形成"点、线、面"相结合的地下空间开发利用模式。

建议围绕"环大学创新产业带、长安路中央商务区板块、东关地区综合改造板块等三大板块"加快规划研究,稳步推进地下空间开发利用工作。

6.工作阶段安排

(1)2014—2015 年初,将"3+3"的大服务业格局确定为碑林区"十三五"期间的产业发展定位。

(2)2015 年,做实"三方联动"、撬动"四方联动",加强"五平台一中心"产业支撑体系建设,启动"碑林创新"品牌建设;启动在东关地区培育发展健康服务业的前期论证工作;全面推进长安路 CAZ 规划建设工作,特别是加强 CAZ 定位下的招商及政府服务;以书院门—碑林文化景区整合为契机,加强南大街 RBD 规划设计研究。

(3)2016—2017 年,落实"四方联动"、启动"五方联动",基本建成"五平台一中心"的产业支撑体系,"碑林创新"成为国内知名品牌;提升完善书院门—碑林文化景区,将其建设成为全国知名的历史文化消费体验区;东关地区健康服务业首批建设项目初见形象。

二、社会发展重点工作的实施设计

一座伟大的城市,一定是各个社会阶层、群体直至个体在其中都能找到归属感并实现各自"城市梦"的地方。为了让每一个在碑林生活的居民都能更好地融入城市社会生活,就必然要在城市社会治理这个题目上下大力气做一篇好文章。事实上,区委、区政府在 2013 年果断成立"西安市碑林区社会管理创新工作委员会办公室",就标志了碑林社会治理创新工作布局的新开篇。

　　近两年来，社创办在区委、区政府的坚强领导和正确指导下，已经在公共服务提质、社区治理推进、自身能力建设等方面，开展了富有成效的一系列工作。同时应该看到，作为一个超脱于具体工作部门的业务指导和协调机构，区社创办的功用和潜能应该进一步得到彰显和发挥，以真正在全区社会治理工作中起到统揽、抓总的作用。

　　1. 确立"多元主体，网络结构，博弈机制，和谐导向"的社会治理创新工作架构

　　党的十八大报告要求，"围绕构建中国特色社会主义社会管理体系，加快形成党委领导、政府负责、社会协同、公众参与、法治保障的社会管理体制"；党的十八届三中全会《决定》提出，"加强党委领导，发挥政府主导作用，鼓励和支持社会各方面参与，实现政府治理和社会自我调节、居民自治良性互动"；李克强总理在十二届全国人大二次会议上做政府工作报告时重申，"注重运用法治方式，实行多元主体共同治理。健全村务公开、居务公开和民主管理制度，更好发挥社会组织在公共服务和社会治理中的作用"。

　　综上所述，从社会管理到社会治理的过渡和转变，清晰标志了党和政府在社会建设领域的新蓝图和新要求。其中：党的领导、政府主导、多元主体以及社会组织等关键词，勾勒出社会建设当中的不同"利益相关者"，而多元主体这一概念则最能体现这个特征。

　　在城市城区这个层面，从区委、区政府，到街道办事处，再到社区和居民小组，直至区内居民，至少有四个层次的社会治理行为，再考虑到区内经济、社会等领域的各类非营利组织，特别是区内高校各学生社团等公益组织和大量流动人口中的非正式社会组织，未来碑林区内的社会治理行为结构，一定是一个多主体、多层次、多节点的复杂网络体系，区委、区政府要领导、主导、管理好这么庞大的一个复杂网络体系结构，首先就要认知到复杂网络及其管理的复杂性。

　　事实上，作为一级党委和政府，区委、区政府所面临的考核压力是有所不同的，而社区和居民小组作为法律意义上的城市社会基层自治组织，也有自己的特殊关切，如果再具体到区内的每个居民，个体诉求就更加五花八门，从而，从这些社会治理当中不同层次行为主体利益的角度出发，必须要建立起与其复杂网络体系结构及其复杂行为相匹配的利益博弈机制，只有这样，才能真正"维护最广大人民根本利益，最大限度增加和谐因素，确保人民安居乐业、社会安定有序"。

　　从系统管理的思想看，多元主体、网络结构、博弈机制、和谐导向，依次描述了社会治理复杂系统的行为主体、行为结构、行为机制和行为导向，是一个较为完整的系统工作架构。因此建议区委、区政府，进一步充实、完善、提升区社创办的工作队伍和抓总功能，使之在全区"多元主体，网络结构，博弈机制，和谐导向"的社会治

理创新工作整体架构中,真正发挥出系统科学与工程意义上"总体设计部"的巨大功用。

2.分类推进、完善"居民小组自管模式",全面激活基层社会治理

自20世纪90年代中后期始,我国一些大中城市即掀起了社区建设热潮,当时民政部选择在北京、上海、天津、沈阳、武汉、青岛等城市设立了26个"全国社区建设实验区"。此后,在我国的社区建设改革实践中,产生了一批社区管理体制创新模式,其中有的侧重于行政化改革,有的强调自治功能回归,也有介于二者之间主张行政与自治的协调平衡。其中杭州市的社区治理,由于充分尊重了社区历史及其结构类型,并在此基础上推动社区的再组织化,因而具有较强的示范性和创新借鉴作用。

比较而言,近年来先后发端于碑林区长乐坊街道长乐社区长乐坊138号院以及柏树林街道东仓门社区东仓门小区和周家巷等这类"无人管理小区院落"的"居民小组自管模式",一方面实现了区内居民群众参与社区公共事务服务的局部但具有典型性的突破,在群众居住环境改善、院落群防群治工作推进、群众互帮互助意识培养、群众精神文化生活丰富等方面收效明显,但另一方面,也还面临着适用对象存在局限、居民自管资源匮乏等现实问题,亟待在这一模式的可持续性和内涵等方面实现突破和提升。为此课题组建议,应重点做好以下方面工作:

(1)当前的重点工作。按照先点后面的原则,首先在区内的无主院落、无人管理院落、物业弃管小区等对象中组织推广"居民小组自管模式",而是否要在区内所有小区(院落)来全面推广这一模式,课题组建议按照理性、协商的原则,和对应社区内的居民对话解决。

其他方面主要包括,在推广社区党组织、社区居委会、社区专业社工、社区社会组织"四社联动"的实践探索的同时,逐步理顺"四社"及业主委员会和社区居民小组间的关系,注重形成相互间的良性互动;模式推广过程中,应侧重社区文化精神的培育和基层矛盾纠纷的及时化解等。

(2)对杭州城市社区治理经验的吸取。从社会结构角度看,杭州的社区类型大致可分为四类:一是传统的城市社区,特点是社区人口密集度高、流动人口和老年人口多,在单位制解体后出现了较大的组织空白;二是企事业单位较多的城市社区,主要特点是原有的组织架构比较完善,如完善的党团组织等;三是新市民较多的城乡接合部城市社区;四是外来务工群体较多的城市社区。

对比可知,当前碑林区正在推广的"居民小组自管模式",较为适用于区内的传统老社区,对应杭州的"一类"社区;而杭州的"二类""三类"社区,和碑林区内的西工大社区、西荷花园等不同性质的社区,也有较好的对应关系。因此杭州城市社区

治理的多数经验，可作为我区下步推动基层社会治理的重要参照，比如：

关于城市老社区的组织重构，重点是发挥老年人在城市社区治理中的作用，即重构老年人的社会网络，将他们的社会资源转化为社会资本，形成社会治理的中坚力量；社区通过将他们有效地组织起来，不仅减少了社会管理费用，而且由于他们常年居住在社区中，对社区更为了解，能够投入更多热情来服务社区成员。

关于企事业单位小区的组织整合，基本做法是在更大组织层面上对原有基层组织进行整合，以形成资源的优势互补和资源共享，通过产生组织的增量收益，奠定社区治理的良性基础。比如在街道下面的多个社区的基层党组织整合上，可参照"辖区单位党组织负责人联合峰会"的形式，吸纳各家基层党组织为会员，推举理事长、会长、理事，从而以一种非正式组织的形式将原有的党组织再复合，达到资源共享、共同协商治理的效果，产生了非正式组织的综合组织收益。

关于外来务工人员的自组织，可以把原有外来务工人员已经形成的自组织为基础，积极将这些外来务工人员的自组织纳入到工会系统中，通过对这些自组织的支持和整合，外来务工人员能够有效地参与到社区治理中，他们的归属感也会得到增强。

（3）对基层社会治理工作的前瞻谋划。"居民小组自管模式"的出现有其必然性，一方面它是基层社区面临沉重行政管理事务压力的"自行减压"，同时它更是基层社区对中央政府"简政放权"的一种自发响应，社区居民的自治能力由此得到自觉释放。因此，必须要对这种来自基层的首创精神和创新范式进行前瞻性谋划，使其尽快建立起能够可持续性发展的长效工作机制。

对此，课题组建议：要以社区的治理能力建设为主线，尽快突破当前"居民小组自管模式"中还存在的人员激励与梯队建设、功能延伸与拓展、平台建设与资源保障以及学习型与专业化等发展瓶颈，通过持续实践与创新，增强"居民小组自管模式"的适应性，解决好这一模式在面对不同对象进行应用时的"功能-结构"调适问题，从而使其真正成为西安社会治理创新中的一个突出经验。

3. 尽快启动"适度普惠型公共福利制度"建设，加强碑林居民幸福感

随着我国综合国力的不断增强，经济发展已经为社会建设提供了较为坚实的物质基础，因此各地的社会保障体系都逐步在提质扩面，适度普惠型公共福利制度的建立也是势在必行。

（1）碑林已经具备建立此项制度的经济基础。近年来，碑林区在西安市7个主城区的经济社会发展指标排名中，都是位居前列，特别是在人均GDP方面的表现非常突出。从人均GDP的指标看，碑林在2012年的指标值为79 574元，约合12 660美元（西安全市为8 128美元），如果参加2012年世界各国家和地区的人均

GDP 排名,可排到第 55 位(卢森堡 122 272/1,新加坡 50 714/11,美国 48 147/15,日本 45 774/18,香港 34 393/25,台湾 21 592/37,中国 5 432/87),这从一个侧面反映了碑林在西安市各区县中的经济实力。因此,课题组认为碑林有能力在公共服务、公共福利制度建设上为全市做出表率。

(2)区社创办已牵头对建立此项制度的可行性做出论证。从 2013 年 8 月份开始,区社创办即会同区委办、区民政局等相关部门,就在全区建立适度普惠型公共福利制度开展了一系列相关的调研、论证等工作,并从财政收入支撑、公众受益覆盖面、公共服务改革推进等角度,肯定了建立此项制度的可行性。

需要强调指出的是,在这个过程中,区社创办多次牵头召集 12 个区级职能部门,通过发放基础数据调查表、召开对接沟通专题会议、可行性分析论证会等方式,对建立制度的基础数据、适用条件、惠及对象、操作流程等方面进行了深入细致的讨论,并形成了可行性分析报告、操作实施流程、制度相关项目的实施方案等各类材料。

为此,课题组建议区委、区政府在评估条件成熟时,下决心推出这项重要的民生制度,从而把全区的民生工作资源充分整合,突出集约效应,使群众对政府的民生服务有更加明显的心理体验,充分体会到政府的民生关怀力度。

(3)相关工作建议。课题组认为,这项惠民制度的实施和推进,除了区委、区政府作为主体外,还可以也应当引入更多的主体一起来做,以真正体现出公共服务当中的治理视野。

提升行为层次,扩展工作格局。高层次的政府,应该把自身定位成"平台型政府",即把城市当作平台来经营和管理。按照这个观点,碑林在建立适度普惠型公共福利制度的具体工作当中,应立足社会治理的"多主体内涵与网络化结构",通过打造专门工作平台,适时引入更多外部机构如社会企业、民间组织、专业研究机构等,来更好地建立这项制度。

建设三个专门的工作平台。一是制度建立的研究设计平台,由区社创办牵头,吸收相关研究单位、社会企业和非政府组织等,一方面完善此项制度的顶层设计,一方面为制度的后续实施提供持续的智力保障;二是制度相关项目的实施推进平台,比如"养老关怀"项目建设,可参照莲湖区"居家养老"基本经验,通过引入外部企业、研究机构等,分别搭建区内的居家养老服务中心和智能化社会养老研究基地,再辅以政府购买服务等手段,来为区内老年人群体提供专业、便捷的养老服务;三是信息系统平台,由于该项制度的建立,会覆盖碑林近一半的常住人口,未来的统计、核对、分析等工作量十分巨大,靠人工完成是不可想象的,此外建成相应的信息系统后,还将为全区实施基于"大数据"的社会治理创新提供直接的物质基础,并带来相应的商业机遇。

4.其他重要工作

主要包括三个方面：

一是瞄准"政府购买服务"，建立机制、制定清单，旨在通过将事务性管理工作、适合通过市场和社会提供的公共服务，以适当方式转移给社会组织、中介组织、社区基层组织等承担，有利于社会组织的进一步培育和发展；

二是"智慧碑林"建设，重点在打造区、街道、社区三位一体的信息反应联动机制，深化电子政务平台应用、提高政府办公效率，探索物联网等技术应用以有效提高城区运行管理效率等；

三是"平安碑林"建设，重点在公共危机处置能力的提升、多元化大调解工作格局的构建、网络舆情的监控与引导等。

5.工作阶段安排

(1)2014—2015年，把"多元主体，网络结构，博弈机制，和谐导向"确定为碑林区"十三五"期间社会治理创新工作的指导原则，分类推进"居民小组自管模式"，启动建立"适度普惠型公共福利制度"的试点工作。

(2)2016年，分类完善"居民小组自管模式"，"适度普惠型公共福利制度"全面建立。

(3)2017年，具有碑林特色的社会治理创新工作模式初步形成，在国内具有较高的知名度和影响力。

西安市中心城区转型发展的
态势分析及建议[*]

2013年1月,西安市政府明确提出,要按照"一类一策"原则,促进区县差异化、均衡化发展。其中,新城、碑林、莲湖三个中心城区要转型发展,通过大力发展总部经济、楼宇经济等经济形态,实现由传统产业向现代产业、老旧城区向宜居城市的转变,成为西安古代文明与现代文明交相辉映的最具代表性区域;雁塔、未央、灞桥、长安四个区要率先发展,通过加大对各区特色产业园区的扶持力度,全面提升区域综合经济实力,成为新型城市化建设的示范区和先导区。

由此,转型发展成为西安市特别是新城、碑林、莲湖3个中心城区以及雁塔、未央、灞桥、长安4个主城区实现科学发展的中心议题。

一、西安市中心城区转型发展的态势分析

本部分内容,以对前述7个城区2013年初政府工作报告中有关发展基础、已有成绩、面临问题、发展思路、工作部署等方面内容的整理为基础,进而完成各城区转型发展态势的初步评价与分析。

(一)面临问题的梳理

表1给出了西安市7个城区所面临的突出发展问题,由此可以对这些城区在转型发展中的瓶颈有所把握。

表1 西安市7个城区所面临的突出发展问题

城区	面临的突出发展问题
新城	宏观形势复杂;全市"板块效应"带来挑战;公共服务均等化进程需加强;社会管理需创新
碑林	保持快速增长压力大;优势资源挖掘、转化需加强;城市管理精细化水平不高;公共服务质量不能满足需求;政府能力有差距

* 2013年全年,笔者主持完成了2013年度的西安市软科学项目"西安市中心城区转型发展研究:以碑林区为例"(SF1306-2)。本文为该项目成果的节录。

续 表

城区	面临的突出发展问题
莲湖	经济持续较快增长压力大;服务业水平不高;重点区域建设不够快;影响社会稳定因素较多;机关、干部作风需加强
雁塔	产业聚集度不高,板块建设需加快;城市基础设施不完善,精细管理水平不高;公共服务和社会管理需加强
未央	二产增速趋缓,三产规模聚集效应未形成;融资保障需努力;汉长安城遗址保护资金缺口较大;城市流动人口急剧增加,实现城市精细化管理需努力;社会转型、产业调整、城市建设引发的矛盾集中凸显
灞桥	工业尚未实现发展模式转变,新兴主导产业尚处培育阶段;实体经济效益下滑,政府财政税收压力加大
长安	经济总量不大、结构不优;资源优势转化为竞争优势不明显;社会管理任务越来越重

整体看,新城、碑林、莲湖三区,都面临经济增长、城市与社会管理、公共服务及政府建设等方面压力,同时自身优势及重点板块的开发都有待进一步提速;雁塔、未央两区面临的问题有相似之处,两区都处在快速城镇化过程中,流动人口管理与服务问题突出,其二产分别借力高新区、经开区,而三产则都有待提升聚集程度;灞桥、长安两区面临的问题有所区别,前者主要是工业转型、企业提质和税源建设,后者主要是新型城镇化建设的模式与路径问题。

简言之,7个城区可以分为3个梯队,即①新城、碑林、莲湖,②雁塔、未央,③灞桥、长安。其中,第三梯队转型发展的任务相对集中,第二梯队正处在转型发展的启动期,而第一梯队则已进入转型发展的发力期,需要特别予以关注。在第一梯队中,新城、莲湖两区同时面临工业企业搬迁和老工业区综合改造等问题,因而城市发展尚有空间;而碑林区已完成全部城中村改造,城市发展空间不足的问题较为突出。

(二)发展思路的比对

表2给出了西安市7个城区所确定的近期发展思路与定位,由此可以对这些城区政府的发展思考与重点有所把握。

表2 西安市7个城区的发展思路与定位

城区	发展思路与定位
新城	加快推进"实力、创新、人文、美丽、幸福"五个新城建设步伐,努力开创国际化大都市中心城区建设新局面

续 表

城区	发展思路与定位
碑林	努力开创现代化美丽城区建设新局面
莲湖	打造"实力莲湖、品质莲湖、幸福莲湖",坚持"三五七"经济发展战略,努力开创建设国际化大都市中心城区新局面
雁塔	落实建设国际化大都市主城区总体部署,实施强三优二、板块推进、民生优先、共建融合战略,在率先创新发展中走在全市前列,努力成为新型城市建设的示范区和先导区
未央	加快推进全域高水平新型城市化,推动以"五型城区"(经济增长先导区、城市形象展示区、社会管理示范区、现代都市宜居区、执政为民模范区)为基本内涵的国际化大都市中心区建设迈出坚实一步
灞桥	按照"三产并举、民生优先、四轮驱动、跨越发展"的总体思路,全力打造都市形象靓丽、主导产业明晰、文化特色鲜明、自然环境优美的国际化大都市生态城区
长安	以"五园、两城、两区、一基地"为重点,建设最具发展活力、最具竞争力、最富人文魅力的国际化大都市新型城区

1.第一梯队

从发展思路看:

——新城、碑林、莲湖三区的重点依次为,"实力、创新、人文、美丽、幸福","现代化""美丽","实力、品质、幸福""三五七"。比较而言,碑林的发展思路最为概括和简洁。

从发展定位看:

——新城、莲湖两区都定位在"国际化大都市中心城区",而碑林定位在"现代化美丽城区"。比较而言,碑林的发展定位更具有差异化的内涵。

综合来看,在第一梯队中,碑林的发展思路和定位更值得深究。

2.第二梯队

从发展思路看:

——雁塔、未央两区的重点依次为,"强三优二、板块推进、民生优先、共建融合","五型城区"(经济增长先导区、城市形象展示区、社会管理示范区、现代都市宜居区、执政为民模范区)。比较而言,雁塔强调战略和策略,而未央强调路径与目标。

从发展定位看:

——雁塔定位在国际化大都市主城区中的"新型城市建设的示范区和先导区"，而未央定位在全域高水平新型城市化背景下的"国际化大都市中心区"。比较而言，两者差别不大，都强调了"新型城市"的概念。

综合来看，第二梯队中的雁塔、未央两区的发展思路和定位具有一定的共性，这和两区所处的发展阶段相近具有密切关联。

3.第三梯队

从发展思路看：

——灞桥、长安两区的重点依次为，"三产并举、民生优先、四轮驱动、跨越发展""五园、两城、两区、一基地"。比较而言，灞桥的发展思路更加明晰，长安的则侧重具体载体和抓手。

从发展定位看：

——灞桥定位在"都市形象靓丽、主导产业明晰、文化特色鲜明、自然环境优美的国际化大都市生态城区"，而长安定位在"最具发展活力、最具竞争力、最富人文魅力的国际化大都市新型城区"。比较而言，灞桥的发展定位具有鲜明个性，且结合了自身资源禀赋和发展需求；而长安的发展定位更多体现了一种追赶意识和前瞻性的思考。

综合来看，第三梯队中的灞桥、长安两区的发展思路和定位各有侧重，这和两区各异的发展基础具有直接关系。

(三)基本结论

(1)西安7个城区的发展，可分为两个层次、三个梯队，即新城、碑林、莲湖作为第一层次和第一梯队，雁塔、未央、灞桥、长安作为第二层次，其中雁塔和未央、灞桥和长安分列第二梯队和第三梯队。

(2)第一梯队中，各区所面临的发展问题基本一致，而碑林由于再无更多土地空间，提出不同于新城、莲湖的发展定位等因素，更加值得关注。

(3)第二梯队和第三梯队中，各区所面临的共性问题即"新型城镇化"，其中，未央特别面临汉长安城遗址区保护开发的难题，雁塔面临商业品牌重塑、区内科技资源统筹等难题，灞桥的基本困难在于工业提质和农业现代化，而长安的基本困难则是如何更好与高新区合作、发挥大学城的资源聚集功能、发展现代农业以及城市新区建设。

综上，西安4个主城区各有各的难题，因而也需要各有各的发展路径；西安3个中心城区当中，如果忽略新城、莲湖的老工业区改造问题，则碑林的转型发展问题最具典型性。此外，2012年度这7个城区的人均GDP等指标的统计情况（见表3），也从一个方面支持了碑林转型发展的现实性。在表3中，碑林不仅在经济总量、产业结构、财政收入和城镇居民人均可支配收入等方面位居前列,更是在人均GDP方面表现非常突出。

单从人均 GDP 的指标看,碑林在 2012 年的指标值为 79 574 元,约合 12 660美元(西安全市为 8 128 美元),如果参加 2012 年世界各国家和地区的人均 GDP排名,可排到第 55 位。这从一个侧面反映了碑林在西安各区县中的经济实力,也表明碑林的转型发展应该在全市做出表率。

表3 2012 年西安 7 个城区基础指标统计表

GDP排名	城区	财政收入(亿元)	GDP(亿元)	人均GDP(元)	城镇居民人均可支配收入(元)	第三产业占比(%)
1	雁塔	34.50	810.00	68 027	31 934	64.7
2	未央	25.00	516.73	63 410	30 103	48.5
3	碑林	33.03	494.00	79 574	31 268	72.1
4	莲湖	34.70	480.00	68 036	31 195	57
5	新城	26.99	430.00	72 196	>30 000	62
6	长安	24.72	380.10	34 740	26 493	41.7
7	灞桥	16.85	237.09	39 442	30 235	54.4

二、西安市中心城区转型发展的建议

(一)强化顶层统筹设计,鼓励基层协同创新

在当前西安板块带动和区县经济齐头并进的态势下,应进一步按照系统性、整体性和协同性的总体要求,既在市级层面强化做好中心城区转型发展的通盘设计,也要通过适宜的政策,来引导、鼓励各中心城区,使之有意愿、有动力在转型过程中积极协调、协作直至协同。

建议成立由市发改、财政、国土、规划、环保、统计以及考核等部门参与,由市长或一名副市长牵总的市级协调工作部门,以下设办公室(依托市发改委)或季度例会等方式为途径,专责 3 个中心城区和 4 个主城区的转型发展问题。该部门需同时吸收各相关城区的发改、财政、统计部门为成员单位,以便及时沟通信息、汇总情况,其主要职责包括协调 3 个中心城区、4 个主城区的发展定位与策略,土地及相关规划类指标的协调配置,考核指标的差异化下达,各类省及市级扶持资金的争取等,并研究出台有关的管理办法等。

比如，新城、莲湖两区都有大量的工业遗产需要保护利用。如果西安市要建设类似成都"东区音乐公园"这样的工业遗产保护开发项目，就必须在市级层面统筹研究后做出相关决策，以利两区提前谋划、集中资源，避免同质化竞争。

(二)优化空间功能，突出主导产业

3个中心城区和4个主城区，必需依托省市共建大西安战略提出的"国际化大都市、现代产业聚集区、国际旅游目的地、内陆开放开发高地"总要求和省委省政府近期提出的"交通物流商贸枢纽、文化科教交流核心区、承接产业转移示范区、高端生产要素聚集区"全省发展新目标，主动谋划新定位、积极把握新机遇、努力打造新优势，真正走出一条适合自身资源禀赋的转型发展新路。

比如，新城、碑林、莲湖三区和曲江新区，应在市上统一领导下，认真谋划城墙内外区域的空间规划、产业布局，尽快实现这一区域的规划同步、建设标准与风格同步、交通管理同步、产业发展同步等。又比如新城的幸福路地区改造、碑林的两宫一市项目和环大学创新产业带建设、莲湖的大兴新区与土门地区综合改造等，必须就整体定位特别是产业定位形成差异化发展的路径与态势，从而形成发展合力。特别地，这三个中心城区还要就商贸、文化、旅游等共有的主导产业形成联动机制，避免重复建设。

(三)城市建设凸显个性，城市管理注重标准

在城市建设方面，市级规划部门必须强有力地在城墙内外区域，对新城、碑林、莲湖的建设规划有制约、有指导，实现一张蓝图、分区实施的有利局面。碑林要按照自身提出的"精致、智慧、魅力"等特征，进一步在城市建设中彰显自身的历史文化特色；莲湖要进一步提升"新汉风"的研究和实施水平，多出像龙湖MOCO国际这样的建筑精品，以期把大兴、土门地区真正建设成为具有地域风格的大都市核心区；新城一方面要以大明宫国家遗址公园为依托，尽量使周边区域的建筑风格与色彩相协调，另一方面要高度重视幸福路地区的建筑风格问题，未雨绸缪。

在城市管理方面，新城、碑林、莲湖既要按照市上的部署，各自努力落实城市精细化管理的各项要求，也要互通有无、互相借鉴，把好的经验做法拿来就用，实现事半功倍。

(四)创新社会治理体制机制，提升公共服务体系能力

在公共服务、社会管理创新方面，新城、碑林、莲湖仍然要做到互通有无、互相借鉴，实现资源共享。比如莲湖的社会化智能居家养老体系，适当把其服务中心扩容升级，就可以实现对其他两区的服务覆盖，而新城、碑林只要提供相应的服务购买即可。又比如碑林的社会管理创新工作办公室已经开始运行，所取得的工作经验，也可以让其他两区共享共用。再比如，这三个区的教育资源都很丰富，也都在探索各自的大学区体制机制,如果能在三个区的总体层次实现大学区的运行体制机制,则无疑会给辖区内的居民带来更多福祉。

(五)弱化 GDP 考核,强化幸福感建设

在考核方面,建议市上主要领导、市级相关部门尽快放弃 GDP 崇拜,在制定自身的 GDP、固投、财政收入、居民收入等主要指标上面,首先做到实事求是、好字当头,开风气之先。

特别地,针对新城、碑林、莲湖三区,尤其是已经没有传统工业的碑林区,必须淡化 GDP 考核,否则将带来不必要的数字造假和不适宜项目入区。建议对位于城墙内和城墙外一定范围内的所有街办取消 GDP、固投等明显不适宜的指标考核,代之以社会管理、历史文化保护等方面的新的考核指标。

在幸福感建设方面,首先要关注哪些方面和领域让居民感到不舒服、不幸福,在这些方面尽快采取措施纠正改好,其次建议市上和其他城区关注碑林社会管理创新工作办公室近期开展的"碑林幸福人生工程"实施情况,以便从中获得启发和借鉴。

(六)建立科学发展的考核、监督与评价体系

建议市上以及 3 个中心城区、4 个主城区以对区内居民真正负责的态度,都尽快引入第三方机构评估,实现以科学、公开和国际化的方式,对相关区域的发展绩效进行持续的全面评估,以评促建、以评促管,同时把发展评价体系的变革,作为考核、监督体系变革、提升、优化的前哨站,逐步实现"人民城市人民建,人民城市人民管"的生动局面。

大西安城市板块产业优化发展研究[*]

当前及今后一个时期,板块带动仍然是大西安建设的主要特征,而产业优化已经成为大西安各个城市板块内部及其相互间协作、协同所面临的一个重大现实问题。经初步论证,选取"重点项目"这个"牵一发而动全身"的实际工作载体作为研究视角,来对大西安城市板块产业优化发展的内涵、机理、路径与管控等内容进行探讨,以期为相关部门提供决策支持和管理建议。

一、研究现状述评

本研究涉及城市发展与管理、开发区建设与管理、区域产业耦合发展及区域治理、大西安建设等主题。

(一)城市发展与管理

1.城市发展理论

改革开放后,指导中国城市发展的城市思想经历了四个阶段:城市在社会主义现代化建设中起主导作用→严控大城市规模,合理发展中小城市→走中国特色城镇化道路→走集约、智能、绿色、低碳的新型城镇化道路。当前国外有代表性的城市发展理论包括新城市主义、精明增长及柔性城市、智慧城市等。

2.城市管理研究

Spangenberg认为可持续发展包括经济、环境、人力/社会、社会/制度四个维度[1]。我们认为城市可持续发展包括环境、经济、社会、制度和文化五个维度,对城市可持续发展的管理要实现城市系统五个子系统各自的再生及相互协调。Bettencourt等构建了关于城市组织及可持续发展的定量预测理论,发现创新驱动的增长和规模经济驱动的增长有巨大差异。[2]

(二)开发区建设与管理

在经济特区政策示范效应下诞生的开发区模式,对中国的区域经济发展具有重要意义。经过近30年的发展,开发区取得了巨大经济成就,也衍生了一系列问题。洪燕把开发区的生命周期分为强制度化、弱制度化和后制度化三个阶段,指出

* 2013年10月,笔者主持申请的"重点项目视野下的大西安城市板块产业优化发展研究"课题,获得2013年度陕西省社会科学基金的资助立项。本文提供了课题申请书的主要内容,并将大西安城市板块的简介作为附表,以供交流。

其演变的深层机制是利益博弈和成本收益均衡。[3] 张艳发现开发区的建设运行表现出异于城市其他区域的特征,如在产业发展上表现出较强的数量集聚特征而离产业集群尚有距离,在管理体制上早期较多采用政府派出机构模式,当前向政区合一模式转变的趋势明显,所提出的政策建议包括淡化开发区经济类型指向,形成"专业化园区+研发孵化"的发展格局,在政策资源使用上"聚焦"于研发、创新及创业活动,从而使原有的"政策区"逐步向城市经济功能区或城市新区、新城等转变。[4]

(三)区域产业耦合发展

区域产业耦合发展是区域产业优化发展研究的最新进展,分为耦合关系研究和耦合测度研究两类。

1. 区域产业耦合关系研究

涉及三方面:一是对单体系统的分析,侧重对系统内部要素间关系演进及系统与环境关系的探讨;二是对双体系统的分析,包括产业集群与区域经济、城市群等的耦合研究,城市化与产业结构、产业转移的耦合研究等;三是对多体系统的分析,如对经济增长、产业发展与劳动就业的耦合机理研究。

2. 区域产业耦合测度研究

主要围绕双体系统的耦合关系开展定量评价,为相关产业的发展管理及政策制定提供依据。所使用的耦合协调度测度方法,大都结合协同学理论并借鉴容量耦合概念及其系数模型,遵循从功效函数,到耦合度函数,到耦合度指标体系,再到耦合协调度模型的计算规范。[5] 综合看,已有研究主要解决了定性层面的各种耦合关系分析及在定量层面的静态耦合关系的部分测度。

(四)区域治理

李礼总结整理了区域治理的四种类型,包括宏观区域治理(洲际内由民族国家结合各国的规则形成的组织联合体)、次区域治理(跨国界或跨境的多边区域共同体)、中观区域治理(国内跨省行政区域的管理共同体)、微观区域治理(省内跨行政区域的管理共同体)。[6] 张紧跟分析了长三角、珠三角区域经济一体化进程中区域行政的运作、成效及问题,发现即使是在当代中国市场化程度最高、与全球化关系最为密切的经济发达地区,公民、私人部门和非政府公共组织对区域发展的影响仍然很微弱,并建议适时改进已有的区域合作策略,逐步走向区域治理。[7] 陈瑞莲、杨爱平则认为区域行政、区域公共管理、区域治理是一个逐步递进演化的过程。[8] 这些研究结论,既揭示了大西安建设应遵循的基本路径和阶段,也印证了本课题研究的必要性和重要性。

(五)大西安建设

1982 年王圣学最早提出"将咸阳并入西安,建立西安经济区"的观点。[9] 1998 年郭诚提出"构建大西安经济圈,加快陕西经济发展",标志着"大西安"概念的正式提出。[10] 此后在以张宝通为代表的一批学者共同推动下,大西安研究形成气候并最终影响到政府决策。2009 年 6 月国务院发布《关天经济区规划》,提出"加快推进西(安)咸(阳)一体化建设,着力打造西安国际化大都市";2010 年 4 月陕西省政府出台《西安国际化大都市城市发展战略规划》,初步明确其地域构成和发展目标;至 2012 年 10 月陕西省委、省政府出台《关于省市共建大西安、加快推进创新型区域建设的若干意见》,标志着大西安的地域范围和近期发展目标得以确定。

截至 2013 年 4 月,大西安建设共涉及西安市内 14 个拥有市级经济管理权限的开发区、新区和组团区域,咸阳市内拥有市级经济管理权限的咸阳高新区,以及西咸新区下辖的 5 个拥有省级经济管理权限的组团新城等 20 个城市发展板块(各板块简介见附表 1)。这些板块既是大西安产业发展的有力支撑,客观上也形成了激烈的产业及项目资源竞争。为避免大西安城市板块在产业发展上的无序化、同质化,急需对其产业优化发展的内涵、机理、路径、管控政策等开展深入研究。

二、研究意义和价值

(一)研究意义

从全国看,2011 年中国城镇化率达到 51.27%,表明中国的城镇化进入转折期、城市发展进入转型期,标志着城市及其发展已经成为中国全面建成小康社会的主体空间和主体动力。课题结合我国多数城市正在推行的通过板块经济带动城市整体发展的现状,选择拥有众多城市板块的大西安的产业优化问题开展研究,对揭示城市板块产业优化发展这一理论命题的内涵、机理等,具有一定的典型性。

从全省看,2012 年陕西省城镇化率达到 50.02%,以西咸一体化为核心的由城市群—大、中城市—小城市及建制镇等组成的城镇体系基本形成。积极推进城镇化、走新型城镇化道路是加快"三个陕西"建设的重要组成部分,"建好西安、做美城市、做强县城、做大集镇、做好社区"是总体思路,"推动西安建成彰显中华文化魅力的国际化大都市,把西咸新区建成创新城市发展的示范"是核心目标。总之,大西安建设已经成为陕西新型城镇化进程的决定性因素。课题以此为背景,选择"重点项目"这一现实视角,对大西安城市板块的产业优化问题进行透视及剖析,具有现实性、必要性和创新性。

(二)研究价值

1.理论价值

在"新型城镇化道路"视阈和"重点项目"视角下,以大西安建设为对象,聚焦其"城市板块产业优化发展"问题,通过结合城市科学、管理科学及经济学等学科理论方法,集中探讨城市板块产业优化发展的内在机理及政策调控两大问题,以期为大西安的产业优化、创新和可持续发展,构建具有一定普适性的理论框架体系。

2.实际应用价值

课题切中大西安内开发区、产业园区、城市新区等城市板块建设实际,研究问题直面其可持续发展,预期成果包括大西安城市板块产业优化发展的内涵及目标、机理与规律、路径与测度以及基于重点项目分析的政策调控建议等,能够为实际工作提供具有指导性的决策管理支持。

三、主要研究内容

(一)调查调研

大西安城市板块发展现状调查、重点产业项目实施与管理现状调研等。

(二)概念界定

重点项目的内涵与分类,产业优化的内涵及层次等。

(三)机理研究

项目生命周期过程的系统分析:考察项目的策划论证、招商选商、立项落地、融资建设、管理考核、利益分配等环节,分析其中资源、资本、事权、利益等核心要素的配置关系。

大西安城市板块发展特征研究:以开发区生命周期理论为指导,分析各城市板块的发展阶段、面临瓶颈及主要诉求,研判其所需要的制度环境。

大西安城市板块的经济功能分区研究:梳理大西安现有城市板块产业定位,按城市板块的产业及空间关联程度,将大西安划分成若干经济功能区。

(四)路径设计

大西安区域行政的体制机制设计:以大西安建设领导小组及其办公室、大西安建设联席会议制度为基础,充实完善大西安区域行政的运行体制和工作机制。

大西安城市板块重点项目推进机制设计:以"陕西省重点项目推进办法"为基础,按城市板块内部、城市板块之间两个层次,优化设计重点项目的规划布局、管理流程、质量评估等推进机制。

大西安城市板块利益共享机制设计:重点从板块建设发展的考核评价入手,针对重点项目带来利益在相关利益主体间分配,提出适用考核评价思路及办法。

(五)管理对策

大西安城市板块产业耦合发展测度:按照大西安经济功能区内部板块之间、功能区之间两个层次,建立相应的产业耦合发展测度指标评价体系。

大西安城市板块产业优化发展调控与保障:针对三星项目关联企业的布局、落地等相关问题,提出调控预案;从开发区立法、开发区托管镇街、开发区与区县融合发展、城乡一体化发展等方面,提出相应的保障措施。

四、主要观点和创新之处

(一)主要观点

(1)板块带动是大西安建设的主要特征,产业优化是其面临的突出问题,"重点项目"是研究并解决问题的有效途径。

(2)项目是大西安城市板块产业发展的微观基础,其生命周期过程涉及相关资源、资本、事权、利益等核心发展要素,其配置必须更加科学、合理。

(3)大西安区域内20个左右的城市板块处在不同的发展阶段,任务、能力、诉求有所不同,既需要对其生存和发展的整体制度空间进行优化,为其可持续发展奠定基础,也需要依据一定原则将其划分成不同的经济功能区域,实现产业的功能聚集、优势互补和协同发展。

(4)大西安城市板块的产业优化发展,首先需要落实并完善大西安区域行政的相关体制机制,其次需要在城市板块内部、城市板块之间两个层次上,设计科学、完备的重点项目推进机制,最后还要对重点项目带来的利益在相关利益主体间进行合理配置,形成项目建设的良性循环机制。

(5)针对三星项目投入运行后,200余家关联企业的布局、落地问题,需要提前开展论证及评估,以便为后续类似问题的解决提供示范。

(6)长期看,包括产业在内的大西安的建设发展,需要从开发区立法、开发区与区县融合发展以及城乡一体化发展等方面,探索出系统性、法制化和规范化的保障措施。

(二)创新之处

(1)选取"重点项目"这一实际工作载体作为研究视角,具有新颖性。

(2)按产业及空间关联程度对大西安城市板块进行经济功能分区,按经济功能区内部板块之间、功能区之间两个层次,建立相应的产业耦合发展测度指标评价体系,具有创新性。

(3)从区域行政体制机制、重点项目推进机制、利益共享机制三个层次,对大西安城市板块产业优化的发展路径进行系统设计,具有创新性。

主要参考文献

[1] Joachim H. Spangenberg. Environmental Space and the Prism of Sustainability：Frameworks for Indicators Measuring Sustainable Development[J]. Ecological Indicators，2002(2)：295 – 309.

[2] Bettencourt L M A，et al. Growth，Innovation，Scaling，and the Pace of Life in Cities[J]. Proceedings of the National Academy of Sciences，2007，104 (17)：7301 – 7306.

[3] 洪燕. 开发区生命周期的研究：从制度演进的视角[D]. 复旦大学，2006.

[4] 张艳. 我国国家级开发区的实践及转型：政策视角的研究[D]. 同济大学，2008.

[5] 姜嫣，马耀峰，高楠，等. 区域旅游产业与经济耦合协调度研究——以东部十省(市)为例[J]. 华东经济管理，2012，26(11)：47 – 50.

[6] 李礼. 区域治理国内研究的回顾与展望[J]. 学术论坛，2010(7)：56 – 60.

[7] 张紧跟. 从区域行政到区域治理：当代中国区域经济一体化的发展路向[J]. 学术研究，2009(9)：42 – 49，159.

[8] 陈瑞莲，杨爱平. 从区域公共管理到区域治理研究：历史的转型[J]. 南开学报：哲学社会科学版，2012(2)：48 – 57.

[9] 王毓婕. 大西安地区产业布局协调发展研究[D]. 陕西师范大学，2011.

[10] 郭诚. 构建大西安经济圈 加快陕西经济发展[J]. 西北大学学报：哲学社会科学版，1998，28(3)：65 – 68.

附表　大西安城市板块简介

说明：本表统计截至 2013 年 6 月，同时将西安大兴新区和西安土门地区分列，其包含大西安区域内的 22 个城市发展板块。

板块名称	批准建设或开始建设时间	发展定位	发展目标	战略布局或空间布局	主导产业及其产值占比	产业集群状况
1. 西安高新区（规划面积 107 平方千米，扩区新增 200 平方千米；已开发 45 平方千米）	1991 年 3 月	优势突出、特色鲜明、带动力强、世界知名，全国一流的现代科技产业新城	世界一流科技园区（国家统筹资源科技示范区，国家自主创新示范区，世界一流科技园区示范区）	两带、四区、七园（基地）	电子信息、先进制造、生物医药、现代服务；2011 年高新区营业收入 5 222.33 亿元，四大产业收入占其大产业收入占 80% 以上。	通信、光伏与半导体照明、电力设备与能源技术、电子元器件、汽车、软件与服务外包、生物制药、创新型服务业
2. 西安经开区（规划总面积 113.74 平方千米）	1993 年 9 月	特色鲜明、国内一流、西部领先，与国际接轨的先进制造业基地，出口加工基地和西安现代城市新中枢（西安城市中枢、新兴产业高地）		中心区 + 出口加工区 + 泾渭新城 + 草滩生态产业园区	商用汽车、电力电子、食品饮料、新材料；2011 年，实现技工贸总收入 2 026 亿元，其中工业总产值 1 200 亿元。	新兴产业：光伏半导体、风电设备、风电科技；服务外包

续表

板块名称	批准建设或开始建设时间	发展定位	发展目标	战略布局或空间布局	主导产业及其产值占比	产业集群状况
3. 西安曲江新区（核心区域面积40.97平方千米,发展区域总面积近150平方千米）	2002年8月	国家级文化产业示范区、西部文化资源整合中心、西安旅游生态度假区和绿色文化新城		核心区+大明宫遗址保护区+法门寺文化景区+临潼国家旅游休闲度假区+楼观台道文化展示区	文化产业、旅游业（文化体育休闲、国际会展、数字文化、出版传媒、文化演艺、影视投资、文化创意）	出版传媒产业园区、会展产业园区、国际文化创意园区、动漫游戏产业园区、文化娱乐产业园区、国际文化体育休闲区、影视娱乐产业园区、艺术家村落
4. 西安浐灞生态区（规划总面积129平方千米,其中集中治理区89平方千米）	2004年9月	现代化生态新城	生态环境优美、人与自然高度和谐、"宜居宜业宜创业"的西安第三代新城	"一心三翼"	金融商贸、旅游休闲、会议会展、文化教育	金融商务区、经济园区、湿地园区、商贸园区、世园园区、雁鸣湖园区

续表

板块名称	批准建设或开始建设时间	发展定位	发展目标	战略布局或空间布局	主导产业及其产值占比	产业集群状况
5.西安国际港务区（规划控制区面积120平方千米，规划建设区面积44.6平方千米）	2008年6月（重新组建）（2004年6月，西安国际港务区项目领导小组成立）	中国最大的国际型陆港和黄河中上游地区最大的商贸物流集散中心，打造现代服务业新城	现代化、生态化、国际化，宜商宜居的东部新城	六大功能主轴、八大功能分区	现代物流、现代服务业	集装箱作业区、综合保税区、国内贸易区、综合服务区、居住配套区、应急物流园区、产业转移承接区、城乡统筹建设区
6.西安航空基地（阎良核心制造园规划面积40平方千米）	2004年8月	中国航空高技术研发中心，国际性航空产品加工制造中心和亚洲最大的航空旅游会展中心	中国最适合发展民用航空产业的现代航空城	一基地四园区	飞机制造+航空零部件、维修改装、航空新材料、飞行培训、航空旅游	阎良核心制造园、蒲城通用航空产业园、咸阳空港产业园、宝鸡飞行培训园

续表

板块名称	批准建设或开始建设时间	发展定位	发展目标	战略布局或空间布局	主导产业及其产值占比	产业集群状况
7. 西安航天产业基地（规划面积23.04平方千米，预留48.79平方千米）	2006年11月	揽月之都、低碳芯城	科技创新高地、活力宜居新城、低碳示范基地	一心、双城、四轴、五区	卫星及卫星应用、太阳能光伏、大功率半导体照明、服务外包和创意	核心区、航天产业发展区、休闲疗养区、生态居住区、生物工业区、现代物流区
8. 西安大兴新区（总规划面积17平方千米）	2006年2月	国际化、人文化、生态化商贸宜居新区	国际化商贸新城·新汉风宜居新区	两带、三线、九里坊	商贸服务、五金机电贸易、商业地产	商贸服务业聚集区
9. 西安市灞河新区（原规划面积37.23平方千米，现增加洪庆地区21.9平方千米，总面积约59平方千米）	2007年10月	商贸新都、宜居新地、生态新城	产业特色鲜明、人居环境良好、社会和谐稳定的城市新区	一核、两带、三轴、六区	商贸物流、房地产、文化创意、旅游、高科技	西安市纺织产业园、灞桥科技产业园

续表

板块名称	发展定位	批准建设或开始建设时间	发展目标	战略布局或空间布局	主导产业及其产值占比	产业集群状况
10.西安秦岭生态保护区（规划总用地面积5 852.67平方千米，其中25度坡以上的山区面积5 319.64平方千米）	西安秦岭是西安千年文明造就者,西安城市生态安全屏障,西安城市可持续发展依托,西安建设国际化山水城市、人文城市的重要凭借	2011年6月	保一山碧绿、护八水长流	生态保护区(绝对保护区、一般保护区、生态控制区)和生态协调区	生态协调区内:旅游度假、休闲养生,商务培训,生态居住,科技研发,新农村社区建设	
11.西安土门地区（规划面积14.97平方千米）	国际西安中央活力区	2012年12月	国家创新创意中心、国际商务服务中心、工业文明体验中心、宜居宜业生活中心	一心、四园、六街、八区	商务办公、商业商贸,科技研发,文化旅游、都市居住	电力装备科技研发园,西安航空科技研发园,金融服务创新产业园,都市工业文明体验园

续表

板块名称	批准建设或开始建设时间	发展定位	发展目标	战略布局或空间布局	主导产业及其产值占比	产业集群状况
12.西安幸福路地区（规划面积17.63平方千米）	2013年6月		集中央商贸、国际商务、休闲娱乐、文化创意为一体的西安市东部区域的商贸核心区、总部聚集区	一带、三轴、四心、五区	商务商贸、总部经济、宜居社区	商贸经济区、特色文化区、创意产业区、居住配套区、集中安置区
13.西安汉长安城大遗址保护特区（规划范围总面积为75.02平方千米）	2012年8月	体制机制完善、管理科学高效、人民安居乐业、生态环境良好、历史文化特色突出的城市新区	集文化、旅游、商贸、居住、休闲服务为一体的具有国际水准的城市新区	汉长安城城址区、建章宫遗址区、礼制建筑遗址区、经济平衡区	文化、旅游、商贸、居住、休闲服务	
14.西安渭北工业区（规划总面积851平方千米，其中298平方千米为工业建设用地）	2012年8月	中国西部"智造之都"、战略高地	西安市工业承载区和产业支撑区、西安经济发展战略增长极、国家级先进制造业基地	三廊、三组团	先进制造业和战略新兴产业（汽车制造、航空制造、新材料、通用专用设备制造）	21个专业化工业园区

续表

板块名称	批准建设或开始建设时间	发展定位	发展目标	战略布局或空间布局	主导产业及其产值占比	产业集群状况
14A. 渭北工业区高陵装备工业组团（规划面积88平方千米）	2012年8月	关一天经济区先进制造业核心承载区和国内一流、具国际影响力的先进制造业基地	国家新型工业化产业示范基地	西安经开区经渭新城+高陵区县自主开发区域	汽车制造、新材料,兵器工业、专用通用设备制造	泾河工业园、汽车制造产业园、专用通用设备制造园、电力装备制造园、新能源装备制造园、轨道交通装备科技产业园、兵器制造基地、现代化工产业基地、新材料产业园、节能环保产业园
14B. 渭北工业区阎良航空工业组团（规划面积109平方千米）	2012年8月	西安国际化大都市产业核心板块和新的经济增长极	"亚洲一流、世界著名"的中国航空工业新城		航空产业和高端制造业	航空产业基地研发制造园、航空材料园、出口加工区、中航工业核心区、中航工业产业园、航空配件产业园、环保产业园

续表

板块名称	批准建设或开始建设时间	发展定位	发展目标	战略布局或空间布局	主导产业及其产值占比	产业集群状况
14C. 渭北工业区临潼工业组团（规划面积101平方千米）	2012年8月（2009年11月）	西安大产业体系中的"增长极"	全国知名的装备制造业基地		航空、汽车、新能源新材料、节能环保	阎良—临潼航空经济协作产业园、低碳产业园、专用通用装备制造产业园、欧亚经济论坛综合产业园
15. 西咸新区（规划区总面积882平方千米，其中规划建设用地272平方千米）	2011年5月	创新城市发展方式实验区；西安国际化大都市重要支撑带；大西北经济金融中心；全国科技创新中心与高端要素集聚平台；国际休闲旅游宜居城市。	历史文化一脉相连、高端产业集群化发展，人居环境适宜优美，城乡统筹社会和谐，基础设施完备均等，服务全国联通世界的城市特色功能新区	一河、两带、四轴、五组团	现代农业、战略新兴产业、高新技术产业、现代服务业	综合保税区B区、临空产业园区；国家统筹科技资源示范区、六村堡新加坡产业园区；五陵塬文化产业园区、周陵新兴产业园区；信息服务产业园区、国际物流园区；现代文教园区、地理信息产业园区

续表

板块名称	批准建设或开始建设时间	发展定位	发展目标	战略布局或空间布局	主导产业及其产值占比	产业集群状况
15A. 空港新城（区域面积144平方千米，建设用地36平方千米）	2011年5月	国家重要的国际航空板纽，西部地区临空经济示范区，西安国际化大都市的门户新城		环空港片区＋生态片区（一核两片双环多组团）	航空运输及物流业、临空制造业、国际商贸、高端服务业、临空农业	空港核心板组区、临空产业区、中央商务区、生态休闲区、优美小镇和临空农业区
15B. 沣东新城（规划总面积161平方千米，其中建设用地74.82平方千米）	2011年5月	国家统筹科技资源示范基地、西部地区能源会展中心和体育会展中心		一核＋多片区（两带、七板块）	高新技术、会展业（体育、会展商务、文化旅游、都市农业）	信息网络产业园、高端制造业产业园、汽车产业园、现代综合产业园
15C. 秦汉新城（总面积291平方千米，规划建设用地50平方千米，遗址保护区面积104平方千米）	2011年5月	具有世界影响力的秦汉历史文化集中彰显区，西安国际化大都市生态田园示范新城		"一带十区"产业布局（一轴双核、三带四区）	秦汉历史文化旅游、文化产业（生态休闲、行政商务、总部经济、住宅、都市农业）	渭北综合商务区、文化遗址公园区、文化创意展示区、文化体验区、医教研综合园区、研发培训区、渭北综合服务区、正阳商贸区、产业研发区、文教园区

续表

板块名称	批准建设或开始建设时间	发展定位	发展目标	战略布局或空间布局	主导产业及其产值占比	产业集群状况
15D. 沣西新城（总面积143平方千米，其中西安市93平方千米、咸阳市50平方千米，建设用地63平方千米）	2011年5月	西安国际化大都市综合服务中心、战略性新兴产业基地		22个功能区/11类产业区（一核两轴四园八区）	战略性新兴产业（信息技术、节能环保、生物医药、行政商务、文化旅游、都市农业）	中心商贸服务区、国际人居产业区、教育产业区、生物医药产业区、健康产业区、信息产业区、节能环保产业区、都市农业休闲区、新材料产业区、都市休闲区
15E. 泾河新城（规划面积146平方千米，建设用地47平方千米）	2011年5月	西安国际化大都市北部中心、高端制造业、地理物流业、现代信息产业基地，统筹城乡发展示范区。		"445"产业板块、空间体系（一心两廊、五轴八组团）	低碳产业（高端制造业、测绘、新能源、现代物流、创意产业、都市农业）	现代都市农业示范区、都市庄园经济区、现代观光农业示范区、现代休闲农业示范区；高端制造产业园区、现代农产品深加工产业园区、中国原点地理信息产业园、节能环保循环产业区、现代科技科研开发服务区、现代物流服务区、文化创意产业区、田园文化休闲区、滨河发展区

续表

板块名称	批准或建设开始建设时间	发展定位	发展目标	战略布局或空间布局	主导产业及其产值占比	产业集群状况
16. 咸阳高新区（规划面积90平方千米、建设用地40平方千米）	1992年5月	咸阳科技创新先导区、高新技术产业聚集区、城市建设示范区	现代新区、未来新城		电子信息、医药保健、橡胶制品加工、先进装备制造、粮油加工	电子工业园、化工工业园

1 http://www.xdz.com.cn/

2 http://www.xetdz.com.cn/index.aspx

3 http://www.qujiang.com.cn/index.jsp? urltype＝tree.TreeTempUrl&wbtreeid＝1001

4 http://www.xachanba.com.cn/front/index.html

5 http://www.itl.gov.cn/structure/index.htm

6 http://www.caib.gov.cn/caibnew/1441151880758855872/index.html

7 http://www.xcaib.com.cn/structure/index

8 http://www.xadaxing.com/index.asp

9 http://www.xianfzcfzb.com/

10 http://www.xaqlb.gov.cn/

11—14 及 14A、14B 暂无网站

14 Chttp://www.xawbmip.com/

15 及 15A—15E http://www.xixianxinqu.gov.cn/

16 http://www.xygxq.com/index.htm

丝绸之路经济带建设与西安发展[*]

2015年3月28日,在习近平主席出席博鳌亚洲论坛2015年年会开幕式并发表主旨演讲之际,国务院授权国家发改委等3部门联合发布了《推动共建"一带一路"的愿景与行动》这一重要文件,迅速引起国际国内社会的高度关注。

文件中直接提到西安的有两处,一是"打造西安内陆型改革开放新高地",二是"支持郑州、西安等内陆城市建设航空港、国际陆港"。其他和西安相关的内容,主要是"发挥陕西、甘肃综合经济文化和宁夏、青海民族人文优势,形成面向中亚、南亚、西亚国家的通道、商贸物流枢纽、重要产业和人文交流基地"。

面对明确的国家意志,西安如何在"一带一路"政经战略大格局中,真正抓住属于自己的机遇?

一是全面、准确地理解国家对西安的战略定位,即"内陆型改革开放新高地"。"内陆型"点明了西安的区位特点,说明西安要走出一条有别于沿海城市的科学发展新路,比如内陆港的建设;"改革"与"开放",规定了西安的重点发展任务,就是对内深化改革、对外扩大开放,通过改革完善城市治理体系和治理能力,通过开放加快国际化大都市建设进程;"新高地",要求西安发挥比较优势、突出城市特色,比如科教、文化、人才等。

二是客观、科学地谋划下一步工作。在《西安建设丝绸之路经济带(新起点)战略规划》中,西安市提出要"建设成为丝绸之路经济带的核心区域",而"愿景与行动"文件只明确了新疆要"打造丝绸之路经济带核心区",包括陕西在内的其他西北四省主要建设"通道""枢纽"和"基地"。这种战略定位上的偏差,需要西安市冷静看待、客观应对并做出相应调整。

事实上,从2009年国家制定"关天规划"起,就明确西安要建设"国际化大都市"和"统筹科技资源改革示范基地"。到今天,如果看看西安的"国际范儿"有多足、科统工作出了多少可复制的经验,我们是没有理由来骄傲的。联系中共中央、国务院日前出台的《关于深化体制机制改革,加快实施创新驱动发展战略的若干意见》,应该说西安市在全面深化改革,特别是在统筹科技资源、提高自主创新能力、

---

* 本文经与杨琳博士讨论交流并合作完成。我们认为,《推动共建"一带一路"的愿景与行动》等重要文件的出台,为西安发展带来前所未有的机遇,在此背景下,西安需要放眼世界、科学定位、扩大开放、锐意改革,通过艰苦而持续的努力,方能迎来再次辉煌。

实现创新驱动发展方面，还有很多艰苦的工作要做。

三是主动、积极地与相关地市加强合作。比如，"愿景与行动"文件提出新疆要建设丝绸之路经济带上重要的文化科教中心，那么西安市应该在第一时间和乌鲁木齐等地市联系沟通，探讨如何充分利用各自的文化科教优势，共同致力于国家战略的实现。又比如，"宁夏清真食品国际贸易认证中心"在 2014 年 9 月得到国家认监委批准正式开展清真认证工作，西安市、莲湖区应该就莲湖回坊等处的特色清真食品产业化问题，积极和该中心联系对接，促进西安地区清真食品更多打入国际市场。

从另一个度看，西安市发布《西安建设丝绸之路经济带（新起点）战略规划》，比国家发布《愿景与行动》文件早了整整 4 周，能够反映出西安市决心建设丝绸之路经济带新起点的战略前瞻，也表明了西安市贯彻实施国家战略的担当和自信。概言之，西安如何建设改革开放新高地，是真正的问题。而其中的关键，则是政府与市场的作用如何发挥好、配合好。比如，习近平主席是在 2013 年 9 月提出的"丝绸之路经济带"战略构想，一个月之后，大唐西市的丝路风情街就正式开街了。这说明什么？这说明市场的力量和企业的作用是第一位的，政府就是推手，要在关键环节、适当时候，助力市场、服务企业，做好相关的信息发布和人才培养，当然，企业这方面也要有战略眼光，不能小富即安。

西安的历史文化厚重、科教资源发达，但自身的文化、旅游、现代服务等产业的水平还不高，城市竞争力与伦敦、巴黎等世界城市相比，差距明显。所以要进一步扩大开放、深化国际交往与合作。比如：建设"金融服务平台"和"金融商贸物流中心"，西安可以和伦敦结对子、搞合作，利用伦敦的金融优势"借船出海"，此外伦敦的创意、传媒产业也很发达，曲江文化产业投资控股（集团）有限公司包括陕西文化产业投资控股（集团）有限公司等大型文化企业，都应该尽快开展相应合作，比如拍摄纪录片、联合培养人才等；建设"文化交流平台"和"文化旅游中心"，西安可以和巴黎开展合作，利用巴黎在文化、时尚、旅游服务等领域的优势，探讨建立"中法文化产业园区"；建设"科教创新平台"和"高端人才培养中心"，西安可以借鉴西交利物浦大学的办学经验，鼓励、支持在地的 985,211 高校，在西安开办同类型的国际大学，像西北工业大学与比利时布鲁塞尔自由大学在 2014 年已经签署了《关于建立最重要合作伙伴关系协议》，完全有基础进行联合办学的探索。

附录

WSR 方法论 20 年回顾：提出、推广、应用分析与发展展望

WSR 方法论 20 年回顾：
提出、推广、应用分析与发展展望[*]

  "物理—事理—人理系统方法论"（WSR 方法论），自顾基发教授于 1994 年 10 月在英国 Hull 大学系统研究中心与朱志昌合作提出至今，恰有在国际国内近 20 年演进的时空历程，客观上需要总结和展望。此前，Hull 大学系统研究中心的主任 Gerald Midgley 教授也向顾基发教授约稿，希望他能对在该中心访问期间提出的 WSR 方法论撰文回顾。2013 年 10 月在浙江大学宁波理工学院参加 KSS'2013 国际会议的顾基发教授，向与会的寇晓东博士提出合写这一回顾文章的具体建议。本文在上述背景下完成，既作为对 WSR 方法论的阶段性小结，也是对英国友人盛情的响应。

一、WSR 方法论的提出

（一）酝酿与萌芽：WSR 方法论提出的时空背景

  1978 年 9 月 27 日，钱学森、许国志、王寿云发表《组织管理的技术——系统工程》一文，指出"相当于处理物质运动的物理，运筹学也可以叫作'事理'"[1]。次年，许国志、宋健进一步论述了事理、事理工程[2]；钱学森就对"物理""事理"的看法致信美籍自动控制专家李耀滋，李先生回信很同意物理、事理的提出，并建议加上"人理"（motivation）[3, 4]。由于当时的政治气氛以及系统工程界的应用多偏工程，因此还是更为重视"事理"，未把"人理"提到应有高度[4, 5]。总体来看，20 世纪 70 年代末期，"物理""事理""人理"的提法均已出现且含义明确，同时各自相对分立、所受重视程度不同，没有形成一个连贯的整体性概念。但"物理""事理""人理"的明确提出，客观上为 WSR 方法论的出现奠定了基础。因此将这一阶段视为 WSR 方法论的酝酿时期。

  20 世纪 80 年代中期，顾基发在为中共中央办公厅干部班讲授系统工程时，发觉领导干部对"人理"确有所长，尽管他们有时缺乏自然科学和管理科学的知识[6]。

---

  [*] 本文的研究写作历时近一年，定稿于 2014 年 9 月，先在中国系统工程学会第 18 届年会上以工作报告的形式做了交流分发，后经修改收录于《系统工程讲堂录（第二辑）》（北京：科学出版社，2015），本次收录保持了 2014 年 9 月定稿时的全文原貌。

在这期间,受到一些软科学研究者的启示[5],也通过对前人观点的继承、强调以及综合[7],顾基发把"物理""事理""人理"放在一起,针对领导干部提出了"懂物理、明事理、通人理"的具体论点[6]。这就把"物理""事理""人理"贯穿起来,形成一个较为完整的概念或观点。另一方面,顾基发等既观察到不少系统工程项目虽然对物理、事理有清晰理解,但由于不懂人理而失败[3],更是在亲身参与的北京及吕梁地区发展战略研究、全球气候变化、三峡工程生态环境评价等项目中[4],渐次加深了对"人理"及其作用的理解与重视,从而把它与"物理""事理"相提并论。这一阶段,"物理—事理—人理"得以贯穿提出,"人理"的重要性被提到应有高度,可视为WSR方法论的萌芽时期。

(二)形成与提出:催生WSR方法论的文化碰撞

20世纪80年代初期,针对此前因为过分量化和数学模型化而在解决社会实际问题(议题)时遇到的困境,国际上很多学者开始对以霍尔三维结构为代表的系统工程方法论(硬系统方法论)进行反思[5]。反思的重要成果之一,是以切克兰德的软系统方法论、弗洛德和杰克逊的全面系统干预方法论等为代表的西方学者提出的软的系统方法论[3, 5]。在此期间,中国科学院应用数学研究所的桂湘云送给顾基发一本名为 *Rethinking the Process of Operational Research and System Analysis* 的书(该书1984年出版,基础是1980年8月在国际应用系统分析所召开的主题为 *Rethinking the Process of System Analysis* 的会议文集),内含12篇论文和1篇总结文章[4, 8]。正是这些西方学者的文章,引起了顾基发对软系统的思考和对"物理—事理—人理"的通盘思考[4]。

与西方学者的反思努力相平行,东方的学者们也在各自探索着适用的系统方法论。1987年,日本著名的系统和控制论专家椹木义一与其学生中山弘隆和中森义辉合作提出了 Shinayakana 系统方法论,并把它用于日本的环境问题研究[5]。1990年,钱学森、于景元、戴汝为等在总结国内外系统理论发展及中国自身实践经验的基础上,提出了"开放复杂巨系统"概念及相应的"从定性到定量综合集成方法论",成为中国系统方法论发展过程中的一个重要里程碑[3]。1992年,王浣尘提出了"难度自增殖系统"概念及相应的"旋进原则方法论"[9]。

尽管西方和东方的学者们差不多同时对硬系统方法论进行反思,但由于各自在文化、哲学、思维、社会等背景上的差异,双方的交集并不多。1993年5月[5]和1994年3月[3],顾基发等在日本访问期间向有关方面介绍了钱学森等的方法论,并与椹木义一和中森义辉探讨了系统方法论的合作研究。考虑到双方对东方文化背景的认同,决定将椹木义一和钱学森提出的共同的系统方法论作为研究和开发"东方系统方法论"的起点[3]。自此,东方学者们的系统方法论研究有了相对统一的目标。

1994年9—10月,顾基发在 Hull 大学系统研究中心访问期间,一方面向英国学者介绍了联合开发东方系统方法论的思想,另一方面依托该中心对欧美各种系统方法论的研究基础和他本人对东方特别是中国文化、传统的思考及在国内的实际工作案例和经验,努力学习西方系统方法论的核心思想及方法论构建过程,并通过与朱志昌等人的持续交流探索,最终与朱志昌共同提出了物理—事理—人理系统方法论,并于1994年10月26日在系统研究中心举办的亚太研究论坛上做了一个小时的正式报告,题目为"An Oriental Systems Approach:W—S—R Approach"[3-5]。要指出的是,WSR 方法论的一些核心内容,如工作流程、工作结构等,源于由顾基发、唐锡晋等负责的"秦皇岛引青水资源管理决策支持系统"项目(1991—1994)。在该项目研制过程中,顾基发、唐锡晋等已有意识地使用"物理—事理—人理"思想方法,并从中获得了定性与定量结合、人—机结合、人—人结合等具体教益[5]。可以说,WSR 方法论先是植根于中国,后在西方系统方法论研究背景下形成,是东、西方系统方法论研究合作的结果[3]。

整体而言,WSR 方法论得以提出,既有顾基发和唐锡晋等人一系列面向实际的科研项目作为经验准备,也有他与椹木义一、中森义辉、Midgley 和朱志昌等人的深入讨论与交流作为理论准备,既与国际范围内系统方法论的软化趋势相关,更与顾基发等学者对"人理"的特殊敏感性有关[7]。

(三)小结:文化自觉与哲学自省

综观 WSR 方法论的提出过程,有两点特别值得关注,即学术研究中的文化自觉和哲学自省。

关于文化自觉,可从"人理"最初被提出但不受重视,直到成为 WSR 方法论的有机组成来观察。李耀滋先生的回信中,建议在物理、事理之后加上"人理",自有其理性思考和他在中、美两国的人生经验及感悟等因素,而中国当时刚刚结束"文革",对个人、人性的讨论仍为禁忌。这种客观存在的文化"落差"和当时国家面临的百废待兴的建设任务,应是造成其时中国系统工程界"见'物'不见'人'"的遗憾的主因。进入八十年代,求真的风气和自由的气息弥漫,在这样的环境中,重视人的因素的软科学兴起,科学家也能畅所欲言,从而也有了顾基发针对领导干部所提出的"懂物理、明事理、通人理"。顾基发对"人理"的关注,恰从他所授课的领导干部这一群体而起,这不能不说是一种文化自觉。在引起顾基发对"人理"更为重视的相关项目实践中,这样的经验越来越多:听取领导意图、与领导坦率交流,人们的认识水平、认知局限与自利倾向,人—机协调与人—人协调,等等[4]。正是通过对中国本土环境中特定文化因素的感知、把握和利用,顾基发等完成了学术层面上对

"人理"的文化自觉。

关于哲学自省,可从 WSR 方法论提出过程中的国际学术交流来观察。首先,引起顾基发对"物理—事理—人理"进行通盘思考的媒介,正是由西方学者完成的对运筹学和系统分析的一组反思文章。而无论是椹木义一等的 Shinayakana 系统方法论,还是钱学森等的从定性到定量综合集成方法论,顾基发或主动与之对话,或主动融入其中,这些都反映出他对国内外同行在系统方法论领域的思考有进一步的思考,此即自省或反思。当顾基发在 Hull 大学一边努力学习西方系统方法论思想及构建过程,一边与朱志昌等人围绕 WSR 方法论紧密交流探讨时,他实质上是通过东西方思想文化的碰撞,成功实现了东西方系统方法论的合作研究。

二、WSR 方法论的推广

WSR 方法论的问世,以顾基发、朱志昌发表"The Wu-li, Shi-li, Ren-li Approach(WSR):An Oriental Systems Methodology"为标志,该文收录在 1995 年 5 月由 Hull 大学出版的文集 *Systems Methodology：Possibilities for Cross － Cultural Learning and Integration* 中。在此前后,以顾基发、朱志昌为核心,WSR 方法论(WSR)的推广即已展开。

(一)三次中英日联合会议与 *Systemic Practice and Action Research* 论文专辑

1. 三次中英日联合会议

Gerald Midgley 教授等介绍过三次中英日联合会议的基本情况,并把它们作为"Hull－北京"研究计划的一部分[10]。作者在此补充一些有益的信息。

顾基发在 1993 年 5 月和 1994 年 3 月两次访日时,都专程拜访了椹木义一教授并提出在系统方法论研究方面进行合作,也正是椹木义一建议双方合作的主要内容为"东方系统方法论"。1994 年 9—10 月,顾基发首次到访 Hull 大学系统研究中心期间,与朱志昌和 Gerald Midgley 制订了"Hull－北京"研究计划,而椹木义一和中森义辉也有意加入该计划。于是中、英、日三方联合于 1995 年 5 月 23—25 日在北京召开了一个国际性、跨文化的系统方法论会议(即首次中英日联合会议)。这次会议得到中国国家自然科学基金委员会的资助,并由 Hull 大学出版文集 *Systems Methodology：Possibilities for Cross － Cultural Learning and Integration*。

1995 年 11 月,受英国皇家学会邀请,顾基发再次来到 Hull 大学系统研究中心,与朱志昌一起完善 WSR。1995 年 12 月,按照中国科学院与英国皇家学会的交流协议,Gerald Midgley 教授到访北京进行学术交流,并与顾基发就跨文化学习的可能性展开合作研究。1996 年 3 月,朱志昌来华短期访问,专门介绍了 WSR 在国外的影响。1996 年 5 月在日本召开的第二次中英日联合会议,确定将在 *Systemic Practice and Action Research* 期刊上出一次相关专刊。1997 年 8 月,第三次中英日联合会议拟定在英国 Hull 大学召开,虽然正式会议最终未能进行,但已到会的部分代表仍进行了交流,且照旧由 Hull 大学出版了会议文集。

作为主要发起人,顾基发、中森义辉、Midgley 和朱志昌既通过三次会议促进了相关国家学者在系统方法论领域的跨文化交流与合作,也利用会议提供的各种场合大力推广 WSR,使得它在较短时间内获得了一定的国际影响力和认可度。在中国国内,杨建梅等撰文对第二次中英日联合会议情况进行了述评,文中把 WSR 与软系统方法论、全面系统干预方法论相并列,并提出"物理、事理、人理分别与天、道、人相对应"[11]。

2. *Systemic Practice and Action Research* 论文专辑

2000 年 2 月,作为对"Hull－北京"研究计划的阶段性总结和对第二次中英日联合会议所做决定的响应,由 Hull 大学系统研究中心主办的 *Systemic Practice and Action Research* 期刊,在当年第 1 期以"中国的系统思维"为题出版了论文专辑,其中 5 篇原创性论文中的 4 篇全部围绕 WSR 展开——这应视为 WSR 获得自身国际地位的一个里程碑。

上述 4 篇论文分别探讨了 WSR 的如下方面:①WSR 的提出背景、哲学理念、工作流程、实施原则与实际应用[12];②WSR 形成与实践的哲学基础[13];③WSR 在水资源管理决策支持系统中的具体应用及其所展示出的对人际关系的洞见[14];④如何更好地来处理 WSR 中"人理"所对应的人际关系问题[15]。这 4 篇论文安排紧凑、环环相扣,首先完整展示 WSR 的全貌,其次阐释其哲学根基、示范其应用过程,最后对受到较多关注的"人理"进行深入探讨。自此,WSR 在国际范围内得到了自提出以来最为充分的一次阐释和展示,也为其在国际上获得认可和开展推广奠定了坚实基础。

(二)朱志昌的国际推广努力

1993 年,来自霍尔大学系统研究中心的朱志昌,参加了由顾基发组织召开的一个关于系统思维的会议,这是两人初次碰面并就西方系统思想进行交流,也是他们后续长期合作的起点[10]。在与顾基发共同提出并发表 WSR 后,朱志昌以很大的热情和付出对这一方法论进行了有效的国际推广。

1996 年 5 月,在日方出版的第二次中英日联合会议文集中,朱志昌整理发表有关 WSR 的国际对话[16],在英方出版的会议文集中,他与顾基发发表了 WSR 工作过程中任务与方法的论文[17];6 月,在香港大学召开的首届"多学科知识与对话"国际会议上,朱志昌应邀作大会报告,对 WSR 做出全面阐述并就跨文化交流面临的挑战提出见解[18,19];朱志昌还与一些杰出的欧美系统思想家开展讨论,并于 7 月在国际系统科学联合会(ISSS)第 40 次年会上,就 WSR 与 ISSS 前主席 Harold Linstone,Donald de Raadt 分别提出的 TOP 方法论、MMD 方法论进行比较,也因此与他们就这些系统思想间的异同进行辩论,相关成果于 1999 年发表[10,20,21];此外他还在 ISSS 同期发起的"整体性"电子论坛上撰文介绍 WSR 及其与新儒家思想间的关联[22]。这些密集的活动,有力促进了 WSR 在国际上的直接推广。

1997 年,在英方出版的第三次中英日联合会议文集中,朱志昌一方面对有关 WSR 的评论给予回应[23],另一方面还与顾基发回顾了 WSR 在中国一些评价活动中的应用[24];此外,他还在 ISSS 第 41 次年会上介绍了包括 WSR 在内的东方系统方法论的发展状况[25]。

1998 年到 1999 年,朱志昌继续在一些国际会议和国际期刊上撰文,介绍 WSR 在管理、综合管理决策及其建模[26-28]、信息系统设计与开发[29,30]等领域中的应用以及它所带来的文化影响[31,32],期间他还对 WSR 与 TOP 方法论进行比较研究[33],并对此前与顾基发的合作研究进行回顾[34]。

2000 年,在 *Systemic Practice and Action Research* 期刊论文专辑中,朱志昌贡献了其中的两篇原创性论文,并与顾基发等一起提供了当时对 WSR 最为深入的探讨。同年,朱志昌还发表了 3 篇论文:一是以 WSR 为案例,从跨文化的知识转移视角研究提出了一个相应的概念模型[35];二是与 Harold Linstone 合作,从各自框架、异同、文化传统、相互学习启发的途径等方面,对 TOP 方法论和 WSR 进行了全面的比较研究[36];三是把 WSR 上升为信息系统开发的方法论,并进行了全面解析[37]。

综观 1996 年到 2000 年这五年间,朱志昌以英文写作为利器,以重要的国际会议和国际期刊为平台,通过与顾基发,Harold Linstone,Gerald Midgley 等杰出学者的密切交流与合作,不仅为把 WSR 推向国际学术舞台做出了贡献,而且还把 WSR 的研究拓展至国际比较、哲学、文化、管理与决策、知识管理、信息系统开发等领域。可以说,朱志昌是 WSR 在英文世界里最为重要的一个旗手,用他自己的话说,"方法论成型后,顾先生 WSR 研究小组继续对 WSR 多做实际项目的应用检验和国内的推广工作,笔者则主要负责将 WSR 与国际接轨,把 WSR 推向世界"[38]。

(三)顾基发、唐锡晋等的项目应用

在朱志昌努力把 WSR 推向国际的同时,顾基发、唐锡晋等则通过一系列项目应用及相关活动,让 WSR 在中国国内落地生根。

从上文(二)提到的始自 1991 年的"秦皇岛引青水资源管理决策支持系统"项

目开始,到 2003 年结束的"支持宏观经济决策的人机结合的综合集成体系研究"项目为止的 13 年间,顾基发、唐锡晋等通过在所参与的 13 个项目中具体应用 WSR,实现了对它的总结提出、持续完善和有效推广。这些项目包括[4]:

(1)区域水资源管理决策支持系统(秦皇岛市,1991—1994);

(2)商业设施与技术装备标准体系制定(内贸部,1995—1996);

(3)塔里木地区可持续发展(国家科委与加拿大国际发展研究中心,1996);

(4)科技周转金项目评价(国家科委,1996—1997);

(5)商业自动化综合评价(国家计委和内贸部,1997—1998);

(6)高技术开发区评价(国家科委,1998);

(7)海军舰炮武器系统综合评价(海军装备论证中心,1996—1998);

(8)劳动力市场评估(世界银行和劳动部,1996—1998);

(9)航天飞行器安全性(航天部一院,1996—1999);

(10)交通运输结合部(1998—2000);

(11)企业管理软件包的研发(1999—2000);

(12)大学评价(1999—2000);

(13)支持宏观经济决策的人机结合的综合集成体系研究(国家自然科学基金重大项目,1999—2003)。

第(1)个项目的实施和总结,与 WSR 的直接提出密切相关。该项目不仅形成"理解(领导)意图—制定(系统)目标—(现场)调查分析—(反复讨论后)构造策略—(提供但不决定)选择方案—(定性定量结合)实现构想＋协调关系"的方法论工作流程,还总结出首个物理、事理、人理工作图,并提出了谈判协调、技术协调、实践协调等方法[4]。借由该项目,唐锡晋、顾基发从软系统方法视角深化了对包括 MIS 和 DSS 在内的管理支持系统的相关思考[39]。

项目(2)针对当时中国"已有的近万项标准,竟没有一个商场设计方面的标准与规范"的迫切需要,以 WSR 为指导原则,研究提出包括 8 个系统在内的商业设施与技术装备标准规范体系,涵盖 62 个专业、40 个相关标准、要求与条例,以及 67 个标准规范条目等,并通过当时国家科委、国内贸易部的联合鉴定[40],有力促进了国内商场行业的后续变革。与此相关联,项目(5)以当时国家计委在"九五"期间资助的一项面向商业自动化及其试点工程的计算机技术集成重点项目为背景,重点研究其中的集成商业信息系统综合评价问题,通过应用 WSR 来满足商业自动化领域的多场景分析需求,进而提出可操作的"环境/机制—功能—有效性"的商业信息系统评价指标框架结构[41]。

项目(9)针对当时中国航天系统刚刚起步的定量安全性分析工作,以 WSR 所强调的"定性与定量结合""人—机结合"等为指导思想,引入国外适用的概率风险评估(PRA)方法并通过实际应用加以改造,从而提出了能够很好适应当时国家航天系统安全性分析需要的 CPRA 方法[42,43]。项目(7)涉及的问题最初一度被视为一个"硬问题",但由于人为因素(尤其是用户内部的特殊文化)以及用户和开发者之间的利益冲突所带来的巨大影响,"硬问题"变为了"堆议题",由此 WSR 的工作流程被用来梳理这些议题,最终得到了用户和开发者都认为可行的解决方案[44,45]。

项目(12)使用 WSR 对中国和日本的大学进行评价,其中的物理、事理、人理分别关注基本总量数据、人均效率与投资效率数据、校院长及专家评价。研究发现,中国非常注重用 SCI 论文的数量来评价一个大学的主要研究成果(尽管 SCI 论文的数量和人均生产效率都不取决于科研经费的多少),同时忽视了很多国内的研究活动及科研成果;而日本没有把 SCI 论文作为大学评价项目(日本一些专家对 Chemical Abstract(CA)更感兴趣,因为 CA 不仅收集英文论文杂志,也收集本国语言杂志),它的私立大学对学生的企业就职率十分关心而对文章数并不留意,这在国立大学恰恰相反。[46]

以上这些项目应用,对当时中国的区域管理、商业发展、民用航天与武器装备建设以及大学建设等重点领域,均起到了明显的推动与促进作用,同时也在国家部委等较高层次充分展示了 WSR 的功能与特色,从而既使 WSR 在较短时间里获得检验和认可,客观上也完成了对它在中国国内的有效推广。

三、WSR 方法论在国际国内的初步影响

凭借三次中英日联合会议的广泛交流,依靠朱志昌不懈的推广努力,通过顾基发、唐锡晋等的持续项目应用,特别是 *Systemic Practice and Action Research* 论文专辑的刊发,使得 WSR 在 2000 年前后,就在国际上和中国国内获得了一定影响。

(一)WSR 方法论在国际上的影响

国际方面,较为重要的影响表现为[38],在 1999 年的 ISSS 年会上,朱志昌与 Harold Linstone,Donald de Raadt 以"三驾马车"的形式,向会议做了专题报告"系统管理——中国,美国,欧洲";Harold Linstone 在 1999 年将"物理—事理—人理"归为多维系统管理模型的代表;ISSS 网站设置的系统方法论专题,把 WSR 与 TOP 方法论、MMD 方法论、TSI 方法论共同列为"整合系统方法论";夏威夷大学成中英教授认为,WSR 在"中国管理科学化,管理科学中国化"方面做了有益工作;2000 年,UNESCO 出版的《生命支持系统大百科全书》将 WSR 列为专条。

　　此外,爱尔兰管理科学学会主席、都柏林大学学院的 Cathal M. Brugha 教授,在 1998 年、2001 年连续撰文对 WSR 和西方决策科学中的思维法则模型(Nomology)进行比较研究,发现物理、事理、人理可与后者的三个核心维度即 adjusting,convincing,committing 相互对应,进而提出在跨文化及跨领域的思维决策过程中存在着共有结构的观点,并建议中国的系统学者可参照西方的模型来阐释自身在东方文化背景下取得的实际项目经验,而不是直接利用西方系统理论来表述中国的系统实践[47、48]。

　　其他表现方面:菲律宾学者 G. Jahn 针对稻谷生态系统中害虫与营养物综合管理研究中的方法问题,提出 WSR 可对相关的演绎、归纳及适应性方法予以综合[49];英国 Aston 大学的 John B. Kidd 在探讨和过程理论研究相关的系统建模时,所对比的东西方方法即为 WSR 和 SSM 方法论[50];在 2002 年的 ISSS 年会上,西悉尼大学的 Roger Attwater 对 WSR 的哲学基础和实用哲学的新近观点进行比较,认为不同元方法论之间的融合和跨文化系统实践的推动具有积极意义[51];来自美国、加拿大和芬兰的 5 位学者,则向大会报告了他们应用 WSR 对三峡大坝工程所开展的实地调查研究[52]。

　　特别地,WSR 得到了日本一些学者的重视和认可。1997 年,顾基发与同在英国林肯大学管理学院访问的日本东京工业大学的木嶋教授有所交流,而后木嶋教授在他的访问日记中,专门记录了他在该学院听顾基发介绍 WSR 的报告后对 WSR 的主要认识[53]。中森义辉(1998 年)、顾基发(1999 年)先后到日本先端科学技术大学(JAIST)执教,并继续在系统方法论方面合作研究,此后唐锡晋、朱志昌也先后多次到该校开展系统方法论和知识科学的合作研究,并在 2000 年启动了知识科学和系统科学的 KSS 国际会议(以后每年召开一次,2014 年年会将在日本举行),会议中有关 WSR 的文章不断出现。

　　要指出的是,顾基发还在先端科学技术大学开设了系统方法论的研究生课程,他指导的两个日本硕士生安部元裕和山本明久,都以 WSR 为指导开展研究,前者用在品牌和广告评价[54],后者用在中日大学评价[55]且研究成果在中国系统工程年会上做了报告[46]。2001 年,顾基发在由复旦大学举办的"海峡两岸高等教育研讨会"上专门介绍了山本明久的工作,由于与其他大学评价方法的思路相比,WSR 具有新颖性和独创性,因此受到会议主席、时任复旦大学副校长孙莱祥教授的好评[56]。

　　特别要指出的是,顾基发在先端科学技术大学执教时(1999—2003),和中森义辉在 WSR 的研究上相互支持,中森在他的几本书中也多次介绍了 WSR。比如:中森在≪システム工学≫(Systems Engineering)(2002)的第十一章"展望"

的 11.3 节，专门介绍 WSR[57]；在中森主编的 *Knowledge Science：Modeling the Knowledge Creation Process*（2012）一书中，专门邀请顾基发撰写了第五章 "Knowledge Synthesis"，其中也介绍了 WSR[58]；在中森的新书 *Knowledge and Systems Science：Enabling Systemic Knowledge Synthesis*（2014）中，第二章"系统方法论"的 2.4 节"东方系统方法论"，再次介绍了 WSR[59]。另外，日本著名的知识管理专家野中郁次郎与朱志昌在知识科学与 WSR 方面的合作研究，促使他们在 2012 年写成了专著 *Pragmatic Strategy：Eastern Wisdom，Global Success*，该书一出版就受到国际上知识管理界的很多好评[60]。

综上，WSR 正式提出之后，在较短时间内得到了国际系统学界一流学者和权威机构的重视、接纳和认可，由此也引发多个领域的跨文化思考。此后，来自日本、韩国、菲律宾、英国、爱尔兰、瑞典、芬兰、美国、加拿大以及澳大利亚等多个国家的学者均利用 WSR 开展了相关研究。这些都可以视为 WSR 作为一种东方系统管理方法论在国际上所取得的"成功"。

(二)WSR 方法论在中国国内的影响

中国国内方面，分以下几个层次来介绍 WSR 的具体影响。

1. 在学界的基本影响

1996 年 6 月，唐锡晋在第 58 次香山科学会议"中国传统文化与当代科学前沿发展"上（陈述彭＜中国科学院院士＞、席泽宗＜中国科学院院士＞为会议执行主席），以"系统工程与软运筹学"为题介绍了 WSR。在这次会议上，包括 WSR 在内的六项成就，被与会专家学者评价为中国学者在充分利用中国传统文化方面取得的杰出科技成果[61]。这次会议后，席泽宗院士还在其他场合的报告中专门谈道：搞系统工程的，只考虑对物和技术的重视是不够的，还要考虑"事"和"人"的因素；顾基发根据"天人合一"思想，提出了 WSR 系统方法论，此方法论认为处理复杂问题时，既要知"物理"，又要明"事理"（考虑"物"如何更好地被运用的"事"的方面），最后还要通"人理"[62,6]。

2010 年 11 月，由中国科学院数学与系统科学研究院、华中科技大学管理学院和管理学报杂志社共同主办的 2010"中国·实践·管理"论坛在北京举行。本次论坛是中国管理学界首次以实践为主题的全国性学术研讨会，是以探讨直面中国管理实践基本问题为中心的讨论会，因此也受到国家自然科学基金委员会、全国MBA 教学指导委员会的重视，并有来自全国近 30 所高校、科研院所及企业的 50余名专家学者参加研讨[63,64]。作为大会特邀的 5 位主题报告人之一，顾基发教授向大会重点介绍了"物理—事理—人理系统方法论"及其实践案例。

上述情况大体能够反映 WSR 在中国管理学界的基本地位和重要影响。

2.中文期刊文献

在 WSR 提出之后,1997 年 3 月发表的文献[65]是国内较早对它进行引介的文章,在谈到处理复杂问题的方法时,该文论及 WSR 的特点及其所展现的"在更广泛的范围内建立联系,进行综合的研究"的发展趋势。同年 4 月由赵丽艳、顾基发发表的文献[66],再次对 WSR 进行介绍,并就其在评价方面的应用做出初步探讨。进入 1998 年,顾基发和高飞等的 4 篇文章是研讨 WSR 的主要期刊文献[67-70]。1999 年,张文泉发表《系统科学方法论及其新进展》,所列举的主要进展包括了 SSM 方法论、WSR 和该作者提出的广义系统方法论[71]。与此同时,由顾基发、唐锡晋等参与的项目应用相关成果的陆续发表,也为 WSR 扩大影响起到了促进作用。从 2000 年到 2005 年,以文献[3][38]及[72]为引领,WSR 在中国国内的知晓度开始提升,同期对 WSR 直接进行讨论或应用的文章大体每年在 10 篇以内。

2000 年到 2001 年,北方交通大学(现改为北京交通大学)张国伍教授团队的研究工作引人注目,他们结合 WSR 对"交通运输结合部"的管理模式、北京公交智能化调度系统总体设计以及运输安全系统等实践中的新问题开展系列研究[73-76],既取得了重要的理论成果,也丰富了 WSR 的应用。华南理工大学张彩江和孙东川的论文《WSR 方法论的一些概念和认识》,是此间一个重要的理论成果,该文认为"作为方法论,WSR 应面向复杂",并在综合比对的基础上提出物理、事理、人理的一组定义,还针对 WSR 步骤的完善提出了自己的见解[77],由此推动对 WSR 的深入探讨。其他方面研究相对集中在评价领域[78-81]。

从 2002 年开始,WSR 在中国国内的广泛影响开始在文献中体现出来,经笔者统计,到 2005 年这四年里,除在交通行业和评价领域中继续发挥影响外,WSR 还在行业管理实践和领域管理研究,电子商务、电子政务及企业 BPR 系统应用,地理研究等多个层面发挥了显著影响。特别地,文献[82]提出 WSR 可与 SPIPRO 方法论、综合集成相结合,并至少派生出 4 种方法论,从而对"从定性到定量综合集成"做出可能补充。

3.中文著作与教材

著作方面。2006 年 10 月,上海科技教育出版社正式出版由顾基发和唐锡晋合著的《物理—事理—人理系统方法论:理论与应用》一书,目前该书已成为了解和学习 WSR 的权威读本,同时也是中国国内唯一的 WSR 研究专著。

教材方面。在上述专著出版前,WSR"在国内尚未引起足够重视"[83],所以对其进行介绍的系统工程类教材相对不多(约 11 种);在上述专著出版后,WSR 得到更多重视,因而有更多的教材对其进行引介(约 21 种)。表 1 初步搜集整理了目前国内可见的对 WSR 有专门介绍的系统工程类教材。

表 1　中国国内对 WSR 有专门介绍的系统工程类教材(2000—2013)

编著者	教材名称	出版社	出版时间
许国志等	系统科学与工程研究	上海科技教育出版社	2000.10
许国志等	系统科学与工程研究(第 2 版)	上海科技教育出版社	2001.4
汪应洛	系统工程(第 3 版)	机械工业出版社	2003.7
高志亮,李忠良	系统工程方法论	西北工业大学出版社	2004.8
孙东川,林福永	系统工程引论	清华大学出版社	2004.10
佟春生	系统工程的理论与方法概论	国防工业出版社	2005.8
周德群	系统工程概论(第 1 版)	科学出版社	2005.10
吴祈宗	系统工程	北京理工大学出版社	2006.1
喻湘存,熊曙初	系统工程教材	清华大学出版社 & 北京交通大学出版社	2006.2
薛惠锋等	现代系统工程导论	国防工业出版社	2006.4
陈宏民	系统工程导论	高等教育出版社	2006.4
顾基发等	综合集成方法体系与系统学研究	科学出版社	2007.1
汪应洛	系统工程学(第 3 版)	高等教育出版社	2007.2
苗东升	系统科学大学讲稿	中国人民大学出版社	2007.11
郝勇,范君晖	系统工程方法与应用	科学出版社	2007.12
汪应洛	系统工程(第 4 版)	机械工业出版社	2008.8
孙东川等	系统工程引论(第 2 版)	清华大学出版社	2009.5
陈庆华,李晓松	系统工程理论与实践	国防工业出版社	2009.12
苗东升	系统科学精要(第 3 版)	中国人民大学出版社	2010.3
王众托	系统工程	北京大学出版社	2010.4
吴今培,李学伟	系统科学发展概论	清华大学出版社	2010.4
孙东川,朱桂龙	系统工程基本教程	科学出版社	2010.5
周德群	系统工程概论(第 2 版)	科学出版社	2010.7
谭跃进等	系统工程原理	科学出版社	2010.11

续　表

编著者	教材名称	出版社	出版时间
刘军等	系统工程	北京交通大学出版社	2011.3
汪应洛	系统工程(第4版)	机械工业出版社	2011.6
周华任等	系统工程	清华大学出版社	2011.9
陈庆华等	系统工程理论与实践(修订版)	国防工业出版社	2011.10
肖艳玲	系统工程理论与方法(第2版)	石油工业出版社	2012.7
王众托	系统工程引论(第4版)	电子工业出版社	2012.8
陈磊等	系统工程基本理论	北京邮电大学出版社	2013.6
李惠彬,张晨霞	系统工程学及应用	机械工业出版社	2013.9

4.博士学位论文及国家自然科学基金

博士学位论文。在 WSR 提出初期,中国科学院系统科学研究所的唐锡晋(1995年)、高飞(1999年)[84]、赵丽艳(2000年)及清华大学核能技术设计研究院的赵秀生(1996年)[85],即在各自博士论文研究中对其有所应用。2001—2012年,约有18篇博士论文基于 WSR 开展研究,主题涉及多目标优化、空间复杂模型、智能运输系统、数据库知识发现模型、城市系统工程、管理系统动力机制、水库调度分析、飞机寿命周期费用管理、OEM 企业知识管理、供应链应急管理、合伙创业伙伴选择、知识工作认知、作战仿真、人件服务、健康办公系统设计、石漠化治理、区域生态安全管理、都市农业旅游可持续发展等[86-103]。此外还有约35篇硕士论文不同程度地应用了 WSR。

国家自然科学基金。典型应用如国家自然科学基金重大项目"支持宏观经济决策的人机结合综合集成体系研究"的子课题三,"支持宏观经济决策综合集成方法体系与系统学研究"(顾基发,79990583),即以 WSR 等作为研究基础,其成果集中体现在专著《综合集成方法体系与系统学研究》当中[104]。其他已有应用见表2。

表2　对 WSR 进行应用的若干国家自然科学基金项目

主持人及依托单位	基金名称	批准号
顾基发,中国科学院	软系统方法论及其应用	69474033
杨建梅,华南理工大学	对软系统方法论理论与方法的改进研究及应用	79470029
唐锡晋,中国科学院	宏观决策与微观运行信息集约化及可视化建模方法研究	79600024

续 表

主持人及依托单位	基金名称	批准号
张国伍,北京交通大学	交通运输企业结合部系统管理理论与方法	79770003
张彩江,华南理工大学	基于 WSR 系统方法论的企业复杂价值工程/价值管理理论与新方法研究	70471086
马龙华,浙江大学	一类具有模糊不确定性的工业系统鲁棒优化及智能优化算法研究	60474064
胡宝清,广西师范学院	基于案例推理与 WSR 系统的西南喀斯特石漠化治理模式研究	40871250
李春好,吉林大学	基于 WSR/TOP 思维整合的交替式非线性变权层次分析方法研究	70971054
潘星,北京航空航天大学	基于失败的知识创新范式:理论与实证研究	70901004
李亚,北京理工大学	政策制定中多元利益共赢的理论与方法研究	70973008
陈菁,河海大学	基于 WSR 方法论的农村饮水安全水价研究	51079041
张强,西北师范大学	西部国家重点生态功能区生态安全预警和政策调控研究	71263045

5.各种实际项目

WSR 提出后,顾基发、唐锡晋等即开展一系列实际项目的应用,本文二(三)部分对此已有介绍。此外前文述及的中文期刊文献及博硕士论文,大都有实际项目应用作为支撑,因此也可视为 WSR 在项目应用中的实例。限于篇幅,此处仅举一例:文献[94]的作者韩建新博士,应用 WSR 建立了所在 OEM 企业(陕西中富公司)的知识管理系统框架,通过在企业内部成立"企业竞争力提升小组"专责推进企业知识管理的试点导入及全面实施,企业生产效率、经济收益和员工收入等得到显著提升,韩建新博士及小组负责人赵威硕士因此先后获得 2009 及 2010 年度"中国知识管理人物"称号。

6.由顾基发本人的课程推广所推动的相关研究

1998 年,顾基发在北方交通大学开设"系统工程方法论导论"博士课程,由此推动交通等领域的系列研究,文献[73—76]即是这些研究的典型体现。2006 年初新华出版社推出《打败麦肯锡》一书,曾引起业界热议,而该书作者王瑶就在北京交通大学系统工程专业攻读硕士期间学习过顾基发的课程。因此书中为中国企业管理思想开出的"系统范式＋东方文明"药方[105],明显受到 WSR 的影响。在王瑶看来，"麦肯锡"们虽然长于物理、事理的研究分析，而且意图通过雇用本地人才来做好本地业务，以实现人理层面的目的，但最终因为不懂得中国人际关系的实际运作等因素，致使很多项目失败，从而借由人理层面的突破等，可以谋求在未来"打败麦肯锡"。这个研究结论及其对中国本土咨询行业带来的深层影响，也是由 WSR 生出的一个重要果实。

四、WSR 方法论的应用分析

(一)WSR 方法论国外应用情况扼要分析

在 2000 年 *Systemic Practice and Action Research* 论文专辑推出后，WSR 的境外影响逐步扩大，顾基发因此当选国际系统研究联合会（IFSR）主席（2002—2006），基于 WSR 的应用研究也持续开展。从 2001 年至今，每年都有以英文撰写的相关论文发表在国际期刊或国际会议上，涉及领域也较为丰富。其中，朱志昌仍发挥着重要作用，他的研究主题涵盖信息系统设计与开发[106, 107]、知识管理[108]、当代中国改革[109]及战略研究[60]，一些欧洲国家（爱尔兰、法国、俄罗斯）学者的研究与前两个主题紧密相关[110－112]。

此外，澳大利亚悉尼大学的 Ian Hughes 与中国四川大学的 Lin Yuan 提出 WSR 是具有中国特色的行动研究的方法[113]；加拿大渥太华大学的 Denis Caro 利用 WSR 建立起跨国和跨文化的电子健康网络的共生演化概念模型[114]；英国利物浦约翰·莫尔斯大学的 Zude Ye 和 Maurice Yolles 把 WSR 视为一种知识模式（三"理"）和道家的"精气神"（三"宝"）相对应，再以知识控制论的模式阐述道家思想，进而提出一种能够贯通西方景观理论和道家风水理论的新方法[115]；芬兰汉肯经济学院的 Pia Polsa 在分析民族志研究的 crystallization 方法时，将其中的意识、身体、精神要素，与物理、事理、人理进行了关联比对分析[116]。

还有中国国内多位学者，把和 WSR 有关的国内应用成果相继发表在国际期刊和国际会议当中，对境外的相关应用也起到了促进作用。

综合来看，WSR 自提出以来，先后被欧洲、北美、澳洲和亚洲区域内的多个国家及地区的学者加以研究应用，学科领域的覆盖面较为广泛，从而在系统方法论的国际大家庭当中能够成为独树一帜的东方系统方法论。

(二)WSR 方法论国内应用情况概要分析

1. 已有分析

2007 年发表的文献[5]介绍了 WSR 的由来和基本内容，列举当时约 30 个国内外应用案例（国内 26 个），总结出相关文献涉及的 24 个主题领域，并着重探讨了从翰件（Orgware）到人件（people ware）共 11 种处理人理的方法，同时对该方法论的可操作性进行展望。2011 年发表的文献[4]侧重介绍 WSR 提出前后的 5 个具体案例,并对顾基发亲自参与过的应用案例和 2007 年后出现的研究主题有所补充和归纳。

朱正祥等以 1994 年至 2007 年 3 月间的 225 篇 WSR 相关研究论文为基础,分析了期间论文数量按年的变动趋势及原因,并结合社会网络分析工具,讨论了其中的兴趣小组及兴趣个体、文献引用网络等情况[117]。唐锡晋等结合对文献[117]所用数据的筛选和更新,对 1994 年至 2010 年间的 WSR 研究文献进行分析,主要结论包括[118]:对应割点、介度中心性、度中心性和节点聚类标签分析,依次得到的研究主题数量为 30,25,15 和 35,这些主题的范围逐步扩展并更多朝向社会复杂系统问题("评价"是其中一个非常重要的主题领域),而包括数据挖掘、供应链管理在内的技术主题的出现,表明 WSR 的操作性提高;对合作者网络、关键词共享网络的分析,揭示出研究小组、兴趣团体的具体存在,其中顾基发居于核心地位;WSR 的研究大体分为两支,即集中在中国的应用研究和集中在英国的认识论研究与社会文化分析,这些都促进着 WSR 研究的持续发展。

2. 新的分析

本文研究过程中,按照与"WSR"或"物理事理人理"直接相关(标题中含有)、较相关(关键词和摘要中含有)、相关(标题、关键词、摘要中未出现,但在正文中有应用,同时忽略一般性提及三个层次,对 WSR 相关文献在 CNKI,Ei Compendex,Elsevier,Emerald,Sage,Springer,Wiley,Taylor & Francis 等数据库中进行搜集(截至 2013 - 12 - 17),共得到:中文文献 277 篇(1997—2013),对比文献[5]中的数据可知,2008—2013 年间新发表文献约 193 篇,年均约 32 篇,相较此前(1994—2007)年均约 10 篇的水平,明显呈现出 WSR 应用得到扩展的趋势;英文文献 73 篇(1996—2013),对比文献[117]中的数据可知,2008—2013 年间新发表文献约 41 篇,年均约 7 篇,相较此前(1994—2007)年均约 7 篇的水平,表明国外的 WSR 应用趋于稳定(如果不计国内机构作者的贡献,则年均新发表文献约 4 篇,也能反映出国外应用相对稳定的状况)。

此外,通过对 2008—2013 年间中文文献研究主题的总体分析,能看到 WSR 的应用集中体现在以下方面:①安全管理与评价;②教育教学;③一般管理研究;④管理与评价应用;⑤知识管理;⑥创业、创新研究;⑦军事与装备;⑧信息化研究;⑨社会事务;⑩旅游科学与应用;⑪灾后重建;⑫石漠化治理;⑬交通行业;⑭电力行业;⑮投融资;⑯工程招投标;⑰新型项目;⑱生态环境;⑲理论探讨;⑳其他主题。

(三)对 WSR 方法论应用状况的初步分析

近 20 年来,WSR 在国内外的持续应用,能够反映出这一方法论的吸引力、生命力和影响力。以下从 4 个方面对其应用状况进行简要探讨。

1.适用的问题领域

国内外的已有应用表明,在以下问题领域,WSR 方法论可以发挥出明显或一定的研究指导及参考作用:

(1)管理理论与实际管理问题,典型如知识管理、安全管理、评价问题等;

(2)教育和科技问题,如大学教育、技术创新等;

(3)区域发展问题,如石漠化治理、灾后重建等,同时涉及地理、旅游、城市等学科;

(4)军事与装备问题;

(5)信息化问题;

(6)交通、电力行业问题;

(7)社会问题,如民生体育、棚户居民安置、工程招投标犯罪等;

(8)生态环境问题;

(9)经济、商业问题;

(10)工业设计;

(11)国外机构学者较多关注的文化、哲学、认识论、方法论问题等。

2.应用的范围与层次

整体而言,在上文提出的 11 个问题领域里,WSR 在(1)和(11)中得到的应用最为广泛和深入,从中可以看到它作为"东方系统管理方法论"的特质;在(3)(4)(5)及(6)的交通行业问题中,WSR 方法论的应用也较为广泛、深入;此外,在(2)中的应用虽广泛但不够深入,在(8)(10)中的应用虽有限却较深入,而在(7)(9)中的应用相对有限,也不够深入。

在上述应用较为深入的领域中,一般都会针对研究主题提出相应的 WSR 三维分析模型和分析、探讨、解决具体问题的图形模型。此外,笔者建议关注其中具有操作性的方法,如在评价、测度等研究中出现的概率风险评估、DHGF 集成评价、DHDF 综合评价、改进 AHP－FCE,灰色模型、灰色聚类、灰色关联分析、模糊聚类、BP 神经网络,联合确定基数法、正交实验设计、三角模糊数、哈里斯批量弹性模型、巴拉特模型,以及最经济控制、管理熵、DEA、结构方程模型、统一集与集对匹配等。从中可以看到,系统科学(系统学)、系统工程研究中的一些较新概念和方法,在 WSR 的应用中也得到一定的体现和反映。

3.应用中存在的问题

主要表现在以下四方面:

(1)已有应用中停留在定性分析层面的较多,比较深入从而得到定量或具有启发性的定性结论的应用有限。此外,因为物理、事理层面的理论研究和方法工具相对丰富,相应造成人理层面应用上的偏"软"。

(2)即使是在物理、事理层面,也还存在着一些不足。如针对物理层面的系统科学(系统学)研究的应用,因为受到国外学界影响,诸如 MAS,CN 等分析方法使用较多,但像自组织、自相似、临界等理论,由于缺少足够的针对空间、时间问题的具有可操作性和实用性的实例研究,所以这方面的融入相对较弱;在事理层面,因为有管理科学、运筹学、系统工程等的较好支撑,状况相对好些。

(3)相较国外机构学者的应用,国内机构学者在应用 WSR 时,更少论及它的哲学、文化及认识论、方法论等层面的内涵或意义,更多体现出"拿来就用"的实用倾向。这背后可能反映出国内人文与社会科学及其教育的发展,以及研究人员在科学研究方法训练等方面存在着一定的缺失和不足。

(4)就中国国内改革发展"五位一体"的大方向而言,已有应用研究主要涉及了经济、社会和环境领域的议题,对政治、文化领域议题的涉及和探讨仍有待加强和深化。

4.已有应用对 WSR 方法论的促进

主要体现在以下三方面:

(1)WSR 的应用范围从最初的"水资源管理决策支持系统"这一具体问题,逐步扩展到前述 11 个大的问题领域,影响面和适用性得到了众多应用研究的支撑和验证。

(2)WSR 的理论内涵从一种最早缘于文化自觉而提出的东方系统方法论,经由国内外优秀学者的充分探讨、挖掘、比较、推广等,正逐步发展成为"能够处理现实当中复杂社会经济系统问题的普适性方法论"[7]。

(3)伴随科技进步、科研方法及工具的丰富和完善,与 WSR 应用相匹配的技术方法及分析工具得到加强,为其探索新领域、研究新问题奠定了好的基础。

五、WSR 方法论的发展展望

(一)系统科学(系统学)在物理、事理研究中的渗透与融入

这方面,作者认为可关注对中国国内的高房价、空气污染等重大问题的深入研究。房价不可能一直上涨,否则必然走向"混沌";空气污染如果不能得到有效控制,整个城市也会走向"混沌",导致社会面临灾难。房价、空气污染必须要有一个"极限",需要搞清楚中间的"临界点"。

(二)人理的发展及其重要性

文献[5]归纳出已有的对人理研究有益的 10 多种"件",包括斡件(orgware)、和件(harmony-ware)、习件(habitualware)、谈件(negotiation-ware)、心件(heart-ware)、知件(know-ware)、群件(group-ware)、社件(socialware)、议件(meeting-ware)、斗件(conflict-ware)、人件(people ware)等。以其中的心件为例,它的目的是要让国人有爱国心和凝聚力,这方面新加坡做得较好,而"中国梦"的提出及其系列操作也是一种 Heart－ware,但效果有待观察。由此延伸出一些值得研究的问题:

(1)政府对待舆论批评的管控"度"。其中的根本问题,是政府如何调控网络的正、负面影响和作用,尽量保持一个适当的干预"度",让意见自由发表的同时不致谣言惑众。如果过分相信所谓控制力,可能会适得其反。

(2)官员任用当中,对上和对下负责之间的"度"。如何处理当前条件下的干部任用,从而既保持干部的执行力,又避免后续个人可能的腐化?

(三)对人理的一种尝试性划分

结合笔者近期思考,在此从系统工程研究与实践的角度,提出一种对人理的尝试性划分。

1.人际关系(relationship)

可用社会网络分析加以考察。

2.人的认知(cognition)、心理(psychology)与情/感(emotion / sensibility)

认知方面。如中国科学院陈霖院士针对视觉过程研究提出的"由大范围性质到局部性质"的拓扑性质知觉理论,从一个侧面反映出中国(东方)的系统思维特点,即先看整体、结构,再到局部、细节,与西方先细节、再整体的思维特点恰好相对。在这个方面,特别需要具体化和量化的研究工作。此外王众托、方福康的近期工作,已将人的思维与脑科学研究相结合。

心理方面。可以应用心理学中问题测试等方式,来测量一些心理和性格特征。近期日本学者 Mitsuo Nagamachi 等提出的"感性工程"(Kansei Engineering)[119]也值得关注。

3.知识/习得(knowledge / knowing)

这部分强调学习,特别是学习新的知识。如中国中央政治局的集体学习制度,反映出了组织建设、政治决策的进步。

4.创造性/智慧(creativity / wisdom)

创造性的行为、有智慧的决策,往往出现在少数人身上。这种"少数派"现象,对概率理论中的"大数定理"形成挑战,也在一定程度上反映了系统论、辩证法的特征。略举两例:

(1)邓小平同志的"实践标准"和"一国两制"。前者是国家层面政治决策智慧的集中体现,是一个典型的少数派决策(配合政治运作);后者反映了求是、共存(和谐)的中国传统整体思维特征,也是对"混合策略"(以概率形式体现)的一种突破。

(2)宋武琪、顾基发、朱正祥对中药药方的研究,反映出个别配方对整个药方药效的重要性[120,121]。由此也延伸出对中医的讨论,即从系统科学角度看,中医的理论具有独特性和智慧内涵,但中医自身需要加快发展[122]。

这些创造性及智慧的例子,反映出人理层面"创造"的重要性。由于在物理、事理层次中的创造比较普遍,从而人理层次对创造性、智慧特别是实践智慧(phronesis,practical wisdom)的研究,需要强调。此外在重视对人理层次创造性内容研究的同时,也要重视这些创造性内容如何融入实际的 phronesis。

5.利益(benefit)

可用博弈论、制度与政策分析等加以考察。

(四)人理研究的难点及其克服

在人理层面的研究中,经常要面对的问题是,喜欢不喜欢(对情感的描述和度量)、懂不懂(对知识掌握的描述和度量)、能不能解决(对个体沟通、协调、运作、创新等行为和能力的描述和度量)等,客观上的确存在困难,也因此对人理的研究要找到新的出路,包括规范化研究、半规范化研究和实证性研究等。这方面的一些近期工作可见文献[123−130]。

(五)进一步的工作展望

针对 WSR 的进一步发展,笔者有以下考虑:

(1)关注 WSR 已有应用与其潜在发展之间存在的一些连接:如目前应用中较为普遍的三维分析结构,对定量工具(CN 描述关系、MAS 描述行为、感性工程描述并测量感觉等)的重视等。

(2)重要的研究方向:包括 WSR 自身的创新及其对其他方法论的整合,对系统科学(系统学)的更加深入的结合与融合利用,以计算机为基础的 WSR 的工具化等。具体而言:物理层面,考虑社会物理学、城市物理学等的引入;方法论及方法层面,重视 Michael C. Jackson,钱学森,David John Snowden 等对问题的分类,注重方法论的匹配和方法的选用,再到具体问题的解决;以计算机为基础的 WSR 信息(知识)系统开发上,或考虑针对已分类的问题,如何选择方法论(下行),或针对具体实践需求,如何找到类似的解决方法、方法论等(上溯)。

六、结语

WSR 方法论即将迎来自己的 20 岁"生日",本文对它近 20 年来的发展历程做出了初步回顾、总结与展望。由于搜集到的资料还不完备,所以可能遗漏了一些有价值的工作,希望学界同仁和朋友们能够在看到此文后与笔者联系,以增补相关内容。文中的一些观点,只代表笔者的看法,希望能引发积极和深入的后续探讨。WSR方法论从开始提出到今天的发展,持续得到了国内外很多友人特别是朱志昌,唐锡晋,Nakamori,Midgley,Brugha等的支持和帮助,笔者对此也表示衷心感谢。最后,笔者愿意强调李亚和朱志昌近期新发论文中的观点[131],那就是面对充满更多不确定性的外部世界,在中国从事软运筹学研究的学者们,既要有国际化的学术视野,也要更加注重本土化的学习,并以"制度企业家"的精神和态度,直面国家改革发展中的利益、权力、政治及道德伦理等问题,通过专业、负责的研究工作和富于技巧的实践行动来"协同创新",共同推动和谐社会的建设与发展。

参考文献

[1]　钱学森,许国志,王寿云. 组织管理的技术——系统工程[N]. 文汇报,1978-09-27.

[2]　许国志,顾基发,经士仁,等. 系统工程的回顾与展望[J]. 系统工程理论与实践,1990,10(6):1-15.

[3]　顾基发,唐锡晋. 从古代系统思想到现代东方系统方法论[J]. 系统工程理论与实践,2000,20(1):89-92.

[4]　顾基发. 物理事理人理系统方法论的实践[J]. 管理学报,2011,8(3):317-322,355.

[5]　顾基发,唐锡晋,朱正祥. 物理—事理—人理系统方法论综述[J]. 交通运输系统工程与信息,2007,7(6):51-60.

[6]　顾基发,唐锡晋. 物理—事理—人理系统方法论[M]. 上海:上海科教出版社,2006.

[7]　寇晓东,杨琳. 再论WSR方法论及其应用[M]//陈光亚. 和谐发展与系统工程(中国系统工程学会第15届学术年会文集). 香港:上海系统科学出版社,2008:162-168.

[8]　Tomlinson R,Kiss I. Rethinking the Process of Operational Research and System Analysis[C]. Oxford:Pergamon Press,1984.

[9]　王浣尘. 难度自增殖系统及其方法论[J]. 上海交通大学学报,1992,26(5):5-11.

[10]　Midgley,Wilby. Systems Practice in China:New Developments and Cross-Cultural Collaborations[J]. Systemic Practice and Action

Research，2000，13(1)：3 - 9.

［11］ 杨建梅，顾基发，王丁华. 系统工程的软化——第二届英—中—日系统方法论国际会议述评[J]. 华南理工大学学报：自然科学版，1997，25(4)：20 - 25.

［12］ Gu Jifa，Zhu Zhichang. Knowing Wuli，Sensing Shili，Caring for Renli：Methodology of the WSR Approach[J]. Systemic Practice and Action Research，2000，13(1)：11 - 20.

［13］ Zhu Zhichang. Dealing with a Differentiated Whole：The Philosophy of the WSR Approach[J]. Systemic Practice and Action Research，2000，13(1)：21 - 57.

［14］ Gu Jifa，Tang Xijin. Designing a Water Resources Management Decision Support System：An Application of the WSR Approach[J]. Systemic Practice and Action Research，2000，13(1)：59 - 70.

［15］ Midgley G，Gu Jifa，Campbell D. Dealing with Human Relations in Chinese Systems Practice[J]. Systemic Practice and Action Research，2000，13(1)：71 - 96.

［16］ Zhu Zhichang. International Conversation (1995) on the WSR Approach：Edited E-mails[P]// Nakamori Y，et al. The Proceedings of the 2nd British—Chinese—Japanese Workshop on Systems Methodology. Konan University，Japan，1996.

［17］ Gu Jifa，Zhu Zhichang. Tasks and Methods in the WSR Process[C]// Wilby. Systems Methodology II：Possibilities for Cross-cultural Learning and Integration. Centre for Systems Studies，University of Hull，England，1996：15 - 22.

［18］ Zhu Zhichang. The Practice of Multi-approaches，the Cross-cultural Challenge，and the Searching for Responses [P]// The Abstract Proceedings of 1st International Multidisciplinary Conference—Knowledge & Discourse：Changing Relationships across Academic Disciplines and Professional Practices. University of Hong Kong，Hong Kong，1996：12.

［19］ Zhu Zhichang. The Practice of Multi-modal Approaches，the Challenge of Cross - Cultural Communication，and the Search for Responses [J]. Human Relations，1999，52(5)：579 - 607.

[20]　Zhu Zhichang. Systems Approaches: Where the East Meets the West [P]// M Hall Sustainable Peace in the World System, and the Next Evolution of Human Consciousness (Proceedings of the 40th Annual Meeting of the ISSS). Club of Budapest, Budapest, 1996: 413 - 430.

[21]　Zhu Zhichang. Systems Approaches: Where the East Meets the West? [J]. World Futures, 1999, 53(3): 253 - 276.

[22]　Zhu Zhichang. Dealing with Wuli Shili Renli: Act Systemically as Neo - confucianism Suggested [EB/OL]. http://www/. newciv. org/ISSS_ Primer/ seminar. html/.

[23]　Zhu Zhichang. The Naked Emperor's Clothes: A Reply to Comments on WSR[C]// Wilby J, Zhu Z. Systems Methodology III: Possibilities for Cross - cultural Learning and Integration. Centre for Systems Studies, University of Hull, 1997: 105 - 122.

[24]　Gu Jifa, Zhu Zhichang. Evaluation through the WSR Approach: The China Case [C]// Wilby J, Zhu Z. Systems Methodology III: Possibilities for Cross-cultural Learning and Integration. Centre for Systems Studies, University of Hull, 1997: 11 - 20.

[25]　Zhu Zhichang. Recent Developments in Oriental Systems Methodologies [P]// Rhee Y, Bailey K. Systems Thinking, Globalisation Knowledge, and Communitarian Ethics (Proceedings of the 41st Annual Meeting of the ISSS). Seoul National University, Seoul, 1997: 389 - 401.

[26]　Zhu Zhichang. WSR: A Chinese Systems Multimethodology for Management[P]// Gu J , et al. Advances in Operations Research and Systems Engineering (Proceedings of the 1998 International Operational Research and Systems Engineering Conference). Global - Link Informatics Ltd. , Hong Kong, 1998: 176 - 186.

[27]　Zhu Zhichang. Towards Integrated Management Decisions[J]. Education +Training, 1999, 41(6/7): 305 - 311.

[28]　Zhichang Zhu. Integrating Goal - seeking, Cognitive Learning and Relationship - maintenance in Decision Modelling [P]// Decision Modelling and Management: Bridging Cultures East and West for the 21st Century (Proceedings of the Decision Modelling Conference). University College Dublin in association with the Association of

European Operational Research Societies, University College Dublin, Dublin, 1999.

[29] Zhu Zhichang. WSR: A Multi-li Approach for Information Systems Development[P]// Avison D, Edgar - Nevill D. Matching Technology with Organisational Needs (Proceedings of the UKAIS'98). McGraw - Hill, England, 1998: 346 - 358.

[30] Zhu Zhichang. Integrating Ontology, Epistemology and Methodology in Information Systems Design — The WSR Case[P]// Allen J K, Hall M W, Wilby J. Humanity, Science, Technology: The Systemic Foundations of the Information Age (Proceedings of the 43rd Annual Conference of the ISSS) (on CDROM). The International Society for the Systems Sciences, 1999.

[31] Zhu Zhichang. Cultural Imprints in Systems Methodologies: The WSR Case[P]// Gu J. Systems Science and Systems Engineering, Proceedings of the 3rd International Conference on Systems Science and Systems Engineering. Scientific and Technical Document Publishing House, Beijing, 1998: 402 - 407.

[32] Zhu Zhichang. Confucianism in Action: Recent Developments in Oriental Systems Methodologies[J]. Systems Research & Behavioural Sciences, 1998, 15(2): 111 - 130.

[33] Zhu Zhichang. Towards Synergy in the Search for Multi-perspective Systems Approaches [P]// Castell A M, et al. Systems Matters: Working with Systems in the 21st Century (Proceedings of the 6th International Conference of the UKSS). Kluwer/Plenum, New York, 1999: 475 - 480.

[34] Zhu Zhichang. An International Project: Systems East & West[J]. Systems Research & Behavioural Sciences, 1999, 16(3): 293 - 294.

[35] Zhu Zhichang. Knowledge Transfer Across Cultures: A Conceptual Model and the Case of Systems Methodology[P]// Shimemura E, et al. Proceedings of the International Symposium on Knowledge and Systems Sciences: Challenges to Complexity (KSS' 2000). Japan Advanced Institute of Science and Technology, Ishikawa, Japan, 2000: 141 - 161.

[36] Linstone H A, Zhu Zhichang. Towards Synergy in Multi-perspective

Management：An American – Chinese Case［J］. Human Systems Management，2000，19(1)：25 – 37.

[37] Zhu Zhichang. WSR：A Systems Approach for Information Systems Development[J]. Systems Research & Behavioural Sciences，2000，17 (2)：183 – 203.

[38] 朱志昌. 物理事理人理方法论国际交流的启示［P］// 系统工程、系统科学 与复杂性研究(中国系统工程学会第 11 届年会论文集). 宜昌：Research Information Ltd.，2000：135 – 150.

[39] 唐锡晋，顾基发. 软系统方法对管理支持系统的思考[J]. 电子科技大学学 报，1997，26(增刊)：411 – 414.

[40] 顾基发，等. 物理—事理—人理系统方法论在建立商业设施与技术装备标 准规范体系表结构框架中的应用[J]. 系统工程理论与实践，1997，17 (12)：134 – 137.

[41] Gu Jifa，et al. WSR System Approach to the Study of Synthetic Evaluation of Commercial information Systems in China［P］// Systems Science and Systems Engineering—Proceedings of the Third International Conference on Systems Science and Systems Engineering (ICSSSE'98). Beijing：Scientific and Technical Document Publishing House，1998：252 – 256.

[42] 顾基发，赵丽艳. 航天系统安全性分析的概率风险评估方法[J]. 系统工程 与电子技术，1999，21(8)：28 – 31.

[43] 赵丽艳，顾基发. 概率风险评估(PRA)方法在我国某型号运载火箭安全 性分析中的应用[J]. 系统工程理论与实践，2000，20(6)：91 – 97.

[44] Tang Xijin. WSR Approach to a Practical Implementation of Computerized Aids for Systems Evaluation［EB/OL］. http://meta – synthesis. iss. ac. cn/xjtang/paper/ xjtang_isss99_99092. pdf/.

[45] Tang Xijin. An Approach to Building Computerized Support for Naval Weapon System Evaluation［EB/OL］. http://www. researchgate. net/ publication/228514455/file/d912f51126ad57de60. pdf/).

[46] 山本明久，本多卓也，顾基发. 中国与日本大学的定量评价与文化比较 ［P］// 系统工程、系统科学与复杂性研究(中国系统工程学会第 11 届年会 论文集). 宜昌：Research Information Ltd.，2000：151 – 157.

[47] Brugha C M. Considering WSR in the Contest of Nomology, a Generic

Meta Model for Systems Studies［P］// Gu J. Systems Science and Systems Engineering, Proceedings of the 3rd International Conference on Systems Science and Systems Engineering. Scientific and Technical Document Publishing House, Beijing, 1998：146 – 150.

［48］ Cathal M, Brugha C M. Systemic Thinking in China：A Meta – Decision – Making Bridge to Western Concepts［J］. Systemic Practice and Action Research, 2001, 14(3)：339 – 360.

［49］ Jahn G C, et al. The Quest for Connections：Developing a Research Agenda for Integrated Pest and Nutrient Management［P］// Peng S, Hardy B. Rice Research for Food Security and Poverty Alleviation (Proceedings of the IRRC, 31 March-3 April 2000, Los Baños, Philippines). Los Baños (Philippines)：International Rice Research Institute, 2001：413 – 430.

［50］ John B. Kidd. Discovering Inter – cultural Perceptual Differences in MNEs［J］. Journal of Managerial Psychology, 2001, 16(2)：106 – 126.

［51］ Attwater R. Mixing Meta – methodologies and Philosophies：Wuli – shili – renli, Pragmatist and Practical philosophy［EB/OL］. http://www. isss. org/2002meet/abstracts/abstracts1. htm/.

［52］ Alberts, et al. The Three Gorges Dam Project from a Systems Viewpoint ［J］. Systems Research and Behavioral Science, 2004, 21(6)：585 – 602.

［53］ 木嶋恭一. 在英日记. 东京工业大学决策科学与技术学院, 木嶋研究室, 1997.

［54］ Abe M(安部元裕). Research on Advertisement Evaluation Model by System Approach［T］. Master thesis, JAIST, 2001.

［55］ Yamamoto A(山本明久). Comparison and Evaluation of Performance of Universities in both Japan and China［J］. Master Thesis, JAIST, 2001.

［56］ 孙莱祥, 熊庆年. 开放 动态:世界一流大学评价标准形成的基点［J］. 教育发展研究, 2002(2)：25 – 28.

［57］ 中森义辉. システム工学［M］. 东京：コロナ社, 2002：176 – 180.

［58］ Nakamori Y. Knowledge Science：Modeling the Knowledge Creation Process［C］. New York：CRC Press, 2012.

［59］ Nakamori Y. Knowledge and Systems Science：Enabling Systemic Knowledge Synthesis［M］. New York：CRC Press, 2014：41 – 43.

[60] Nonaka I，Zhu Zhichang. Pragmatic Strategy：Eastern Wisdom，Global Success[M]. Cambridge：Cambridge University Press，2012.

[61] 香山科学会议第 58 次学术讨论会综述[EB/OL]. http：//www. xssc. ac. cn/ReadBrief. aspx？ ItemID＝831＃/.

[62] 席泽宗. 中国科学的传统与未来[C]// 周光召，朱光亚. 共同走向科学：百名院士科技系列报告集. 北京：新华出版社，1997.

[63] 2010"中国实践管理"论坛在京举行[EB/OL]. http：//intl. ce. cn/specials/ zxgjzh/201011/14/ t20101114_21967382. shtml.

[64] 2010"中国实践管理"论坛在京成功举行[EB/OL]. http：//cm. hust. edu. cn/xwzx/xydt/2011－02－22/911. html.

[65] 俞志谦. 地理信息关联性研究(上)——地理信息关联基本框架的构建[J]. 地球信息，1997(1)：21－29.

[66] 赵丽艳，顾基发. 物理—事理—人理(WSR)系统方法论及其在评价中的应用[J]. 电子科技大学学报，1997，26(增刊)：177－180.

[67] 高飞，顾基发. 以物理—事理—人理系统观点看东南亚金融危机及其对中国的机遇与挑战[P]// 系统工程与可持续发展战略：中国系统工程学会第十届年会论文集. 北京，1998：149－153.

[68] 顾基发，高飞. 从管理科学角度谈物理—事理—人理系统方法论[J]. 系统工程理论与实践，1998，18(8)：1－5.

[69] 高飞，顾基发. 关于物理—事理—人理系统方法的事理之方法论库[J]. 系统工程理论与实践，1998，18(9)：34－37.

[70] 顾基发，高飞，吴滨. 关于大型社会项目管理的系统思考[J]. 中国管理科学，1998，6(4)：1－8.

[71] 张文泉. 系统科学方法论及其新进展[J]. 现代电力，1999，16(1)：93－99.

[72] 顾基发，唐锡晋. 物理—事理—人理系统方法论：一种东方的系统思考[M]// 汪寿阳，等. 运筹学与系统工程新进展. 北京：科学出版社，2002.

[73] 张国伍，张秀媛，申金生. 交通运输结合部系统的物理—事理—人理(WSR)系统管理分析[M]// 中国科协 2000 年学术年会论文集. 北京：中国科学技术出版社，2000：149.

[74] 张秀媛，申金升，张国伍. 探索交通运输企业结合部系统管理模式[J]. 系统工程理论与实践，2000，20(10)：114－120.

[75] 韩艺，葛芳，张国伍. 北京公交智能化调度系统总体设计的 WSR 分析[J]. 系统工程理论与实践，2001，21(4)：31－35.

[76] 赵亚男，杨群，刘焱宇，等．用物理—事理—人理的方法研究运输安全系统[J]．中国安全科学学报，2001，11(5)：58-61.

[77] 张彩江，孙东川．WSR 方法论的一些概念和认识[J]．系统工程，2001，19(6)：1-8.

[78] 赵丽艳，顾基发．东西方评价方法论对比研究[J]．管理科学学报，2000，3(1)：87-92.

[79] 徐维祥，张全寿．基于 WSR 方法论的信息系统项目评价研究[J]．系统工程与电子技术，2000，22(10)：4-6.

[80] 徐维祥，张全寿．从定性到定量信息系统项目评价方法研究[J]．系统工程理论与实践，2001，21(3)：124-127.

[81] 许映军，宋中庆．基于 WSR 的 D-S 环境系统质量综合评价法[J]．大连海事大学学报，2001，27(4)：73-77.

[82] 王浣尘．综合集成系统开发的系统方法思考[J]．系统工程理论方法应用，2002，11(1)：1-7.

[83] 苗东升．复杂性研究的现状和展望[M]// 北京大学现代科学与哲学研究中心．复杂性新探．北京：人民出版社，2007：13-28.

[84] 高飞．WSR Systems Approach and Its Application[D]．中国科学院系统科学研究所，1999.

[85] 赵秀生．持续发展与塔里木水资源管理[D]．清华大学，1996.

[86] 马龙华．不确定系统的鲁棒优化方法及应用研究[D]．浙江大学，2001.

[87] 毕巍强．空间理论与空间复杂模型研究[D]．中国地质大学，2002.

[88] 刘澜．智能运输系统的信息物理—事理(WS)研究[D]．西南交通大学，2003.

[89] 魏宏业．客户关系管理的数据库知识发现模型及方法研究[D]．北京交通大学，2004.

[90] 寇晓东．基于 WSR 方法论的城市发展研究：城市自组织、城市管理与城市和谐[D]．西北工业大学，2006.

[91] 郝英奇．管理系统动力机制研究[D]．天津大学，2006.

[92] 刘涵．水库优化调度新方法研究[D]．西安理工大学，2006.

[93] 杨琳．飞机寿命周期费用管理的系统研究[D]．西北工业大学，2008.

[94] 韩建新．OEM 企业知识管理的系统研究[D]．西北工业大学，2009.

[95] 唐见兵．作战仿真系统可信性研究[D]．国防科学技术大学，2009.

[96] 张蓓．都市农业旅游可持续发展的系统分析、评价及仿真研究[D]．暨南大

学，2009.

[97] 杨洪涛."关系"文化对合伙创业伙伴选择考量要素的影响研究[D].哈尔滨工业大学，2010.

[98] 刘家国.基于突发事件风险的供应链利益分配与行为决策研究[D].哈尔滨工程大学，2010.

[99] 张强.区域复合生态系统安全预警与控制研究[D].西安理工大学 2011.

[100] 吴新林.VDT办公系统中的人机关系研究[D].南京林业大学，2011.

[101] 王大群.基于复杂系统理论的知识工作及其生产率研究[D].东华大学，2011.

[102] 黄孝鹏.基于人件的人机协同决策系统若干关键问题研究[D].南京大学，2012.

[103] 王德光.基于系统理论的小流域喀斯特石沙漠化治理模式研究[D].福建师范大学，2012.

[104] 顾基发,王浣尘,唐锡晋.综合集成方法体系与系统学研究[M].北京：科学出版社，2007.

[105] 王瑶.打败麦肯锡[M].北京：新华出版社，2006.

[106] Zhu Zhichang. Towards an Integrating Programme for Information Systems Design：An Oriental Case［J］. International Journal of Information Management，2001，21：69－90.

[107] Zhu Zhichang. Evaluating Contingency Approaches to Information Systems Design[J]. International Journal of Information Management，2002，22：343－356.

[108] Zhu Zhichang. Knowledge Management：Towards a Universal Concept or Cross－cultural Contexts? ［J］. Knowledge Management Research & Practice，2004，2：67－79.

[109] Zhu Zhichang. Reform without a Theory：Why Does it Work in China? ［J］. Organization Studies，2007，28(10)：1503－1522.

[110] Brugha. Implications from Decision Science for the Systems Development Life Cycle in Information Systems ［J］. Information Systems Frontiers 2001，3(1)：91－105.

[111] Goepp，Kiefer，Guio. A Proposal for a Framework to Classify and Review Contingent Information System Design Methods[J]. Computers & Industrial Engineering，2008，54：215－228.

[112]　Khvatova，Ignatieva. Cross – cultural Diversity in the Knowledge Management Concepts of 20 – 21st Centuries within the Framework of International Dialogue for Creation of a New Model of Knowledge Management［EB/OL］. http://www. inter – disciplinary. net/ci/ intellectuals/int1/ Khvatova％20paper. pdf/.

[113]　Hughes I，Yuan Lin. The Status of Action Research in the People's Republic of China［J］. Action Research，2005，3(4)：383 – 402.

[114]　Caro D H J. Deconstructing Symbiotic Dyadic E – health Networks： Transnational and Transgenic Perspectives［J］. International Journal of Information Management，2008，28：94 – 101.

[115]　Ye Zude，Yolles M. Cybernetics of Tao［J］. Kybernetes，2010，39(4)： 527 – 552.

[116]　Polsa P. Crystallization and Research in Asia［J］. Qualitative Market Research：An International Journal，2013，16(1)：76 – 93.

[117]　Zhu Zhengxiang，Song Wuqi，Gu Jifa. Meta – synthesis View toward Surveying WSR System Approach Studies［P］. Proceedings of 2008 IEEE International Conference on Systems，Man，and Cybernetics. Singapore： 494 – 499.

[118]　Tang Xijin，Luo Bin. Systemic Vsion toward The Studies Of Wu – Li Shi – Li Ren – Li System Approach［P］. Proceedings of the 55th Annual Meeting of the ISSS. Hull，UK，2011. （http://journals. isss. org/ index. php/proceedings55th/article/viewFile/1660/545/）

[119]　Nagamachi M，Lokman A M. Innovations of Kansei Engineering［M］. Taylor & Francis Group，2010.

[120]　宋武琪，顾基发. 专家挖掘思想及其在名老中医经验挖掘中的应用［M］// 陈光亚. 和谐发展与系统工程(中国系统工程学会第 15 届学术年会文 集). 香港：上海系统科学出版社，2008：505 – 513.

[121]　顾基发，宋武琪，朱正祥. 综合集成方法与专家挖掘［J］. 前沿科学， 2010，4(4)：35 – 41.

[122]　顾基发，宋武琪. 系统科学与中医方法论［J］. 系统工程理论与实践， 2011，31(S1)：24 – 31.

[123]　顾基发，等. 世博会排队集群行为研究［J］. 上海理工大学学报，2011，33 (4)：312 – 320.

[124] 顾基发. 关于中国管理实践的评价[J]. 管理学报, 2011, 8(5): 1-3.

[125] Gu Jifa, et al. Wuli - shili - renli System Approach to the Queuing Problems in Shanghai World Expo[P]. Proceedings of the 55th Meeting of the International Society for the Systems Sciences jointly with ISKSS. Hull, UK, 2011 July 21 (also plenary talk).

[126] Gu Jifa, et al. Queuing problems in Shanghai World Expo[M]// 刘怡君, 周涛, 等. 社会物理学系列第 3 号: 社会动力学. 北京: 科学出版社, 2012.

[127] Gu Jifa, et al. Three Aspects on Solving Queuing Service System in Shanghai World Expo[J]. Journal of Systems Science and Engineering, 2013: 22(3): 340 - 361.

[128] 顾基发, 刘怡君, 朱正祥. 专家挖掘与综合集成方法[M]. 北京: 科学出版社, 2014.

[129] 李亚. 一种面向利益分析的政策研究方法[J]. 中国行政管理, 2011(4): 113 - 118.

[130] 李振鹏, 唐锡晋. 外生变量和非正社会影响推动群体观点极化[J]. 管理科学学报, 2013, 16(3): 73 - 81.

[131] Li Ya, Zhu Zhichang. Soft OR in China: A Critical Report [J]. European Journal of Operational Research, 2014, 232: 427 - 434.